2訂版
犯罪被害者支援
実務ハンドブック
～被害者参加、損害賠償命令を中心に～

第一東京弁護士会
犯罪被害者に関する委員会

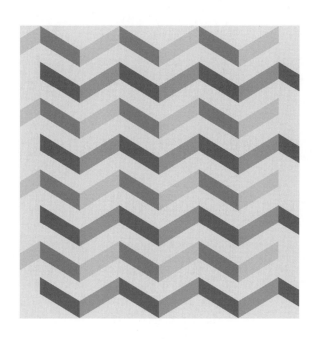

東京法令出版

は じ め に

　第一東京弁護士会では、平成10年５月から犯罪被害者問題の研究を始め、総合法律研究所内に「被害者弁護制度研究会」を発足し、平成11年７月に「犯罪被害者保護に関する委員会」が設置され、その後、名称を「犯罪被害者に関する委員会」と変更し、今現在に至るまで、犯罪被害者事案の問題の研究及びその対応を継続して行い、その研鑽を積んで参りました。

　その間、犯罪被害者のことに関しましては、平成16年12月に犯罪被害者等基本法が制定され、その後も、実情に合わせた改正が行われ、また、刑事訴訟法や他の関係各法も改正されて、平成20年12月からは、被害者参加制度及び損害賠償命令制度が始まり、その後も、多数の法改正及び法制度の整備がなされております。

　現在、弁護士はもちろん、警察・検察庁・地方公共団体・民間支援団体等の関係機関による犯罪被害者の問題への対応と支援が行われておりますが、なればこそ、上記のとおり多くの法律や制度の改正がなされている分野ですので、法律の専門家である弁護士として、最新の情報の理解が必要ですし、また、法制度等の個別具体的な利用方法の理解が重要です。

　加えて、犯罪被害者の問題に関して、具体的な対応を行う場合には、二次被害に配慮するという被害者への対応特有の問題点や、個々の法律や制度を横断的に使わなければならない場合もあり、また、関係機関等の連携や協力が必要となる場合もあります。

　本書は、「犯罪被害者に関する委員会」の大澤孝征前委員長のもとで、４訂版まで出版した「ビクティム・サポートマニュアル－犯罪被害者支援の手引き－」を、渡邊洋委員長のもと、多士多彩かつ精鋭なる委員が、さらなる推敲を重ねて、犯罪被害者問題のあらゆる事案や場合への対応を想定し、一冊の本にまとめ上げたものです。

全国の弁護士や関係機関の方々が、実際に、犯罪被害者の問題に対処するに当たって、必ずや役立つ必携の書になるものと考えておりますので、是非、お手元にお置きいただき、ご活用いただければ幸いです。

　最後に、本書を作成するに当たり、ご尽力なされた、「犯罪被害者に関する委員会」の渡邊洋委員長、執筆に携わった各委員の方々並びにご協力いただいた他会の先生方に対し、敬意を表するとともに、深く感謝の意を表します。

　　　平成29年6月

　　　　　　　　　　　　　　　　　第一東京弁護士会

　　　　　　　　　　　　　　　　　　会長　　澤野　正明

2訂版の発刊にあたって

　当委員会は、平成30年の増刷に合わせて本書の補訂版を発刊しましたが、その後も好評をいただきました結果、今回、さらなる増刷に合わせて、2訂版を出版することとなりました。今回の2訂版では、補訂版出版後に行われた法改正等の内容も盛り込んでおります。主なものとしては、ストーカー規制法の改正やプロバイダ責任制限法の改正がありますが、その他に民法の改正や第4次犯罪被害者等基本計画の策定に基づく変更点なども反映しております。

　平成16年に犯罪被害者等基本法が成立して以降、我が国における犯罪被害者に関する法制度は大きく変わり続けており、例えば、被害者参加制度により犯罪被害者も刑事裁判に参加をするということが可能になり、また、損害賠償命令制度により損害賠償を請求するに当たって従来の民事裁判よりも簡便な手続で行うことが可能になり、それ以外にも、犯罪被害者の存在を踏まえた法改正や制度設計、運用などが行われるようになっております。

　これらの法的な変革は、非常に大きな変化と言えますが、いずれも、正に、犯罪被害者のために必要であるとして認められたものですし、また、国民や社会の理解の基に進められた変化であることから、法曹として、理解することが重要と考えております。

　本書は、大きく変わりつつある犯罪被害者に対する支援（特に、法的な手続や具体的な対応方法等）について、横断的な理解や個別具体的な場面や事例ごとによる対応についてまとめており、手前味噌ではありますが、多数の執筆者や編集者の協力により、犯罪被害者の支援に携わる方々にとって、有意義な一冊に仕上がったと思います。

　本書が、犯罪被害者の支援に携わる多くの方々の手助けとなれば幸いで

す。

　今現在もまだ、犯罪被害者の尊厳が十分に尊重されているとは言えず、また、被害者の権利の回復も十分になされているとは言えない状況です。特に、被害者に生じた損害については、加害者に資力がないということが多く、被害者が泣き寝入りをせざるを得ないという事例も多数あるなど、犯罪被害者の支援という分野には、まだまだ多くの課題が残されています。
　当委員会は、今後も課題等の研究に取り組み、少しでも犯罪被害者の権利が適正に回復されるように、継続して活動を行っていきたいと考えております。

　　令和 4 年10月

　　　　　　　　第一東京弁護士会犯罪被害者に関する委員会
　　　　　　　　　　　　　　　委員長　　大澤　寿道

補訂版の発刊にあたって

　犯罪被害者支援は、古くて新しいテーマです。加害者がいれば被害者がいます。犯罪被害に遭うという重大な人権侵害を受けた方が被害と尊厳を回復することは当然の権利と言えます。

　諸外国では、犯罪被害者支援は各国によって様々な工夫がされており、歴史もあり、制度なども充実しています。一方、我が国では、犯罪被害者参加制度及び損害賠償命令制度が始まってから今年でようやく10年で、この分野は日々、法改正や支援の充実がなされるなど変化しています。

　本書は昨年出版されたばかりですが、この度、好評を得て増刷することになりました。この間も重要な法改正が行われましたので、それらの内容も新たに盛り込んでおります。主なものとしては、刑法改正（強制性交等罪の新設・性犯罪の非親告罪化等）、犯罪被害給付制度の改正（親族間犯罪の不支給見直し等）、総合法律支援法改正（ストーカー・DV・児童虐待法律相談料の一部国費化等）です。

　当委員会は、今後も研究を重ね、新たな情報を提供してまいります。時に、法律家として「人権保障とは何か」という原点に返りつつ、犯罪被害者にとって必要な具体的支援を考えて実践していくのが新しい人権分野である犯罪被害者支援の醍醐味であると考えます。本書が被害者支援に携わる皆様方の座右の書となれば幸甚です。

　平成30年10月

　　　　　第一東京弁護士会犯罪被害者に関する委員会

　　　　　　　　　　委員長　宮川　倫子

発刊にあたって

　当委員会は、平成15年6月、イタリア共和国・オーストリア共和国及び
スウェーデン王国に調査団を派遣し、それら各国における犯罪被害者の権
利を擁護する制度の調査を行いました。私が派遣されたスウェーデン王国
に関する事前調査によれば、同国には「犯罪被害者庁」という政府機関が
あることが特筆すべき制度でありましたが、その他の制度については、我
が国の出足が鈍ってはいるものの、その違いは、列車で言えば、「新幹線」
と「在来線の特急」の違い程度ではないかと考えておりました。しかし、
実際に目の当たりにしてみると、我が国の制度は「在来線の特急」どころ
か、「路面電車」の段階であることを認識し、愕然としました。それから
14年が経過し、我が国の制度もやっと「在来線の特急」程度までは追いつ
いたと思われますが、未だ14年前のスウェーデン王国の制度には到達して
いないと考えられます。

　本書は、平成15年に出版し、その後、4訂版まで改訂を行った「ビクティ
ム・サポート（ＶＳ）マニュアル」を、題名も一新して、内容についても、
より一層、犯罪被害者の権利擁護に携わる方のニーズに応えるために、編
纂したものであります。本書が我が国の制度を「新幹線」、そしてそれを
超え、「リニアモーターカー」にする一助になれば幸いです。

　平成29年6月

第一東京弁護士会犯罪被害者に関する委員会

委員長　　渡邊　洋

目　　次

第3章　被害者参加制度

第4章　損害賠償命令制度等の被害回復の手段

第5章　情報の入手方法

第6章　特別な対応を要する類型

第7章　被害者に対する経済的支援

第8章　マスコミ対策

第9章　関係機関との連携

書　式　等

【刑事手続の流れと被害者側の手続への関与】

刑事手続	被害者側の手続への関与	該当頁
事件発生	・警察へ通報	10
	・被害届・告訴状の提出	10、11
捜　査	・警察への協力（事情聴取・現場検証への立会い）	15
	・被害者等からの証拠品提出	10
	・警察の被害者連絡制度による被害者連絡担当の選任	15
	・犯罪被害者等給付金の請求（時効2年）	202
	・必要に応じて弁護士その他の相談機関への相談	240
被疑者逮捕・勾留期間	・マスコミ対応	230
	・示談交渉	17
起訴・不起訴	・不起訴理由の告知請求	16
	・不起訴記録の閲覧・謄写請求	97
	・検察官の手持ちの記録の閲覧謄写請求	38、100
	・告訴していた場合	
	検察官から処分結果（起訴・不起訴）の通知	16
	・示談交渉	17
	・検察審査会への申立て	19
	・準起訴手続	22
公判期日指定・公判前整理手続	・提出予定証拠の閲覧・謄写	93
	・検察官の権限行使についての意見［被害者参加］	46
	・被害者特定事項の秘匿申入れ	26
	・公判前整理手続の情報の入手	41
	・公判期日の調整	40
	・特別傍聴券の確保	23
公判期日	・公判記録の閲覧・謄写	94
	・公判期日の出席［被害者参加］	46
	・被害者自身が証人として出頭	24
	・情状証人に対する尋問［被害者参加］	47
	・被告人質問［被害者参加］	49

	・心情に関する意見陳述（刑訴法292条の2）	49
	・被害者論告求刑（刑訴法316条の38）［被害者参加］	50
	・損害賠償命令の申立て	58
	・刑事和解の申立て	80
判決言渡	・損害賠償命令第1回〜第4回期日	58
上　訴	・控訴審での被害者参加	55
判決確定	・処遇・出所情報等の通知の申出	100
	・被害回復給付金支給制度の利用	82
出所後	・出所情報通知制度	102
	・パトロールの要請	240

第１章

よりよい相談のために

1 相談を受けるに当たって

犯罪被害者（以下「被害者」といいます。）として相談に来る方は、生命を奪われそうになったり、若しくは近親者の生命が奪われたり、身体を傷つけられたりするなどして、法益の侵害を受けている状態です。そして、多くの場合、人が被害者になる瞬間は突然、前触れもなく、何の落ち度もなく訪れます。そのような状況に陥った人が、勇気を振り絞って弁護士のところに来るのです。通常の民事の相談であっても、弁護士は敷居が高いと思われがちで、相談に来るまでに時間がかかったという話は、よく聞かれるのではないでしょうか。「犯罪の被害者になる」とはどういうことなのか、思いをはせる必要があります。

被害者が、藁にもすがる思いで、法律事務所に相談に訪れたときに、どんな言葉を掛け、どんなアドバイスをすべきか。以下、留意点を述べます。

2 弁護士と相談者との思考のギャップ

弁護士に相談した被害者の多くは、「弁護士は自分たちのことを分かってくれない」と感じていることが多いようです。もちろん、弁護士の対応がいい加減なことが原因である場合もないわけではありません。しかし、大多数はそうではなく、弁護士が相談者のためを思って一生懸命相談に当たっている場合にも、弁護士による二次被害が発生しているのです。

その原因の一つとして、弁護士と相談者との間にある思考のギャップが挙げられます。これは、被害者の相談だけでなく、他の法律相談でも多く経験することですが、相談者が自分の立場で物事を述べるのに対し、弁護士をはじめ法律家は法律の視点で物事を見ようとする傾向にあります。法律は、一方の利益だけでなく様々な利益の較量の上で成り立っているため、相談者は、自分たちの味方になってくれない、自分たちのことを分かってくれない、と感じてしまうのです。

通常の事件の多くの場合においては、相談や進行について不満を持っていたとしても、きちんと説明さえしていれば、最終的に自分の要求が

ある程度満たされれば納得してもらえることが多いと思われます。しかし、被害者は、犯罪により大変な傷を負っているのですから、相談での対応の仕方いかんによっては、その対応それ自体が被害者の傷口に塩を塗りこむようなことになりかねません。後に被害者が納得いく解決を得たとしても、不適切な対応により受けた傷は癒えることがありません。そればかりではなく、恐怖心や羞恥心、無力感など様々なトラウマのために外に出ることができなかった被害者がようやく力を振り絞って出てきたにもかかわらず、相談での対応が不適切だと、また心を閉ざしてしまい、被害者とともに手続を進めていくことも不可能になってしまいます。このため、被害者に対する法律相談においては、通常の事件とは異なる注意が必要になるのです。

3　被害者の心情に配慮した具体的方法

⑴　望まれる態度

ア　真摯かつ慎重な態度で臨むこと

　　被害者から相談を受けた際には、普段にも増して真摯かつ慎重な態度を示す必要があります。被害者は、被害による精神的ダメージの影響で、わずかなことに敏感に反応することがあり、被害を受ける前と比較して、人間関係の構築・維持に支障が生じやすい状況に陥っている可能性があるからです。

　　例えば、聞き手が「ペン回し」をしていたり、足を組んでいたりするだけでも、被害者に不信感や嫌悪感を抱かれてしまうことがありますので、注意が必要です。

イ　事実確認に入る前に、まず被害者の話を聴くこと

　　被害者の相談に造詣の深い精神科医の方の言葉をお借りすると、二次被害を与えないためには、「犯罪被害を受けた人たちの気持ち、感情を受け止める」ということが大切です。すなわち、まずは、被害者の気持ちを聴くことが必要です。

　　もちろん、我々は法律家であり、以後の法的手続のことを考えれば、被害者の感情だけで動くわけにはいきません。しかし、法律的に必要な事情の聴取を行ったり、場合によっては説得をしたりする

　場合も、被害者の感情を理解し信頼を得た上で行うことで、より効
　果的に行うことができるものと思われます。

ウ　長めの相談時間を確保しておくこと

　被害者の法律相談においては、短時間で効率よく聴き取ることに
重点を置くべきではありません。上に述べたとおり、被害者はまず
気持ちを聴いてほしいのです。ある程度気持ちを聴いてあげること
によって、被害者が落ち着きを取り戻し、効率的に事情聴取ができ
ることも多々あります。それゆえ、一般の相談時間より、長めに時
間を確保しておくことが大事です。

　そして、その際にはもちろん、言葉を遮る、必要なことだけ答え
る、というような態度はいけません。そのような態度では、そもそ
も信頼関係を築くことはできないでしょう。

エ　質問をする際に、その質問の必要性や重要性を話しておくこと

　事情を聴き取るということは、思い出したくない被害状況を再現
させることにほかなりません。もし、既に警察で事情聴取が行われ
ていたなら、それを二度三度話させることになり、それだけで被害
者は参ってしまいます。

　そのため、例えば、「記録の入手が現段階ではできないため、申
し訳ないけれど、きちんとアドバイスをするために、事情を話して
ほしい」と、誠意を持って説明し、理解を得た上で被害者から事情
を聴き取る必要があります。

オ　網羅的なアドバイスを心がけること

　何を相談したらよいか分からない、という被害者も多々見受けら
れます。この場合、「どうしたいかよく考えて、再度来てください」
というのでは、全く相談になっていません。どうしたらよいか分か
らないというのは通常の感情です。他方、最近ではインターネット
による情報入手が可能になり、ある程度法律知識等を分かっている
相談者も多くなっていますが、誤解もあります。

　よって、弁護士は、被害者の状況に応じて、ある程度網羅的にア
ドバイスする必要があります。ただし、一度にたくさんのことを伝
えても、全てを飲み込めるわけはないので、状況を見ながら随時ア

ドバイスをしたり、メモを渡したりするなど、工夫をした方がよいでしょう。

　弁護士は、精神科医でもなければカウンセラーでもありませんから、被害者を完全に癒やしてあげることは残念ながらできません。しかし、被害者の状況を想像し、思いをはせ、寄り添うことはできるはずです。そこが、被害者に対する法律相談のスタートラインです。

　カ　今後の相談窓口を教えること

　　継続して相談に乗ることが望ましいのですが、そうでない場合には、被害者が相談できる窓口を教えておくと安心することが多いと思います。

⑵　**好ましくない態度**

　ア　自分の聴きたいことだけを聴こうとすること。

　イ　専門家に任せておけという態度をとること。

　ウ　短時間で相談を終えようとすること。

　エ　被害者の落ち度を聴き出し、客観的立場から配慮なく指摘すること。

4　被害者が受ける精神的ダメージへの理解

　被害者の精神的な状態は、事件の内容や被害者の属性・時期（事件からどのくらい経過しているか）により様々だと思われますが、一般には、次のような状態が挙げられています。詳しくは、犯罪被害者心理の専門家の著作を参照してください。

①　感情が麻痺することがあります。特に、事件の直後、被害者は、ボーッとした状態になったり、一定期間記憶がなくなったりします。

②　何かのきっかけで事件がよみがえり、何とか逃げようとして、場合によっては暴れるように見えることがあります（フラッシュバックの状態）。

③　事件に関連したことをなるべく避けようとすることがあります。これは、意識的、無意識的に行われます。例えば、通勤・通学ができなくなったり、異性との接近・接触を避けたりする行動が現れることが

あります。

④　わずかのことで驚いたり敏感に反応したりすることがあります。このため、イライラして人間関係が悪くなることも多くなります。

⑤　必要がないのに恥じることがあります。これは、被害者の落ち度をあれこれ言い立てる世間の話やマスコミの執拗な詮索、軽率な報道等による場合が多く見られます。

⑥　自責の念を持つことがあります。あのときこうしておけばこのようなことにはならなかったと考え、自分を責める気持ちです。

⑦　社会に対する不信感が強まります。このため、加害者だけでなく、治療した医師、対応した捜査関係者、相談を受けた弁護士などに対しても不信感を持つことがあります。

⑧　自分はもうだめな人間だと考えることがあります。

⑨　気分が鬱状態から躁状態に転換したり、長期間喪失感を感じたり、自分が別の人間になったような気分になることがあります。

【被害者からの法律相談において、弁護士が確認・説明すべき事項のチェックリスト】

※詳細については、本書の各項目をご確認ください。

主に確認・説明すべき事項や行うべき活動等	チェック欄	備考	記載頁
◆比較的早い段階にすべき事項			
1 被害内容（罪名・日付・犯人の氏名等）の聴取		傷害か暴行か/強制わいせつか条例違反か等。	
2 被害届、告訴の状況確認		被害届・告訴状の提出の検討。	10、11
3 犯人の身柄拘束の状況確認		被害者への危険性が継続している場合、パトロールの強化やシェルターへの避難等も検討。連絡制度の利用。	88、240
4 生活場所の状況確認		被害現場が自宅である場合等、公営住宅への優先的な引越しが可能かどうか自治体に確認。	243
5 警察・検察庁とのやりとり・捜査状況の情報収集			88、90
6 検察庁の被害者等通知制度の利用状況の確認		検察庁の被害者等通知制度。担当検察官の確認も行う。	90
7 刑事記録の閲覧・謄写の状況、意向確認			93
8 マスコミ対応の必要性の検討			230
9 示談の効果（加害者の良情状として扱われるなど）についての説明		加害者の資力も確認する。	17
10 弁護士費用の援助制度の説明		日弁連委託援助事業や国選被害者参加制度	214

| 11 | 犯罪被害者等給付金支給制度などの説明 | | 犯罪被害者等給付金支給制度　等
被害回復給付金支給制度　等 | 202
82 |

◆公判が開かれた場合

12	傍聴希望の確認		裁判所に対し、優先傍聴を求めることが可能。	23
13	法廷への付添い希望の確認		被害者団体などに協力を求めることも可能。	24、242
14	被害者参加制度の説明、参加の意向確認	公判期日への出席	参加を認められた被害者が出席しないことも可能。また、被害者参加弁護士だけの出席も可能。	46
		検察官への意見申述	検察官には説明義務が課されている。	46
		情状証人への尋問		47
		被告人質問		49
		最終意見陳述		49
15	心情に関する意見陳述の説明、意向確認			25、49
16	損害賠償命令制度の説明、申立ての検討		民事訴訟との違いも説明する。	58
17	服役後の通知制度の説明			100

第 2 章

刑事手続の流れにおける
支援活動の基礎知識

I　事件発生と被害申告

1　捜査開始の依頼と証拠の保全・確保

　最寄りの警察署に対し被害を通報して、捜査の開始を依頼します。

　このとき被害通報だけではなく、被害の裏付けとなる証拠の確保、例えば着衣や血痕の保存、傷痕の写真撮影、診断書の入手等に留意する必要があります。警察官が現場に到着して採証活動が開始されるまでは、現場はできるだけそのままにしておくことが望ましいですし、やむを得ず変更せざるを得ないときには、変更前に写真やメモをとることによって復元できるようにしておくべきです。

　捜査開始前の段階で相談を受けた弁護士は、必要に応じて、証拠の保全・確保を被害者に対して指示することになります。

2　被害届の提出

　殺人、傷害、強盗、強制性交等などの強行犯を担当する警察の捜査一課は、被害直後の事件への対応は迅速ですが、何らかの事情で被害の申告が遅れた事案への対応は鈍くなるので、被害を受けた直後に110番通報するか被害届を提出するべきです。

　被害届自体は、通常は警察で作成してくれますので、被害者としては内容を確認して署名・押印すればよく、必ずしも弁護士を依頼する必要性はありません。

　名誉毀損罪等の親告罪については、単なる被害届ではなく、告訴状を提出することになりますが、これも通常は警察で指導してくれます。

　また、警察や検察庁の被害者相談窓口を通じて弁護士を紹介してもらい、助言等を求めることも有効です。一定の事件では、弁護士会による弁護士費用等の援助が可能です。

3　被害申告の遅延

　何らかの事情により被害の申告が遅れてしまった場合には、捜査機関

に対し被害申告が遅れた理由を説明する必要があります。

　捜査機関は、被害申告の遅れを被害の存在（犯罪の成立）の信憑性を疑わせる事情の一つとしてとらえることが一般的であるため、被害申告が遅延したことに合理的根拠があることを捜査機関に認識してもらうことが重要になるのです。

　弁護士としてこのような案件の相談を受けた場合には、犯罪による被害を受けたことの証拠関係や被害申告が遅れた理由などについてヒアリングを行い、場合によっては上申書を作成・提出の上、親告罪ではなくても告訴状を提出し、犯人の処罰を求める意思を明確にして捜査を促すべきです。

　なお、捜査機関は、通常その場で告訴状を受理することはなく、告訴状を預かって内容を検討するので、あらかじめ警察署の担当者と協議をしておくのも一つの方法であると思います。

Ⅱ　刑事告訴・告発

1　告　訴

⑴　告訴の意義及び主体

ア　告訴の意義

　いわゆる刑事告訴は、犯罪被害に対する法的救済方法の一つとして重要です。

　犯罪被害に対する法的救済方法としては、ほかに民事手続もありますが、被害者は加害者に対し、刑事処分を第一に望んでいる場合も多いので、告訴は法的救済方法の中では最も重要と言っても過言ではありません。

　特に、被害届だけでは警察が捜査に着手しない、あるいは、着手できない場合（親告罪、すなわち告訴が訴訟条件とされている犯罪では告訴がなければ捜査に着手しないのが通常です。）には、速やかに告訴を検討すべきです。

イ　告訴の主体

　　告訴をすることができる者（告訴権者）は、次のとおりです。

①　被害者（刑事訴訟法（以下「刑訴法」といいます。）230条）

②　被害者の法定代理人（刑訴法231条1項）

③　被害者が死亡したときの、被害者の配偶者、直系の親族又は兄弟姉妹（ただし、被害者の明示した意思に反することはできません。）（刑訴法231条2項）

④　被害者の法定代理人が被疑者であるとき、被疑者の配偶者であるとき、又は被疑者の4親等内の血族若しくは3親等内の姻族であるときの、被害者の親族（刑訴法232条）

⑤　死者に対する名誉毀損罪につき、死者の親族又は子孫。名誉毀損罪につき被害者が告訴をしないで死亡したときの、被害者の親族又は子孫（ただし、被害者の明示した意思に反することはできません。）（刑訴法233条1項、2項）

　　なお、告訴能力に関して、強制わいせつ事件につき10歳11か月（小学5年生）の被害者の告訴能力を認めた裁判例があります（名古屋高金沢支部判平成24年7月3日）。

⑵　**告訴の可否**

　　告訴の相談を受けた場合は、まず被害者から被害の実情についてヒアリングした後、被害者の救済手段として告訴が相当かどうかを検討するべきです。

　　検討のポイントは、第一に告訴を警察が受理するかどうかであり、第二に告訴事件の担当検察官が起訴するかどうかです。

　　まず、被害者の代理人弁護士が告訴する場合は、捜査機関が告訴事件を速やかに受理するように、証拠関係を精査して、証拠や被害者の上申書、弁護士の報告書などを準備して告訴するのがよいでしょう。

　　次に、検察ですが、我が国では、起訴独占主義が採用されている上、検察官は有罪にできる確信が持てなければ起訴しないとの運用が定着しており、証拠が薄い場合には起訴はしません。また、証拠が十分な場合であっても、検察官が公判請求するとは限らず、不起訴あるいは略式手続による罰金で終了する場合もありますので、場合によっては、むしろ民事手続による方が迅速な解決が図れることもあります。

　特に性犯罪の場合には、密室での犯行となることも多く、十分な証拠を揃えることが困難な場合も多いことから、起訴のハードルは他の犯罪に比べて一層高くなります。しかし、性犯罪こそ被害者が起訴してほしいという気持ちが強いことも多く、被害者の代理人弁護士は、被害者に起訴が難しい場合もあることを説明する一方で、検察官に対しては粘り強く働きかける必要があります。

(3)　告訴の方法

ア　告訴状の提出先

　捜査人員も捜査のための物的設備も、検察より第1次的捜査機関である警察の方が充実しています。とりわけ、いわゆる一課事件（強行犯事件）については、鑑識部門を備えている警察に告訴した方が便宜であるため、原則として告訴は警察に対して行うべきです。

　他方、経済事犯や法的構成が複雑な事件については、検察に告訴した方が効果的な場合があります。検察に告訴する場合の窓口は、各地方検察庁の告訴受理の窓口（東京においては東京地方検察庁特別捜査部の直告事件係）となります。

イ　告訴状を提出すべき警察署

　裁判所の土地管轄としては、犯罪地のほか被告人の住所、居所、現在地とされています（刑訴法2条1項）が、むしろ、被害者が出頭するのに便利な警察署にするべきです。

　もっとも、関連事件の捜査が既に行われている場合は、現に捜査をしている警察署に告訴した方が迅速に取り上げてもらえます。

ウ　警察の担当部署

　刑事告訴は、通常、告訴状を刑事課で受理しますが、場合によっては生活安全課や交通課が受理することもありますので、事前に警察署に連絡し、担当課がどこになるのかについて相談します。

　なお、知能犯事件の告訴窓口は、警視庁及び道府県警察本部の捜査第二課となっており、特に警視庁には捜査第二課に聴訴室が、また、神奈川県警察には捜査第二課に告訴センターが設けられています。したがって、知能犯事件の告訴はいきなり所轄署の刑事課に持ち込むのではなく、これら本部の捜査第二課の告訴窓口を通す方が、

資料の補充を指示されたりして手間がかかることはあるものの、ひ
とたび受理となればかえってその後の展開は早いことでしょう。

⑷　**告訴の期間**

親告罪の告訴期間については、犯人を知った日から6か月とされて
います（刑訴法235条）。

⑸　**告訴の形式**（〈書式等〉書式1「告訴状」）

告訴状には、告訴人、被告訴人を明示し（被告訴人不詳で告訴する
ことも可能です。）、告訴事実を記載します。

告訴状に添付するものは、告訴委任状のみにして、証拠や告訴に至
る経緯等を記載した被害者の上申書、弁護士の報告書などは、告訴状
とは別にして提出する方がよいです（特に親告罪では告訴状自体が証
拠となるため、告訴状の内容を必要最小限とすることで、他の証拠と
の齟齬を避けることができます。）。

⑹　**告訴の取消し・取消し後の再度の告訴**（〈書式等〉書式2「告訴取
消書」）

告訴は、公訴提起までこれを取消し（撤回）することができます
（刑訴法237条1項）。しかし、一旦取消しをした者は、再び告訴する
ことができないと規定されています（刑訴法237条2項）ので、取消
しは慎重にすべきです。

2　告　発

⑴　**告発の意義及び主体**

告発も、告訴と同様に、捜査機関に対して犯罪事実を申告して、そ
の訴追を求める手続であり、その主体は、条文上「何人でも」とされ
ており（刑訴法239条1項）、被害者以外でも行えます。ちなみに、被
害者が行う場合には「告訴」になり、被害者は「告発」を行えません。

⑵　**告発の可否、告発状の提出及び告発の形式**

告発人は、被害者ではありませんが、基本的には、告訴の場合と同
様です。

⑶　**告発の期間及び取消し**

告発については、告訴と異なり、期間の制限はありません（ただし、

公訴時効による制限に服します。）。

　また、告発を取り消した場合でも、告訴と異なり、特別な規定のない限り、再度告発することができると考えられています（東京高判昭和28年6月26日）。

Ⅲ　捜査開始後

1　送検前

　捜査開始後、被害者又は遺族は、警察の被害者連絡制度により、被害者連絡担当係から捜査状況や被疑者の検挙状況について知らせてもらうことができます（第5章Ⅰ（88頁以下）参照）。

　一般的な捜査では、被害者への事情聴取が実施されます。被害者からの事情聴取は、まず警察官によって被害状況を中心として詳細に行われ、その内容は供述録取書（参考人供述調書）にまとめられます。調書作成までには、簡単な事件でも数時間かかり、複雑な事件では数日にわたり事情聴取が行われることもあります。事情聴取が被害者の肉体的・精神的負担になることも少なくないので、被害者の代理人弁護士としては、かかる事態が懸念される場合には、捜査機関に対し被害者の心身への配慮を求めるべきです。場合によっては、事情聴取に弁護士自ら立会いを求めたり、仮に立会いが認められなくとも、被害者にどのようなことを聞かれるか、事前にアドバイスし、警察署等まで付き添うなどして、被害者の負担をできるだけ軽減することが望ましいといえます。

　なお、警視庁では、性犯罪の被害者については、できるだけ女性捜査官を取調べ担当とするべく態勢を整えつつあります。

2　送検後

　事件が検察官に送致された後、更に検察官による事情聴取及び調書作成が行われます。検察官は警察官調書の内容を把握し、更に被疑者の弁解内容やその後の事実経過も踏まえて調書を作成します。既に警察官調書があるので、調書作成の時間は警察段階ほどかからないのが通常です

が、数時間かかることもあります。

　検察官は改めて被害者の処罰感情等を確認し、起訴・不起訴の重要な判断資料とするので、率直に被害感情を述べることが好ましいといえます。

　検察官による処理結果等については、被害者等通知制度により問い合わせが可能です（第 5 章Ⅱ（90頁）参照）。

3　略式命令請求が予想される場合

　起訴されて公判が開かれた場合には、その経過を検察庁の被害者支援室経由で知ることができます。しかし、公判請求ではなく、略式命令請求の場合には、略式起訴（したがって罰金又は科料による処分）であったという処理結果の通知を受けることはできますが、その経過を知ることはできませんし、その処理結果に不服があっても、不服申立ての手段もありません。したがって、被害者の代理人弁護士としては、略式命令請求されないよう、終局処分がなされる前に、担当検察官に対して被害者の処罰感情が強い旨を述べ、公判請求してもらいたい旨を強く要望する必要があります。このように強い処罰感情を示すことは、特に処分をどうすべきか迷っている検察官には効果がある場合も見られるようです。

4　不起訴処分の通知

　告訴人は、不起訴の場合に検察官から処理結果の通知を受けますが、加えてその希望により不起訴の理由を告知するよう求めることができます（刑訴法260条、261条）。

　他方、告訴をしていない被害者の場合でも、被害者等通知制度を利用して、その希望により検察官から処理結果について通知を受けることができ（第 5 章Ⅱ（90頁）参照）、また、被害者やその親族の代理人たる弁護士は、処理結果について検察庁に照会することができます。

　不起訴処分に不服がある場合の対処については、本章Ⅴ 2（19頁）を参照してください。

Ⅳ　加害者との示談交渉

1　示談交渉において注意すべきこと

　被害者は、当然のことながら、相手方である加害者に対して、激しい怒りや憎悪の感情を有しており、重大犯罪の場合には示談交渉自体を拒否する場合がほとんどです。したがって、被害者の代理人弁護士も、このような被害者の心情に十分に配慮しなければなりません。通常の民事事件と同様の感覚で、経済的合理性の観点を中心に被害者を説得することは適当でない場合が多いことを十分に留意すべきです。

　しかし、被害者は、事件のために、入院したり仕事を休んだりして収入が減少していることが多いのも事実です。そこで、被害者の代理人弁護士は、被害者に対し、被害弁償を受け取ることは宥恕を意味することではないことを説明するとともに、「宥恕」することの意味をよく理解してもらった上で判断してもらいましょう。

　特に、性犯罪の場合、被害者は捜査されることで事件が公になることを望んでいないことも多く、一方で示談金を受け取ることに後ろめたさを感じている場合もあります。そこで、示談金を受け取ることも、告訴をしている場合に示談に応じて告訴を取り消すことも、被害者としての権利であり、何ら問題ないことを説明することが重要です。

　また、示談は刑事事件の弁護人から持ちかけられる場合が多いと思われますが、示談が成立し宥恕の意思表示をしたにもかかわらず、刑事事件が終了した後に支払等がなされない場合も少なくありません。そこで、示談する場合には、必ず判決前に金銭を受け取ることや、それが難しい場合であっても、弁済原資を確認した上で、債務名義（刑事和解、執行認諾文言付き公正証書等）を取得しておくなど、履行確保への配慮が必要となります。そして、被害弁償は受け取りたいが、加害者を許すつもりはないという場合は、示談とせずに領収証だけ渡すことも選択肢の一つです。

　なお、加害者自身に資力がなく、本来賠償義務を負わない親兄弟など

の親族が代わりに弁償資金を提供する場合には、刑事処分が決まる前後で弁償の意思に変化が生じやすいので、被害者の代理人弁護士は被害者に分かりやすく説明をして、最終判断を促す必要があります。

2　親告罪の場合に注意すべきこと

起訴前に示談が成立して告訴が取り消されれば、親告罪の被疑者は不起訴となることから、被疑者の弁護人が被害者に対して示談の申入れをしてくることがあります。示談の申入れにより、被害の回復を図ることができ、また加害者が潔く罪を認めて反省していることが確認できた場合には、示談に応じるとともに告訴を取り消すことも一つの選択肢です（ただし、一旦告訴を取り消すと再度告訴はできないので注意しましょう。）。

示談金額の合意に至らず、示談が成立しない場合、被疑者側が損害賠償相当額として供託や贖罪寄付をすることもあります。供託金の場合にこれを受け取るか否かは被害者側の自由ですが、検察官は一応、被害弁償の努力をしたものとして処分決定の際に考慮するのが通常です。また、供託金はいつでも取り戻しが可能です。これらの点について被害者によく説明して、対応を決めるようにしましょう。

3　示談書について（〈書式等〉書式3－1「合意書」、書式3－2「念書」）

示談書（ないし確認書、念書、合意書等）を必要とするのは、加害者（及びその弁護人）であり、不起訴処分にしてもらうため、又は刑事処分を軽減してもらうためであるのが一般的です。したがって、示談書等の内容について、被害者の代理人弁護士は慎重に吟味する必要があります。そして、被害者の代理人弁護士は、被害者の要望を合意条項として盛り込む、合意事項の履行確保のための条件を付加する等、積極的に自ら示談書を作成すべきでしょう。そのような示談書等の例として、〈書式等〉書式3－1、3－2を参照してください。

示談書の作成に当たっては総額として受領するのか、一部として受領するのかを必ず確認すべきです。また、示談金を一括ではなく分割で受

領する場合には、示談書を公正証書で作成し執行認諾文言を付しておく、連帯保証人を提供してもらう、あるいはその併用をする等、履行確保の手段を検討する必要があります。

Ｖ　不起訴処分

1　理由の告知

　不起訴処分がなされた場合には、検察官から告訴人に対して処分結果が通知されます（刑訴法260条）。告訴人は、検察官に対して、不起訴の理由を告知するよう求めることができます（刑訴法261条）。しかし、現在の検察庁の実務上、不起訴理由として告知されるのは、「起訴猶予」「嫌疑不十分」等の検察官の不起訴裁定の主文程度であり、詳細な理由の開示はなされていません。

　また、被害者は「被害者等通知制度」により、検察官から同様の通知を受けることができます。この「被害者等通知制度」は、「被害者等通知制度実施要領」という通達に基づく制度であり、その内容は、法務省のウェブサイト（https://www.moj.go.jp/keiji1/keiji_keiji11-10.html 参照）で公表されています。同通達では、被害者等又は弁護士であるその代理人が特に不起訴裁定の主文、不起訴裁定の理由の骨子について通知を希望するときは、その事項を通知することができる、とされています（同通達第4）（第5章Ⅱ（90頁）参照）。

2　検察審査会に対する申立て（〈書式等〉書式4「審査申立書」）

　検察審査会制度は、検察官が独占する起訴の権限（公訴権）の行使に民意を反映させ、また不当な不起訴処分を抑制するために設けられた制度です（検察審査会法1条）。

　検察官の不起訴処分に不服があるときに、告訴人又は被害者は、検察審査会にその処分の当否の審査の申立てができます（同法30条）。被害者が死亡した場合には、その配偶者、直系親族又は兄弟姉妹からも審査の申立てができます（同法2条2項）。検察審査会は、地方裁判所と主

な地方裁判所支部の中にあり（同法1条）、審査の申立ては、不起訴処分をした検察官が属する検察庁の所在地を管轄する検察審査会に、書面で、かつ、理由を明示して行います（同法30条、31条）。

　なお、審査の申立てに費用はかかりません。

　審査申立人は、審査会に意見書・資料を提出することができます（同法38条の2）。

　検察審査会は、当該検察審査会の管轄区域内の衆議院議員の選挙権を有する者の中から選ばれた11人の検察審査員により組織され（同法4条）、その全員の出席で会議を開きます（会議は非公開です。同法26条）。検察官の不起訴処分の当否を審査した結果、「不起訴不当」あるいは「起訴相当」との議決があった場合には、検察官は事件を再検討しなければなりません（同法41条1項、2項）。「不起訴不当」又は「不起訴相当」の議決は検察審査員11人の過半数で行うことができますが、「起訴相当」の議決は、同11人中8人以上の多数によらねばならないとされています（同法27条、39条の5第2項）。原則として、これらの議決に再検討後の検察官による事件の処分を拘束する力は認められていません。

　もっとも、検察審査会が行った「起訴相当」の議決に対し、検察官が不起訴処分をした場合又は3か月以内に処分を行わなかった場合（同法41条の2）に、検察審査会が再度の審査（第二段階の審査）を行い、その結果、検察審査員11人中8人以上の多数により起訴をすべき旨の議決（起訴議決）が行われた場合には、裁判所が指定した弁護士が被疑者を起訴しなければならないとされており（同法41条の6、41条の9）、この場合には法的拘束力が認められます（起訴議決制度）。

　また、検察審査会は、審査を行うに当たり必要があるときは、弁護士に審査補助員を委嘱して、関係法令及びその解釈の説明、事件の事実上及び法律上の問題点並びにそれらに関係する証拠の整理、審査に関する法的見地からの助言を受けることができますが（同法39条の2・審査補助員制度）、上記の再度の審査を行うに当たっては、より慎重かつ適正な判断がなされるよう、必ず審査補助員を委嘱しなければならないとされています（同法41条の4）。

【検察審査会の議決に基づく公訴の提起及びその維持】

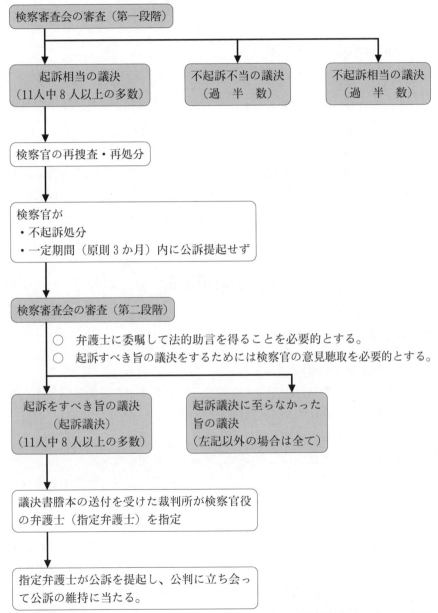

検察審査会の審査（第一段階）

起訴相当の議決
（11人中8人以上の多数）

不起訴不当の議決
（過　半　数）

不起訴相当の議決
（過　半　数）

検察官の再捜査・再処分

検察官が
・不起訴処分
・一定期間（原則3か月）内に公訴提起せず

検察審査会の審査（第二段階）

○　弁護士に委嘱して法的助言を得ることを必要的とする。
○　起訴すべき旨の議決をするためには検察官の意見聴取を必要的とする。

起訴をすべき旨の議決
（起訴議決）
（11人中8人以上の多数）

起訴議決に至らなかった
旨の議決
（左記以外の場合は全て）

議決書謄本の送付を受けた裁判所が検察官役
の弁護士（指定弁護士）を指定

指定弁護士が公訴を提起し、公判に立ち会っ
て公訴の維持に当たる。

（注）網掛け部分は検察審査会における手続

不起訴処分の当否について検察審査会の議決があったときは、被害者等は、同一事件について更に審査の申立てをすることはできません（同法32条）。

3 準起訴手続（付審判請求）

公務員の職権濫用罪等の事件について、告訴・告発した者は、検察官の不起訴処分に不服があるときは、その管轄裁判所に対し、その事件を審判に付することを請求できます（刑訴法262条1項）。

この付審判の請求は、不起訴処分の通知（刑訴法260条）を受けた日から7日以内に、不起訴処分をした検察官に対して、請求書を差し出して行うこととされています（刑訴法262条2項）。請求方式が書面に限定されていること、請求書提出先が裁判所ではなく検察官であることだけでなく、特に請求期間が短期であることに留意する必要があります。

VI 公訴提起後

1 捜査機関への対応

(1) 捜査機関との連絡

起訴後更に事情聴取を要する場合、証人テストが必要な場合等、捜査機関への出頭についての連絡を行います。

事情により被害者が希望するときは、捜査機関からの連絡場所を代理人弁護士の事務所に定める旨、あらかじめ申告します。

なお、被害者参加弁護士としての活動については、後述第3章（30頁）で述べるとおりです。

(2) 出頭時の付添い

事情聴取時の立会いを許されたケースもあるので、必要を感じる場合には、弁護士の付添いを申し出ます。また、証人テストに弁護士が立ち会うことを認められた例もあります。

(3) 証人出廷がある場合

出廷について格別の問題がある場合には、期日外尋問の可否、ビデ

オリンク方式、遮蔽措置の採用の可否、証人尋問に代えての意見陳述の可否等を、担当検察官と打ち合わせます（詳細は本章VI 2 (2) （24頁）参照）。

(4)　証拠品等の返還

証拠品等の返還について、自宅宛てでは支障がある場合には、早めに公判担当検察官及び証拠品係に連絡して、代理人弁護士の事務所等への返還要請をします。

必要書類は、証拠品係から送付されるはずですが、一応確認しておくのがよいでしょう。

2　公判手続への関与（被害者参加制度については第 3 章（30頁）参照）

(1)　法廷傍聴の付添い

ア　特別傍聴券の入手

a　手続

公判期日が通知されたら、係属裁判部に対して、傍聴したい旨をなるべく早めに伝えます。傍聴希望者の人数、氏名、事件との関連（被害者本人、遺族等）を申し出て、裁判所と相談してください。その際、確実なことは公判期日の直前にならないと分かりませんが、傍聴券抽選の可能性の有無を問い合わせておきましょう。社会的に注目されている事件などの場合、裁判所の方から「抽選になりそうだ」と教えてくれることもあります。

b　必要書類

特にありません。口頭（電話）で可能です。

イ　傍聴における二次被害の防止等

裁判所は、近時の被害者の声に応え、待合室や法廷への導入路について、被害者側の意向を十分に尊重するという姿勢を示しています（犯罪被害者等基本計画検討会において、裁判所の代表者からも、なるべく一般傍聴者と顔を合わせたくない場合などの事情を事前に裁判所に相談されればその意向を十分くんで対応する旨明言されているところです。）。そこで、被害者の代理人弁護士としては事前に十分に裁判所との間で、被害者が二次被害を感じないような傍聴の

仕方を協議すべきです。

a　マスコミ取材等が心配される場合

事前に裁判所と打ち合わせて、書記官室へ出頭し、法廷裏の証人控室等で待機させてもらいます。公判終了後も、暫時待機の上、書記官室まで誘導してもらい、時機を見て退出します。退出経路等は個々のケースで考えます。

b　性犯罪の場合の工夫

性犯罪で、被害者が傍聴を希望したが、女性が傍聴していると、他の傍聴人等に被害者であると推測されるのではないかと懸念していた事案につき、女性の検察事務官が複数名付き添って、誰が被害者か推測できないように配慮してくれた例があります。被害者支援団体に同様の支援を依頼する方法も考えられるでしょう。

c　その他

事前に、公判手続、被告人の着席位置等をよく説明しておきます。

ウ　遺影について

遺影を持ち込みたい旨の要望があった場合は、事前に裁判所に申し出ます。

サイズの指定や、開廷までは布等で覆っておくこと、被告人や裁判官に誇示するように掲げたりしないこと、等の注意がなされることがあります。傍聴席への遺影の持ち込みは通常許可されていますが、遺影を持つ人は2列目以降に着席する等の指示がなされることが多いので、あらかじめ遺族の意向をよく聴いておいた上で対処します。被害者参加人である遺族が、バーの中に遺影を持ち込みたいと希望することも多いですが、バーの中への持ち込みは認められない例が多いようです（裁判長の判断によります。）。

(2)　被害者が証人となる場合

ア　付添い（刑訴法157条の4）

被害者が証人として尋問を受ける場合に、その不安や緊張を鎮めるための付添いが認められることがあります。裁判所の許可が必要ですので、検察官及び裁判所と事前によく相談しておきましょう。

a　証人席に同席する場合

通常、事前に検察官を通じて要望します。

　裁判所から付添いが認められれば、証人の隣に着席することができます。

　　　b　傍聴席で待機する場合

　　　傍聴席で待機するだけであれば、特別傍聴券の交付手続（前述23頁）を参照してください。

　イ　遮蔽措置（刑訴法157条の5）

　　　裁判所が認めた場合に、証人と被告人・傍聴人の間に衝立を置く等して証人が受ける圧迫感を緩和する措置です。

　ウ　ビデオリンク方式（刑訴法157条の6）

　　　性犯罪等の公判においては、裁判所が認めれば、証人を法廷外の別室に待機させて、テレビモニター等を通じて証人尋問を行うことができます。

　　　また、一定の場合には、被告人が在廷する法廷とは別の裁判所との間でも、このビデオリンク方式による証人尋問ができるようになりました。

　エ　特定の傍聴人の退廷（刑事訴訟規則202条）

　オ　被告人の退廷（刑訴法304条の2）

　カ　非公開で行われる公判廷外尋問、期日外尋問（刑訴法158条、281条）

　キ　期日外尋問における被告人の退席（刑訴法281条の2）

(3)　**刑訴法292条の2に基づく意見陳述（心情に関する意見陳述）**（〈書式等〉書式7「意見陳述の申出書」）

　ア　手続

　　　刑訴法292条の2の意見陳述は、証拠調べ手続の終了後、検察官の論告・求刑前に行われることが多いようです。これを希望する場合は、公判担当検察官に申し出ます（刑訴法292条の2第2項）。

　　　公判期日が通知されたら、なるべく早く申し出て、所要時間、遮蔽措置の要否等を打ち合わせます。

　　　意見陳述要旨については、検察庁から事前に書面で提出を要求されることが多いようです。

　　また、同条に基づく意見陳述には、被害者等による心情の吐露であり、被害感情等を述べるもので、被害者参加人等による事実又は法律の適用についての意見陳述（刑訴法316条の38）とは異なります（刑訴法316条の38の意見陳述との違いについては、52頁を参照）。

イ　公判期日当日

　　事前に出頭場所、待機場所、出頭時刻等を書記官に確認しておきます。

　　必要に応じて待機場所まで付き添います。

　　意見陳述中は傍聴します。特に遮蔽措置を施した場合は、終了後、被告人、傍聴席の様子などを説明します。

　　刑訴法292条の2の意見陳述は、被害者参加制度に基づく訴訟行為とは別のもの（そのため、被害者参加をしていない被害者等も行うことができます。）ですので、この意見陳述には弁護士への委託に関する規定はなく、被害者等が自ら行うことが予定されています。ただし、被害者等が、精神的負担が大きいなどとして、法廷で自らは行わずに、代わりに書面を提出する場合には、裁判長の裁量により、被害者参加弁護士がいる場合には、その弁護士が、いない場合には、検察官が代読するということが行われています（刑訴法292条の2第8項の条文上は、裁判長が、この意見陳述の書面の朗読を行うことが規定されていますが、実務上、被害者参加弁護士や検察官が、代読することが多いです）。

3　公判における被害者特定事項の秘匿

　　一定の性犯罪等の場合、被害者特定事項を公開の法廷で明らかにしないことが認められるので（刑訴法290条の2）、被害者の意向も確かめた上で、あらかじめ検察官に申出をすることになります。被害者特定事項を明らかにしない旨の決定（刑訴法290条の2第1項、3項）がなされた場合には、起訴状の朗読（刑訴法291条2項）や証拠書類の朗読（刑訴法305条3項）において被害者特定事項が秘匿され、訴訟関係人のする尋問又は陳述等（証人尋問、被告人質問、弁論等）が被害者特定事項にわたるときは裁判長がこれを制限することができます（刑訴法295条

3 項)。

　また、検察官の証拠開示に当たっても、検察官が弁護人に対し被害者特定事項の秘匿要請をすることができますので（刑訴法299条の 3 ）、併せてこの措置をとるよう申し入れることになります。

　なお、証人等に対しても被害者と同様の措置が認められています。すなわち、被害者以外の証人等に対しても証人等特定事項を明らかにしない旨の決定（刑訴法290条の 3 ）がなされた場合には、起訴状や証拠書類の朗読において証人等特定事項が秘匿され（刑訴法291条 3 項、305条 4 項）、訴訟関係人のする尋問又は陳述等が証人等特定事項にわたるときは、裁判長がこれを制限することができます（刑訴法295条 4 項）。

4　事件記録の閲覧・謄写

　事件記録の閲覧・謄写は、被害者にとって、事件についての情報を入手するという観点から非常に重要な意味を有しています。また、被害者参加制度（第 3 章（30頁）参照）の下においては、第 1 回公判期日前の記録の閲覧・謄写は、公判の準備のため、不可欠な手続です。

　事件記録の閲覧・謄写の手続は、起訴後第 1 回公判期日前か否か、また、刑事裁判確定の前か否かで異なりますので、注意が必要です。手続の詳細については、第 5 章Ⅲ（93頁）をご参照ください。

第3章

被害者参加制度

I 被害者参加制度の概略

1 被害者参加制度とは

　被害者参加制度は、平成19年6月の刑訴法改正によって導入され、平成20年12月1日から運用が開始されました。一定の重大犯罪の被害者本人や遺族らが、傍聴席との境目を区別しているバーの中に入って自ら証人尋問や被告人質問を行い、検察官とは別に論告・求刑を行うものです。

　なお、被害者参加制度と同時に導入された損害賠償命令制度（詳細は第4章I（58頁）参照）と、被害者参加制度とでは、対象犯罪が一部異なっていますので、注意が必要です（次頁以下のチャートを参照）。

コラム1

　日本の刑事裁判において、一昔前には、被害者は、証拠の一つにすぎないとされていて、自らは何もできませんでした。

　家族を殺された遺族ですら、以前は、刑事裁判の優先傍聴も認められておらず、傍聴すらできないことがあり、また、傍聴席に座れたとしても、刑事裁判に参加することはできなかったため、被告人や被告人側の情状証人が、事実と異なることを述べていても、何もできずに、我慢をして聞いていることしかできませんでした。

　そのため、犯罪によって苦しめられた被害者が、刑事裁判の現実を知って、さらにつらい思いをするということがありました。

　このような刑事裁判のつらい現実を知った犯罪被害者が声を上げて、被害者の権利の拡充がなされました。

　その中でも、平成12年に設立された「全国犯罪被害者の会（あすの会）」は、被害者自らが、被害者の実情を広く世の中に伝えると共に、積極的な立法提言なども行い、犯罪被害者等基本法の制定の契機となり、また、被害者参加制度や損害賠償命令制度の創設の際には、具体的な制度設計にも携わり、その後も、経済的補償制度の拡充や殺人などの重大犯罪の時効の廃止、少年審判の傍聴等の創設にも大きな影響を与えました（その後、「全国犯罪被害者の会（あすの会）」は、平成30年6月3日に、役目を終えたとして、惜しまれつつも解散しました。）。

　このように、日本の被害者の権利の拡充や被害者のための制度の創設は、被害者自身の努力によって進められ、それが世の中に受け入れられたという歴史があります。

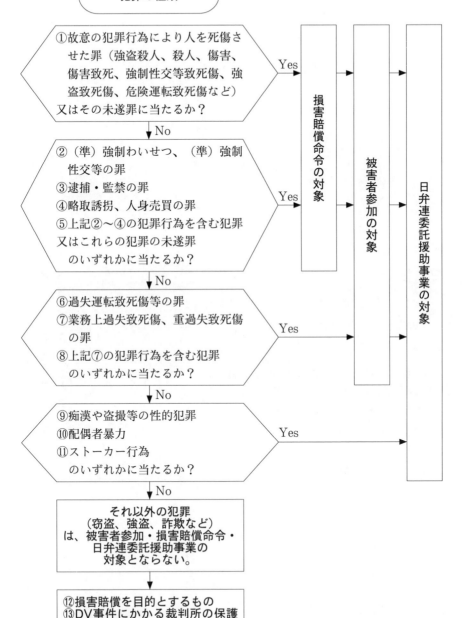

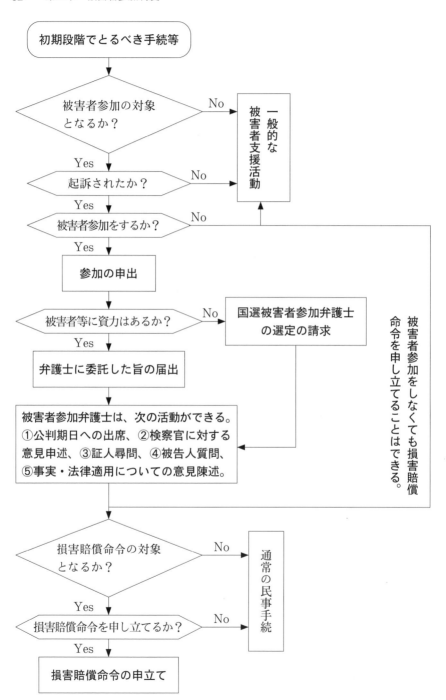

2　被害者参加制度でできること

(1)　公判期日への出席（刑訴法316条の34）

　刑事公判手続に準当事者として関与することができます。傍聴席ではなく、バーの中に入って検察官の横又は後ろに着席します。

(2)　検察官に対する意見申述（刑訴法316条の35）

　検察官の権限の行使に関して意見を述べることができます。検察官は、権限の行使・不行使について、必要に応じて、理由を説明しなければなりません。

(3)　証人尋問（刑訴法316条の36）

　証人に対し、直接、尋問をすることができます。ただし、尋問できるのは情状に関する事項についてのみです。また、検察官の尋問終了後、検察官が相当と認め、裁判所が許可した場合に限られます。

(4)　被告人質問（刑訴法316条の37）

　被告人に対しても、直接、質問をすることができます。犯罪事実に関する事項も質問できますが、意見陳述に必要な範囲に限られます。また、検察官の尋問終了後、検察官が相当と認め、裁判所が許可した場合に限られます。

(5)　事実又は法律の適用についての意見陳述（被害者論告）（刑訴法316条の38）

　事実又は法律の適用について意見を述べることができます。検察官求刑とは別に独立して求刑をすることもできます。ただし、検察官の論告・求刑後、検察官が相当と認め、裁判所が許可した場合に限られます。心情に関する意見陳述（刑訴法292条の２）と異なり、犯罪事実についての意見陳述や求刑も可能ですが、情状証拠にはなりません。

3　被害者参加弁護士の役割

　上記(1)〜(5)に関して、弁護士に委託することができます。また、被害者参加人に資力がない場合には、日本司法支援センター（以下「法テラス」といいます。）を通じて、国選被害者参加弁護士の選定を求めることもできます（詳細は第7章Ⅱ3（218頁）参照）。

　弁護士は、被害者らから委託を受けて参加活動を行います。被告人の弁護人のような独立の権限があるわけではなくあくまで委託を受けて活動します。そして、具体的な活動はまず検察官に申し出てから行うという点が、刑事弁護とは大きく違います。

　また、(1)〜(5)は、参加したら全てやらなければいけないというわけではなく、例えば期日に出席したくない場合は出席しなくてもよいものであり、あくまで義務ではなく権利です。委託を受けた弁護士は、被害者の意向に沿って、参加活動を行います。被害者の代わりに法廷に出席したり、被害者自身が活動を行う場合と弁護士が行う場合を分担するなど、実のある活動を行いたいものです。

　検察官は、対立する相手方ではありません。連携が必要な相手方です。被害者から依頼を受けたらその日のうちに検察官に代理人として就くことを知らせ、速やかな記録の開示を求め、事案の概要を把握し、被害者参加に備えるようにすることが必要です。

II　被害者参加制度の利用要件

1　被害者参加の対象となる犯罪

　参加の対象となる犯罪の範囲は、刑訴法316条の33第1項各号に列挙されています。大まかに言えば人の生命・身体・自由に重大な侵害を加える犯罪であり、

① 　故意の犯罪行為により人を死傷させた罪（強盗殺人、殺人、傷害、傷害致死、遺棄等致死傷、強制わいせつ等致死傷、強盗・強制性交等致死、強盗致死傷、逮捕等致死傷、危険運転致死傷など）

② 　（準）強制わいせつ・（準）強制性交等、監護者わいせつ及び監護者性交等（刑法176条〜179条）の罪

③ 　逮捕・監禁（刑法220条）の罪

④ 　略取・誘拐・人身売買（刑法224条〜227条）の罪

⑤ 　業務上過失致死傷・重過失致死傷（刑法211条）の罪

⑥ 　上記②〜⑤の犯罪行為を含む罪（強盗・強制性交等、特別公務員職

権濫用など）

⑦　過失運転致死傷等（自動車の運転により人を死傷させる行為等の処罰に関する法律4条、5条、6条3項、6条4項）の罪

⑧　上記①～⑥の罪の未遂罪

が挙げられます。

2　参加できる者

刑事裁判への参加が許されるのは、

①　上記犯罪の被害者等（被害者又は被害者が死亡した場合若しくはその心身に重大な故障がある場合におけるその配偶者、直系の親族若しくは兄弟姉妹）

②　当該被害者の法定代理人

③　上記①又は②の者から委託を受けた弁護士

です（刑訴法316条の33第1項）。内縁の配偶者の参加は認められていません。

上記①又は②の者であっても参加するかどうかは自由です。参加を許された場合には、被害者参加人と呼ばれます。また、被害者参加人から委託を受けた弁護士は、被害者参加弁護士と呼ばれます。

3　参加申出の時期

参加申出の時期に制限はなく、公判継続中であれば、どの段階でも行うことができます。ただし、できるだけ早く申出をする方が、より充実した活動が可能となります。

4　国選被害者参加弁護士制度の利用要件

国選被害者参加弁護士の選定を請求できるのは、刑訴法316条の34から316条の38までに規定する行為を弁護士に委託しようとする被害者参加人であって、その資力が200万円未満の者です（犯罪被害者等の権利利益の保護を図るための刑事手続に付随する措置に関する法律（以下「保護法」といいます。）11条1項、第7章Ⅱ3（218頁）参照）。

ここにいう資力とは、現金、預金等の流動資産の合計額であり、そこ

から手続への参加を許された刑事被告事件に係る犯罪行為を原因として6月以内に支出することとなると認められる費用（療養費等）の額を控除して計算されます。

Ⅲ　被害者参加弁護士が行うべき準備のポイント

1　被害者との打合せ

　被害者の多くは刑事手続に不案内であり、また、自ら法廷に立って活動することに不安を覚えている場合も多いでしょう。特に、性被害では、裁判の動向は気になるものの、積極的に法廷に出頭して参加したいという被害者は少ないように思います。参加活動の全てを弁護士が代理して行えるわけですから、被害者の負担を少しでも軽減し、被害者の尊厳の回復のために何が必要かを考え、参加活動を行うことが必要です。ただし、全てを代理して行う場合であっても、被害者参加弁護士としては、被害者参加人が手続から置き去りにならないよう、公判手続の流れをあらかじめ丁寧に説明しておく必要があります。

　また、被害者参加人として公判においてどのような活動ができるのか説明した上で、そのうちどれを行うのか、行う活動について役割分担するとすれば、誰が（被害者参加人のうち誰が、あるいは被害者参加弁護士が）どの活動を行うのか等について、被害者参加人の意向を十分に聴き取った上で、公判の準備に当たるべきでしょう。

　具体的には、以下のような内容について、打合せが必要になります（各手続の詳細については本章Ⅳ参照）。

(1)　**証人尋問**（刑訴法316条の36）
　　○　被害者参加人等が証人に対して尋問を行うか否か
　　○　証人尋問を行うとしたら、①尋問内容、②被害者参加人ないし被害者参加弁護士のいずれが尋問を行うか、③時間はどの程度必要か

(2)　**被告人質問**（刑訴法316条の37）
　　○　被害者参加人等が被告人質問を行うか否か
　　○　被告人質問を行うとしたら、①質問内容、②被害者参加人ないし被

害者参加弁護士のいずれが質問を行うか、③時間はどの程度必要か

(3)　**事実又は法律の適用についての意見陳述（被害者論告）**（刑訴法316条の38）

○　従来の意見陳述（刑訴法292条の2）と、被害者参加制度によって認められた「事実又は法律の適用についての意見陳述（刑訴法316条の38。以下「被害者論告」といいます。）」のいずれを行うか、あるいは、両方行うか

○　被害者論告を行うとしたら、①陳述の内容、②被害者参加人ないし被害者参加弁護士のいずれが陳述を行うか、③時間はどの程度必要か

○　求刑を行うか、行うとしたらどの程度の処分を求めるのか

なお、被害者参加制度に基づくものではありませんが、後述する（本章Ⅳ7（49頁）参照）、心情に関する意見陳述（刑訴法292条の2）を行うか否かについても、あらかじめ被害者参加人の意向を確認しておくべきでしょう。

被害者参加弁護士は、刑事弁護人とは異なり、独立の権限を有するものではありません。被害者参加人からの委託を受けなければ何らの活動もできません。よって、被害者参加人が自ら行いたいのか、それとも弁護士に依頼したいのか、それとも分担したいのかなどをよく聴き取って、活動を行いましょう。

ただし、被害者は、事件によって大きなショックを受け、明確な意思表示ができないこともあります。弁護士は、被害者にとって有用な活動を提案することも必要な場合もあります。

2　被害者参加の申出

被害者参加をするには、検察官に対して参加の申出を行い、裁判所の許可決定を得る必要があります（手続の詳細については本章Ⅳ1（43頁）参照）。申出の時期に制限はありませんが、より充実した活動をするためには、できるだけ早期に申出をすることが望ましいといえます。特に、被害者からの相談を受けた時期や受任の時期が公判期日と接近している場合で、即日結審することが予測されるような事案では、参加の申出が

遅くなると、公判での活動が事実上できなくなるおそれもありますので、被害者の基本的な意向を確認した上で、参加の申出だけは早急にしておき、具体的にどの活動を誰が行うか等はその後に検討するということも必要になります。

　なお、後述しますが、弁護士に依頼する場合は、被害者の参加許可が出てから、弁護士の選定手続に入ります。国選被害者弁護士の場合には、選定までに更に時間を要する場合がありますので、参加予定であること及び弁護士に依頼予定であることを、事実上、裁判所書記官に連絡しておくことも一つの方法です。

3　事件内容の把握（記録の閲覧・謄写）

(1)　公訴事実の確認、記録閲覧の時期

　弁護士が被害者参加事件について受任する場合（特に国選被害者参加弁護士の場合は本章Ⅳ2（45頁）参照）には、公判期日が間近に迫っているケースがしばしばあります。他方で、被害者との打合せだけでは、公訴事実の内容等について正確な情報が十分得られないこともあります。

　そのため、受任後はできる限り速やかに検察官と連絡をとり、まず、起訴状の写しか公訴事実が記載された書面の交付を求めて、公訴事実を確認する必要があります。また、記録の閲覧についても、検察官と日程を調整して、できるだけ早期に閲覧するようにしてください。

(2)　検察庁における記録の閲覧・謄写

　被害者参加事件においては、第1回公判期日前に記録を閲覧・謄写することは、公判の準備のため、必要不可欠な手続です。そのため、被害者参加弁護士としては、受任後速やかに、検察官に対して記録の開示を求める必要があります。第1回公判期日前に検察庁に対し記録の開示を求める根拠条文は刑訴法47条ただし書きとなります。

　なお、参加するかどうか決めていない場合であっても、その判断に必要との理由で記録の閲覧・謄写をすることもできます（平成26年10月21日付最高検事長検事通達による運用）。

　開示を求めるべき具体的な記録としては、次のようなものが挙げら

れます。

- 　起訴状（記録の中に当然には含まれないので、明示して要求してください。）
- 　検察官作成証明予定事実記載書（公判前整理手続に付された事件の場合）
- 　検察官作成の証拠等関係カード
- 　検察官取調べ請求証拠全て
- 　検察官が開示した類型証拠や主張関連証拠（公判前整理手続に付された事件の場合）
- 　弁護人作成予定主張記載書（公判前整理手続に付された事件の場合）
- 　弁護人作成の証拠等関係カード
- 　弁号証全て
- 　冒頭陳述（要旨）
- 　論告要旨

　検察庁は、自白事件においては、第１回公判期日前に、被告人のプライバシーにかかる部分を除きおおむね全ての提出予定の証拠について閲覧・謄写を認めているケースが多いようです。身上経歴が書かれた供述調書（いわゆる乙１）・前科調書などについては、閲覧・謄写を拒絶されたとの報告もあります。また、否認事件で被害者参加人が証人として証言を求められることが想定されるケースでは、記録の一部（関係者の供述調書など）の開示は証人尋問の後まで認められないことがあります。記録の開示が受けられないものについては、検察官に対して、その内容についての説明を求めるなどの工夫が必要となります。例えば、被告人の身上経歴は被害者が最も関心のある事柄であり、被告人質問を行う上で重要になってきます。証拠の取調べ後に裁判所で閲覧・謄写するという手段もありますが、被害者参加人の活動を実のあるものにするには事前開示を要求すべきです。さらに、未提出記録（提出予定のない記録）であっても、閲覧を認められた例があります。未提出記録の中でも被告人供述調書については、被告人の弁解や反論を予想するための参考になるので、閲覧しておく価値があり

ます。検察官とのコミュニケーションを十分にとって、頼めそうなことは何でも頼んでみるべきです。

　第1回公判期日後に裁判所で記録の閲覧・謄写をする場合は、後述第5章Ⅲ（93頁）を参照してください。

　なお、裁判所に対する記録の謄写・閲覧申請は、参加している期間しかできないため、申請の中で判決書まで申請しておくことも一考です。

4　検察官との打合せ

　記録を入手すると同時に様々な打合せを行います。検察官との打合せで特に注意すべき重要な点は、以下のとおりです。被害者参加弁護士は、被害者参加人の意向を事前に確認した上で、検察官との電話連絡・打合せ等において、以下の点に特に注意して、遺漏のないよう取り決めておく必要があります。

⑴　事務手続関係一般

○　公訴事実の内容の確認（起訴状の写し又は公訴事実が記載された書類の受領）

○　公判期日の調整

○　記録の閲覧・謄写（前記3⑵、第5章Ⅲ（93頁）参照）

⑵　検察官から聴取すべき具体的内容

○　訴因変更の可能性の有無（検察官が被害者等の考えと異なる罪名で起訴した場合等）

○　被告人が起訴事実を認めているか否か

○　犯行の動機、犯行の態様、共犯者、余罪の有無、被害者への謝罪・賠償する意思その他被害者参加人等が被害者論告を行うのに参考となるべき事項

○　起訴事実を認めていない場合には弁解の内容、アリバイの有無などの事項

○　公判前整理手続に付された事件の場合、公判前整理手続の結果（争点、尋問予定時間等）

⑶　公判期日当日の活動についての打合せ

○　検察官の証人尋問内容と被害者参加人等の尋問内容との突合せ

○　検察官の被告人質問内容と被害者参加人等の質問内容との突合せ
○　検察官による論告・求刑と被害者参加人等による被害者論告との
　内容の突合せ
○　各手続に必要とされる時間

5　裁判所との関係

　公判当日において被害者参加人側が予定している手続（何を行うのか、誰が行うのか）と必要時間について、被害者参加弁護士に対して裁判所から事前に問合せがある場合があります。

　また、当日の着席場所、着席の順序、入廷の時刻や方法、傍聴券の配布予定の有無、特別傍聴券の枚数等についても、あらかじめ裁判所に確認しておいた方がよいでしょう。

6　公判前整理手続における留意点

　公判前整理手続が行われる場合には、注意が必要です。なぜならば、公判前整理手続に被害者参加人及び被害者参加弁護士は参加できませんが、公判前整理手続においては、事件の争点や証拠の整理が行われ、公判審理の方向性がそこで決まってしまう可能性が高いからです。また、当事者が公判前整理手続において請求していなかった証拠は、「やむを得ない事由」で請求できなかったものを除き、公判期日においては証拠調べを請求できない（刑訴法316条の32第1項）ことから、被害者参加人等としては、公判審理に備えて、できる限りの情報を、適切な時期に開示してもらうように、検察官に働きかける必要があります。

　そこで、被害者参加弁護士は、検察官と連絡を密にして公判前整理手続の状況を詳細にわたって聴取し、適切に対応することが求められます。特に、公判期日における尋問時間等は、公判前整理手続において決定されますので、被害者参加弁護士は、希望する尋問予定時間などをあらかじめ検察官に伝えておき、十分な時間を確保してもらうようにすることが重要です。

　なお、公判前整理手続が行われる事件について、被害者参加をするかどうか被害者等が迷っているような場合には、正式に参加の申出をする

前であっても、公判前整理手続の段階で、被害者参加を検討している旨をあらかじめ検察官に伝えて、公判期日の時間配分等について考慮しておいてもらうとよいでしょう。

　前述のとおり、検察官と密接な連携をとることは被害者参加弁護士としての責務です。一方、検察官としても、被害者参加人との良好な関係の維持は当然望まれることであり、被害者参加弁護士との連絡調整にはおおむね協力的に対応されているようです。

　また、公判前整理手続が行われる事件では、その間、被害者参加人は数か月にわたって待機状態に置かれることになります。そのため、あらかじめその旨を被害者参加人に説明しておくとともに、検察官から得た情報を被害者参加人に適宜伝えるなどの配慮が必要でしょう。

　公判前整理手続期日ではない事実上の打合せに被害者参加弁護士の同席を認めた事例もありますが、更に進んで、被害者参加弁護士が公判前整理手続を傍聴できるよう法改正がなされることが望ましく、被害者参加弁護士の立場から今後働きかけを行っていくべきでしょう。

7　裁判員裁判における留意点

　裁判員裁判の公判は、数日間にわたり集中審理が行われますので、期日の調整が更に困難になることが予想されます。また、第1回公判期日の日程は、被害者参加人及び被害者参加弁護士の参加できない公判前整理手続において決定されるため、被害者参加弁護士は、あらかじめ検察官に被害者参加人と被害者参加弁護士の都合を伝えた上で、これを考慮した期日の設定を行ってもらえるよう申入れをしておく必要があります。被害者参加弁護士としても、柔軟に対応できるよう、公判期日の設定が予想される時期については日程の調整をしておく必要があるでしょう。

　また、裁判員裁判では、審理の進行に関する時間的制約が厳しく、裁判所から所要時間の厳守を強く求められますので、この点にも注意する必要があります。

　公判においては、裁判員らに対し、被害者・被害者参加人の心情等を語りかけるように訴えることも必要になるでしょう。しかし、大げさすぎるプレゼンテーションや過剰演出は、裁判員らに対し、こちらが意図

したとおりの印象を与えられないばかりか、かえって悪印象を招くおそれもあるので、注意が必要です。被害者参加弁護士としては、依頼者である被害者参加人が、何を望み、どのような活動を期待しているのかを常に確認し、被害者等の心情に沿う活動をするよう心がけるべきでしょう。

IV　具体的な手続の流れ

1　参加の申出の手続

(1)　申出権者及び申出先

　　参加の申出は、被害者等、当該被害者の法定代理人、又はこれらの者から委託を受けた弁護士が、検察官に対して行います（刑訴法316条の33第1項、2項）。

(2)　申出の方式

　　申出の方式には、特に制限はありません。実際の検察庁の運用では、弁護士が申出を行う場合であっても、参加の申出自体は口頭のみでよいとされることも少なくないようです。しかし、被害者参加人や被害者参加弁護士が多数いるような場合には、正確を期するため書面によって行うことを要求される場合があります。この場合の書面は、被害者参加人及び被害者参加弁護士の名前を列記したものを、1通作成します（〈書式等〉書式5「被害者参加申出書」参照）。

　　なお、多数いる被害者参加弁護士の捺印が全て揃えられないときには、代印によることも可能とされているようです。

(3)　許可決定の通知

　　申出がなされた場合には、申出を受けた検察官から裁判所へ通知がなされ、裁判所は、被告人又は弁護人の意見を聴き、犯罪の性質、被告人との関係その他の事情を考慮し、相当と認めるときは、決定で参加を許可します（刑訴法316条の33第1項、2項）。この決定は、速やかに、裁判所から申出者に通知されます（刑事訴訟規則（以下「刑訴規」といいます。）217条の40第1項）。

　　なお、参加決定は裁判所により取り消される場合があります（刑訴

法316条の33第 3 項）。

　参加の許否の決定は、「訴訟手続に関し判決前にした決定」（刑訴法
420条 1 項）に当たり、不許可の決定に対して参加申出者や検察官が
不服を申し立てることはできず、他方、許可の決定に対して被告人・
弁護人が不服を申し立てることもできません。

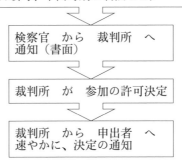

⑷　被害者参加弁護士への委託の届出

　被害者参加人のなし得る行為のうち、①公判期日への出席、②証人
尋問、③被告人質問、④事実又は法律適用についての意見陳述につい
て、被害者参加人が被害者参加弁護士に委託してこれを行わせるため
には、あらかじめ、被害者参加人から裁判所に対し、弁護士に委託し
た旨を当該弁護士と連署した書面で届け出なければなりません（刑訴
規217条の35第 1 項。〈書式等〉書式 6 「委託届出書」参照）。この書
面は、被害者参加人が複数いる場合には、被害者参加人 1 名ごとに 1
通作成します。また、この届出は、審級ごとにする必要があります
（刑訴規217条の35第 2 項）。

　当該書面に委託した行為を特定する記載をしなかったときは、これ
ら四つの行為の全てを委託したものとみなされます（刑訴規217条の
35第 3 項）。

　なお、裁判所への委託届出書には、検察官への意見申述（刑訴法316
条の35）は委託事項として記載して届け出る必要は必ずしもありませ
んが（〈書式等〉書式 6 「委託届出書」注釈参照）、被害者参加人から
は前述①ないし④と併せた五つの事項全ての依頼を受けておくように

してください（国選被害者参加の場合には法テラスの報酬算定にも影響があります。）。

弁護士に委託した旨の届出	**被害者参加人**　から　**裁判所**　へ 弁護士に委託した旨を届出（あらかじめ、弁護士と連署した書面、審級ごと）

2　国選被害者参加弁護士の選定手続

　資力のない被害者参加人（現金、預金等の流動資産の合計額から一定の療養費等を控除した額が200万円未満の者。本章Ⅱ4（35頁）、第7章Ⅱ3（218頁）参照）が、刑訴法316条の34から316条の38までに規定する行為を弁護士に委託したい場合には、当該被告事件の係属する裁判所に対し、被害者参加弁護士の選定を請求することができます（保護法11条1項）。

　国選被害者参加弁護士の選定の請求は、法テラスに書面を提出して、当該被告事件の係属する裁判所に対し請求します（保護法11条1項、2項）。

　なお、国選被害者参加弁護士の候補者は、法テラスと事前に契約を締結している弁護士の中から指名され、裁判所は原則としてこれに従って、審級ごとに被害者参加弁護士を選定します。

　先に私選で委託届出書を提出した後に、国選に切り替えることもできます。ただし、私選から国選への切り替えは時間がかかりますので、裁判所書記官に切り替えの可能性があることを事前に伝えておくとよいでしょう。

国選被害者参加弁護士の選定の請求	**被害者参加人**　から　**法テラス**　を経由し　**裁判所**　へ 資力要件を満たす場合、被害者参加弁護士の選定の請求（書面）

　　　　　　　　　　　　　　　↓

法テラス　から　裁判所　へ 請求があった旨を通知し、書面を送付 被害者参加弁護士の候補を指名し、通知

　　　　　　　　　　　　　　　↓

裁判所　が　指名（審級ごと）

3　公判期日への出席（刑訴法316条の34）

　被害者参加人等は、公判期日において、傍聴席ではなく、バーの中に着席することができます。

　その際、裁判所は、被害者参加人の心身の状態等に応じて、付添い（刑訴法316条の39第1項）や遮蔽措置（被告人との間の遮蔽については、刑訴法316条の39第4項。傍聴人との遮蔽については、刑訴法316条の39第5項）の措置をとることができるとされています。

　なお、被害者参加人等が多数いる場合には、公判期日に出席する代表者を選定するように、裁判所から求められることがあります（刑訴法316条の34第3項）。裁判所によっては、被告人質問や意見陳述などの訴訟行為ごとに、バーの中に入る被害者参加人等を変更することが認められた例もあるようですが、いずれにしても裁判所との間で事前の打合せが不可欠です。

　バーの中に入って参加すると、日当及び交通費が支給されますが、参加を許可された被害者参加人等に出頭義務はありませんので、公判期日に出席をしないことも自由ですし、被害者参加人の意向を踏まえて（例えば、性犯罪の事案で、被害者参加人本人は、法廷に行きたくない場合など）、被害者参加弁護士のみが公判期日に出席するということも可能です。

4　検察官に対する意見申述（刑訴法316条の35）

　被害者参加人等は、証人尋問、被告人質問、論告求刑等に限らず、被害者参加人には認められていない検察官の権限行使（訴因変更、証拠調べ請求、上訴など）についても、意見を述べることができます。公判期日に行うよりも、公判期日前の準備、打合せの段階で行うことが多いと思われます。検察官は、被害者参加人等から意見が述べられた場合には、必要に応じて、権限の行使・不行使につき、理由を説明しなければなりません。

　具体例としては、被害者の通院状況やかかった治療費などの損害が拡大している事実について、補充捜査によって新たな証拠が追加されて傷害結果が重く訴因変更された事例や、被害者の生前の写真を検察側書証

として提出するよう求めて採用された事例があります。検察官は、当然
ながら被害者の言い分そのままでなく、手堅い事実で起訴するため、被
害者の意をくんだ被害者参加弁護士が、証拠に基づき適切な指摘をすれ
ば、功を奏することも皆無ではありません。

> ─ コラム 2
>
> 　同一の事件で被害者が多数いる場合や被告人が多数いる場合の被害者参加手
> 続はどのようになるでしょうか。
> 　まず、被告人が多数であっても、同一の裁判所で併合審理されている場合に
> は、その裁判所に対して検察官を通じて被害者参加の申立てを行えばそれで足
> ります。しかし、弁論が分離されている場合には、裁判所ごとに被害者参加の
> 申立てが必要になります。
> 　次に、被害者が多数の場合にはどうでしょうか。例えば、同一の交通事故で
> 複数の被害者が死亡したケースなどでは、被害者遺族ごとにグループ分けして、
> 各グループから数名ずつの被害者参加が認められた事例などがあります。証人
> 尋問、被告人質問や心情に関する意見陳述については、他の被害者参加人との
> 調整はあるものの希望者には許可されるケースが多いようです。ただ、刑訴法
> 316条の38の事実又は法律の適用についての意見陳述（被害者論告）について
> は、被害者参加人全員分の内容を盛り込んで、一人の被害者参加弁護士が事実
> 上代表して朗読するという運用が各地で行われているようです。その場合には、
> 各被害者参加人間で内容の調整が必要となります。被害者多数で被害者参加人
> 及び被害者参加弁護士全員がバーの中に席を確保できないケースもありますが、
> その場合には特別傍聴席の手配をして法廷内で傍聴できるように工夫する必要
> もあるでしょう。

5　証人尋問（刑訴法316条の36）

　被害者参加人等は、証人に対して、情状に関する事項についてのみ、
尋問を行うことができます。

　尋問事項の具体例としては、謝罪・被害弁償（示談）に関する事項、
被告人に対する情状証人の監督能力・監督意思の有無に関する事項、被
告人の人柄・性格に関する事項等が挙げられます。このように、尋問事

項は情状に関する事項についての証人の供述の証明力を争うために必要な事項に限定され、犯罪事実（罪体）に関する事項は含まれません。

　なお、広義の情状には、いわゆる犯情、犯行の動機・目的なども含まれますが、ここでいう「情状」は狭義の情状であり、犯罪事実に関連する事項は含まれないので、いわゆる犯情、犯行の動機・目的などに関する尋問は原則として認められません。

　この尋問は反対尋問としての性質を有するものとして、誘導尋問が可能であると考えられます。

　ただし、尋問を行うことができるのは、検察官の尋問終了後に、直ちに検察官に具体的な尋問事項を示して申出を行い、これを検察官が相当と認め、裁判所が許可した場合に限られます。この申出は、臨機応変に口頭で行えば足りますが、事前準備が可能である限り、検察官との間で質問事項等の調整をしておくことが必要です。被害者参加人等から尋問の申出があった場合でも、検察官が自ら尋問を行うのが相当であると判断した場合には、検察官が尋問を行い、被害者参加人等は尋問できません。つまり、検察官の裁量により尋問できる範囲が相当違ってくることになります。

　そのため、証人尋問を行うに当たっては、事前に検察官と十分に協議を行い、あらかじめ証人尋問の可否及び範囲について検討を加える必要があります（事前に検察官から質問の申出書の提出を求められるのが一般的です。）。自白事件ではあまり制限されないことが多いようですが、否認事件の場合には検察官が被害者参加人による質問に慎重な姿勢をとることも少なくありませんので、事前に十分調整を行いましょう。また、公判期日で尋問すべき事項が新たに判明したときも、検察官に尋問の必要性を理解してもらうよう適切に説明することが重要となります。

　例えば、性犯罪の被告人が出所後具体的にどこに誰と住む予定であるか、という事柄は、被害者にとって最も関心のあることです。検察官もある程度は聞いてくれますが、詳細にわたって聞くことは、被害者の代理人こそがなすべきことです。被害者のみの立場で活動できる代理人として、被害者の意向をくみ取った質問をするように心がけましょう。

6　被告人質問（刑訴法316条の37）

　被害者参加人等は、被告人に対して、意見陳述をするために必要な範囲で質問をすることができます。この場合、証人尋問とは異なり、質問の対象は情状に関する事項に限られず、犯罪事実に関しても質問が可能となっています。質問事項の具体例としては、犯行の動機、犯行態様、共犯者の有無、余罪の有無等の犯罪事実に関する事項や、被告人の反省状況・更生意欲、被害弁償（示談）の意思・能力に関する事項等の情状に関する事項などが挙げられます。

　被告人質問については、あらかじめ、具体的に質問事項を示して申出を行い、これを検察官が相当と認め、裁判所が許可した場合に限り、質問が認められます。被害者参加人等が申し出た質問事項につき、検察官が自ら質問するのが相当であると判断した場合には検察官が質問を行い、被害者参加人等は質問できないというのも証人尋問の場合と同様です。ただ、証人尋問と比較すると制限される範囲が少ないようですし、特に自白事件では制限される範囲が更に少ないようです。

　いずれにせよ、被害者参加人等は、自ら質問したい事項がある場合には、検察官と事前に協議をして質問の希望をきちんと伝え（事前に申出書の提出を求められるのは、証人尋問の場合と同様です。）、検察官の理解を得るよう努力する必要があるでしょう。

　また、被害者参加人が複数いる場合には、誰がどういう質問を行うのが効果的であるのか、周到に計画を練っておくことが大切です。

7　心情に関する意見陳述（刑訴法292条の2）

　この意見陳述は、被害者参加制度の導入前から認められていた制度で、被害者参加をしていない被害者等でも行うことができます。被害者参加制度によって、認められている各手続とは別のものですので、被害者参加をしているか否かにかかわらず、この意見陳述を行うかどうかを検討する必要があります（手続を行うための詳細は第2章Ⅵ2⑶（25頁）、〈書式等〉書式7「意見陳述の申立書」参照）。

　この意見陳述の内容・結果は、「犯罪事実」の認定のための証拠にす

ることはできません（刑訴法292条の2第9項）。この場合の「犯罪事実」とは、「犯罪事実（罪となるべき事実）」と「犯罪事実それ自体に属する情状であるいわゆる犯情」が該当し、そのため被害者等が、この意見陳述を行うときに、犯罪事実及び犯情についての陳述をしても、この意見陳述を証拠として、犯罪事実及び犯情についての事実を認定することは認められていません（ただし、この意見陳述を行う上で、必要な限度で、犯罪事実及び犯情の概要に触れること自体は認められています。）。

　一方、この意見陳述を行うときに、「犯罪事実それ自体に属する情状であるいわゆる犯情」以外の情状に関する事実、すなわち、犯罪被害により受けた影響や被害弁償の有無、示談や謝罪の状況等のいわゆる一般情状（狭義の情状）に関する事実を述べた場合について、それらの事実を量刑事情に関する証拠とすることは否定されておらず、量刑資料になると解されています。

コラム3

　少年による殺人事件で、弁護人を含め法曹三者からの質問には一切答えなかった被告人が、被害者参加人からの質問にだけは答えたという事例がありました。このように、法曹三者だけでは停滞した訴訟が、被害者参加によって打開できたという事例も出てきています。

　また、被害者参加人から質問を受けた被告人が、法曹三者からの質問に対するときよりも真摯な態度で答え、深い反省の様子を見せたという事例もしばしば聞かれます。

　被告人質問は、被害者参加人が自ら、又は参加弁護士を通じて、被告人に対して直接「聞きたいことを聞ける」機会です。被害者参加弁護士としては、被害者参加人の意向を十分確認した上で、被告人質問などの手続を積極的に活用するようにしてください。

8　事実又は法律の適用についての意見陳述（被害者論告）（刑訴法316条の38）

　被害者参加人等は、これまで認められていた意見陳述（刑訴法292条の2）のほかに、事実又は法律の適用について意見を述べること、すな

わち、言わば「弁論」としての意見陳述（被害者論告）を行うことができるようになりました。

　被害者論告が行えるのは、あらかじめ陳述する意見の要旨を明らかにして検察官に申出をし（口頭で行うことができますが、これも事前に申出書の提出を求められることが多いです。〈書式等〉書式8「意見陳述申出書」参照）、これを検察官が相当と認め、裁判所が許可した場合に限られます。被害者論告は、検察官の論告・求刑の後に行うことになります（〈書式等〉書式9「意見陳述書」参照）。

　被害者論告では、心情その他に関する意見に限られず、適用法条に基づき自ら相当と考える求刑も行うことができます（法定刑を上回る求刑ができないことは当然ですが、検察官の求刑を上回ることは可能です。）。

　被害者論告は、証拠に基づく弁論ですので、証拠に基づかない主張をした場合は、弁護人から異議が出ることがあります。

　被害者にとっては、心情に関する意見陳述に加え、被害者論告においても発言する機会が与えられたことで、より裁判所に自分の意見を聴いてもらうことができるようになったといえます。

　検察官とは異なる視点で意見を述べることができる被害者論告は、参加弁護士の腕の見せどころです。裁判員裁判では、裁判員に分かりやすく弁論を作成しましょう。参加人自ら心情の意見陳述をした場合、それを踏まえて法的主張を組み立てて、裁判員に考えるポイントを明示するとよいでしょう（〈書式等〉書式10「裁判員裁判における意見陳述例」参照）。

　ただ、被害者が裁判所に訴えたいことを、「被害に関する心情」と「事実又は法律の適用についての意見」のように明確に区分けすることができるのか、という点には疑問も残ります。実際の運用では、内容的にさほど区別のないまま行われている例もあります。狭義の情状の証拠となるかどうかといった効果や機能の違いがあるので、二つの意見陳述を重複して行うことが一概に問題であるとは言えませんが、他方で迅速な裁判の要請もあることから、実施に当たっては、検察官とも相談しながら、内容が重複しないように、どちらの意見陳述において、何をどの程度述べるかを決定するなど二つの意見陳述をうまく使い分けることが

重要となります。例えば、「被害に関する心情」については、被害者自身に、法的な制約にあまりとらわれず自由に述べてもらい、他方、「事実又は法律の適用についての意見」については、被害者参加弁護士が法的な観点に則って述べるというような役割分担が考えられます。

　なお、二つの意見陳述の法的性質の違いについては、以下のとおりです。

	刑訴法292条の2	刑訴法316条の38
陳述事項	被害に関する心情その他の被告事件に関する意見	訴因として特定された範囲内での事実又は法律適用についての意見
手続	被害者等の申出	被害者参加人等の申出、裁判所の許可
実施時期	規定なし	検察官の意見陳述後
陳述の制限対象	重複・無関係な事項について	左のほか、訴因の範囲を超えた場合
被害者等に対する質問	裁判官・訴訟関係人ができる	なし
狭義の情状の証拠となり、量刑資料になるか	なる（刑訴法292条の2第9項の反対解釈）	ならない
犯罪事実認定の証拠になるか	ならない	ならない

① 　機能の違い

　　刑訴法292条の2の意見陳述によって陳述できる事項は、「被害に関する心情その他の被告事件に関する意見」とされます（同条1項）。

　　これに対し、刑訴法316条の38の被害者論告の対象事項は、「訴因として特定された事実の範囲内で」「事実又は法律の適用について」の意見とされます。

　　つまり、刑訴法292条の2の意見陳述は、被害者等の心情、言わば情状に関する意見を陳述するための制度であるのに対し、刑訴法316

条の38の被害者論告は、事実又は法律の適用についての意見陳述、すなわち、検察官の論告求刑（刑訴法293条参照）と同じことを被害者参加人等が行えるというものです。

②　手続面の違い

　刑訴法292条の2の意見陳述は、被害者等が検察官に申し出て、検察官が意見を付して、これを裁判所に通知しますが、原則として、意見を陳述させるということになっており、その際、被告人や弁護人の意見を聴取する必要もありません（ただし、ごく例外的な場合として、重複する意見や事件に無関係な意見の陳述について、裁判長に制限されるということがあり、また、裁判所が、相当でないと判断したときに、意見の陳述をさせないということもあり得ます。）。

　被害者等が行うこの意見陳述は、心情・意見を中心になされるものですから、その陳述の趣旨を明確にするための質問は認められているものの、反対尋問は予定されておらず、陳述の内容を弾劾するような質問は認められていません。

　これに対し、刑訴法316条の38の被害者論告は、裁判所の許可制であり（同条1項）、陳述内容も訴因の範囲に限定され、その範囲を超える場合には裁判長が制限することができます（同条3項）。

③　判決に与える効果の違い

　これも、前述の情状立証としての機能と論告・求刑としての機能の違いからくるものですが、どちらの意見陳述についても、裁判所がその意見を犯罪事実の認定のための証拠として採用することは認められていない点は共通するものの、刑訴法292条の2の意見陳述は狭義の情状の証拠となり得るのに対し（同条9項の反対解釈）、刑訴法316条の38の被害者論告は、情状証拠にもなり得ないとされています（同条4項）。

コラム4

　被害者参加人本人が、意見陳述や被害者論告を行う場合、被害当時のことを思い出し、精神的に大変つらくなってしまうことがほとんどです。

　特に性犯罪の場合、被害者は事件後もPTSDやフラッシュバックに悩まされ

ていることが多く、被害者参加に当たっても特段の配慮が必要となります。公判前に、意見陳述や被害者論告のリハーサルをしたために強いフラッシュバックに襲われ、公判に出席できなくなる場合もありますので、被害者参加弁護士はあらゆる事態を想定し、臨機応変に対応することが必要です。例えば、意見陳述や被害者論告の書面には、早めに被害者本人の署名・押印をもらっておけば、万が一、当日急きょ陳述できなくなった場合でも、書面を提出することでカバーできます。

V 被害者参加における記録の閲覧・謄写

（第5章Ⅲ（93頁）参照）

1 検察庁における記録の閲覧・謄写

検察庁における第1回公判期日前の記録及び公判未提出証拠の閲覧・謄写については前述Ⅲ3⑵（38頁）を参照してください。

2 裁判所における記録の閲覧・謄写

第1回公判期日以降は、保護法3条1項に基づき記録の閲覧・謄写手続を利用する方法があります。また、被害者参加事件が追起訴事件である場合には、先行事件において提出済みの証拠については裁判所で謄写する必要があります。

3 民事事件（損害賠償請求訴訟）との関係

被害者参加手続のために検察庁において謄写した刑事事件記録を民事事件で使用することは、目的外使用に当たり、認められません。そのため、当該刑事事件に係る犯罪について損害賠償請求訴訟を提起する場合には、改めて、保護法3条1項に基づき、同じ記録を裁判所で謄写して使用する必要があるので、注意が必要です。しかも、被害者参加弁護士の地位で閲覧・謄写できるのは、第一審の判決確定までです。

VI 控訴審

1 参加の方法

被害者参加制度はいつの時点からでも参加の申出が可能であるため、一審では参加の申出をしなかった被害者等も、一審判決の言渡し以降からの参加は可能です。

一審判決の内容に不服があっても、被害者等には控訴申立権はありません。被害者は控訴がなされなければ参加できないことになりますので、申立権者である検察官との意思疎通を図り、仮に検察官が控訴に積極的でない場合にも検察官に説明を求め、検察官に控訴を働きかける必要があります。

また、第一審の被害者参加人が控訴審で更に被害者参加する場合にも、控訴審において、改めて参加の申出をして、裁判所の許可決定を受けることが必要です。弁護士への委託の届出も、審級ごとに行う必要があります（刑訴規217条の35第2項）。

2 具体的活動

控訴審における被害者参加については、直接の規定は置かれていません。

この点に関して、控訴審における検察官の論告等については特別の規定があり、第一審の検察官の論告等の規定は準用されないため、検察官の論告の後に行うと規定されている被害者参加人等の被害者論告も控訴審では行えない、又は被害者参加人の被告人質問も、被害者参加人等が被害者論告をするために必要がある場合に認められると規定されており、控訴審では被害者論告ができない以上、被告人質問もできないなどと述べている文献があります。実際の事例でも、控訴審における被害者参加人等の証人尋問や被告人質問、被害者論告については、消極的な見解をとる裁判官・検察官が多いようです。

もっとも、最近の東京高裁の事例では、心情に関する意見陳述に先立

ち、弁護人による被告人質問の後、検察官による被告人質問に付随して被害者参加人からの質問が認められたということです。

　よって、被害者参加弁護士としては、被害者参加人が希望する場合には、裁判所や検察官に積極的に働きかけて、被害者参加人による被告人質問や被害者論告についても認めさせるよう努めるべきでしょう。

　また、この刑訴法292条の２の意見陳述（心情に関する意見陳述）は被害者参加制度に基づくものではありませんが、控訴審でも認められた例が複数ありますので、被害者等がこれを希望するときは、裁判所に採用を促す必要があります。さらに、被害者参加人等による被告人質問や被害者論告が認められない場合でも、検察官に対する意見申述を最大限活用して、被害者参加人の意向を反映した訴訟活動をしてもらうよう働きかけることも重要でしょう。

コラム５

　これまでは第一審における刑事手続における被害者参加手続について見てきましたが、控訴審や上告審における被害者参加制度の運用は実際どうなっているのでしょうか。

　控訴審では、被害者参加人の在廷は認められます。しかし、心情の意見陳述以外については、消極的に解する見解が強く、実務でも高等検察庁の検察官が消極的な態度を示すことが多いようです。

　しかし、被害者参加人として必要性があると判断した場合には、積極的に検察官に働きかけ、可能な限り認められるように活動するのが被害者参加弁護士の使命ではないでしょうか。

　例えば、被告人質問は、「意見陳述」に必要な範囲で認められています（刑訴法316条の37第１項）が、その「意見陳述」に心情に関する意見陳述（控訴審でも行えることに争いはありません。）が含まれるとの解釈により、控訴審でも実施された事例が存在します。

　上告審は法律審であり、そもそも弁論が開かれるケースは少ないですが、被害者参加自体は認められます。ただし、被害者参加人の在廷すら認めないというのが現在の最高裁の運用であり、この点については、今後の課題といえるでしょう。

第4章

損害賠償命令制度等の
被害回復の手段

I　損害賠償命令制度

1　制度の概要

　一定の犯罪について、刑事事件を担当している裁判所に対し、損害賠償請求についての審理を求めることができる制度です。

　被告人に対し有罪の言渡しがあった場合、直ちに損害賠償命令事件の審理が開始され、刑事事件を担当した裁判所が、刑事記録を職権で取り調べる等して、原則として4回以内の期日で簡易迅速に手続が行われます。ただし、4回以内の期日で終わらない場合や、損害賠償命令の申立てについての裁判に対して異議の申出があった場合等は、通常の民事訴訟手続に移行します。

【概　略　図】

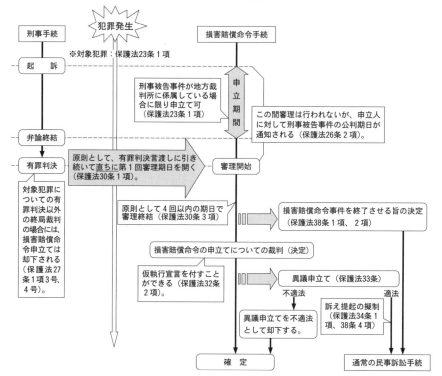

2　制度を利用するメリット

以下の点で、申立人（被害者等）の負担が大幅に軽減されます。

① 申立手数料が非常に安いです。

請求額にかかわらず、一訴因当たり2000円です。

② 相手方に確実に書面の送達ができます。

③ 判決等主な刑事訴訟記録がそのまま証拠として引き継がれます。

証拠（正本・副本）を用意する手間が省けるとともに、刑事記録の謄写費用も節約できます。

④ 裁判所の判断について予測が可能となります。

刑事裁判の裁判官がそのまま担当するため、刑事事件の事実認定の心証が事実上引き継がれていると考えられ、通常の民事訴訟と異なり、裁判官の下す判断についてある程度予測し、対応することができます。

⑤ 短期間で債務名義を取得することが可能です。

期日は原則4回以内であり、比較的短期間で命令書（債務名義となる。）を受領できます。

3　制度を利用する際の注意点

(1)　**被害者参加と損害賠償命令制度は別個の手続であることに注意**

被害者参加人から委託を受けたからといって、当然に損害賠償命令制度の申立人代理人になるわけではありません。損害賠償命令の申立てに関して被害者等から改めて委任状を書いてもらう必要があるので、注意が必要です。

(2)　**申立ての時期に注意**

申立ての時期は、対象となる刑事被告事件の公訴提起時から、弁論終結時までです（保護法23条1項柱書）。被害者参加手続と同時並行で損害賠償命令申立てを行おうとする場合、被害者参加手続の準備に熱心に取り組むあまり、気がついたら損害賠償命令を申し立てる前に弁論が終結してしまったというケースも十分考えられるので、特に注意が必要です。依頼者と相談して早めに準備をすることが望ましいです。

⑶　**通常訴訟に移行されないように注意**

　　安易に通常訴訟に移行させないようにしましょう。通常訴訟に移行
させる旨の決定については異議申立てができません（保護法38条3項）。

4　利用要件

⑴　**対象犯罪**

　　損害賠償命令の対象となる犯罪の範囲は、保護法23条1項各号に列
挙されています。

①　故意の犯罪行為により人を死傷させた罪又はその未遂罪（強盗殺
人、殺人、傷害、傷害致死、遺棄等致死傷、強制わいせつ等致死傷、
強盗・強制性交等致死、強盗致死傷、逮捕等致死傷、危険運転致死
傷等）（保護法23条1項1号）

②　（準）強制わいせつ・（準）強制性交等、監護者わいせつ及び監
護者性交等（刑法176条〜179条）の罪又はその未遂罪（刑法180条）
（保護法23条1項2号イ）

③　逮捕・監禁（刑法220条）の罪（保護法23条1項2号ロ）

④　略取・誘拐・人身売買（刑法224条〜227条）の罪又はその未遂罪
（刑法228条）（保護法23条1項2号ハ）

⑤　犯罪行為に②から④の罪の犯罪行為を含む罪（強盗・強制性交等、
特別公務員職権濫用等）又はその未遂罪（保護法23条1項2号ニ）

　　以上の犯罪は、被害者参加制度対象事件と共通していますが、被害
者参加制度と違い、業務上過失致死傷罪及び重過失致死傷罪（刑法211
条）、過失運転致死傷罪（自動車の運転により人を死傷させる行為等
の処罰に関する法律5条）といった過失犯は、対象となっていません。

⑵　**申立人の範囲**

　　対象犯罪の「被害者又はその一般承継人」（保護法23条1項柱書）。

　　具体的には、被害者本人又は被害者が死亡した場合の相続人です。
被害者（申立人）が未成年者、加害者（相手方）が被害者の親権者
（法定代理人）である場合、被害者が加害者に対して損害賠償命令を
申し立てる場合には、被害者に後見人か特別代理人を選任する必要が
あります。

(3)　**相手方の範囲**

　対象犯罪に係る刑事被告事件の被告人に限られ、起訴されていない共犯者、被告人の使用者を相手方とすることはできません。

　被告人が複数いて、同時に公判が行われた場合、共同不法行為が成立するものとして、複数の被告人に対して損害賠償命令を申し立てることは可能ですが、審理が複雑になるとして、通常訴訟に移行する可能性があります。また、途中で公判が分離した場合や、複数の共犯者が別個に起訴された場合には、それぞれの被告人に対し、損害賠償命令を申し立てる必要があります。

(4)　**申立先**

　対象となる刑事被告事件の係属する地方裁判所（保護法23条1項柱書）。

　東京地裁では、申立書の提出先は、刑事訟廷係の受付窓口になります。

(5)　**申立時期**

　対象となる刑事被告事件の公訴提起時から弁論の終結時まで（保護法23条1項柱書）。

(6)　**法テラスの民事法律扶助制度の利用**

　被害者等の損害賠償請求にかかる業務に関して、消極的示談交渉（被疑者・被告人側から示談の申入れのあった場合の対応）については犯罪被害者法律援助制度（日弁連委託援助事業）を、損害賠償命令制度については法テラスの民事法律扶助制度をそれぞれ利用することになるので、違いに注意してください。

5　具体的な手続の流れ

(1)　**申立手続**

　ア　申立方法

　　申立書を、副本とともに申立先の裁判所に提出することによって行います（保護法23条2項柱書、犯罪被害者等の権利利益の保護を図るための刑事手続に付随する措置に関する規則（以下「保護規則」といいます。）21条1項）。

　イ　申立書の記載事項

　　㋐　記載事項

　　　　損害賠償命令申立書に記載すべき事項は、当事者及び法定代理人、請求の趣旨及び刑事被告事件に係る訴因として特定された事実その他請求を特定するに足りる事実等（保護法23条 2 項各号及び保護規則20条 1 項所定の事項）、損害賠償命令事件が通常の民事訴訟に移行する場合の裁判地の指定（保護法34条 1 項、保護規則30条 2 項）です（〈書式等〉書式11「損害賠償命令申立書」参照）。

　　㋑　当事者

　　　　損害賠償命令事件では、申立人の住所を相手方に知られないよう配慮すべき場合が多いと思われますが、そのような場合には、申立人の住所として申立代理人の事務所を記載しておけば足ります（この場合、委任状の委任者の住所も同様に記載することになります。）。

　　　　また、相手方の住所については、通常は検察官に問い合わせることになりますが、検察官が非協力的な場合には、被害者連絡制度を利用して警察から情報を得る方法もありますし、被告人が勾留中の場合には、勾留場所を住所として記載すれば足ります（ただし、この場合、事後、執行を問題なく行うために、相手方の住民票上の住所も併記すべきです。）。

　　㋒　刑事被告事件の表示

　　　　損害賠償命令申立書には、対象となる刑事被告事件を表示する必要があります（保護規則20条 1 項 2 号）。

　　㋓　請求を特定するに足りる事実

　　　　刑事事件に関する予断排除の原則（刑訴法256条 6 項、296条ただし書）の見地から、保護法23条 2 項各号及び保護規則20条 1 項所定の事項以外を申立書に記載することは禁じられています（保護法23条 3 項）。したがって、前述の「刑事被告事件に係る訴因として特定された事実その他請求を特定するに足りる事実」としては、不法行為責任の要件事実のみを記載すれば足ります。

　　まず、「刑事被告事件に係る訴因として特定された事実」については、当該被告事件の起訴状を引用することができるとされています（保護規則20条 2 項）。通常は、起訴状の引用により、不法行為責任の要件事実のうち、①被侵害利益、②加害行為、③行為者の故意・過失は明らかとなり、相手方の認否も十分可能であると考えられます。引用の記載は、「令和○○年○○月○○日付け起訴状記載の公訴事実のとおり」とすれば足ります。

　　また、④損害の発生とその数額については、予断排除の原則との関係で問題が生じる可能性がありますので、申立書においては損害項目と項目ごとの損害額のみを記載し、第 1 回審理期日に間に合うよう主張を補充する書面を準備するのがよいでしょうし、⑤因果関係については、通常、被告人の行為によって各損害項目の損害が発生したと主張すれば十分でしょう。

　(ｵ)　裁判地の指定

　　損害賠償命令事件が通常の民事訴訟に移行する場合の裁判地の指定は、できる限り申立書に記載して行うべきものとされています（保護規則30条 2 項）。損害賠償命令の申立てについての裁判に対して適法な異議の申立てがなされる時までに、通常の民事訴訟に移行する場合の裁判地の指定を書面で行わなければ、移行した場合の管轄が被告人の普通裁判籍になってしまいますので（保護法34条 1 項、保護規則30条 1 項）、忘れずに記載するようにしてください。

　(ｶ)　証拠

　　刑事被告事件についての予断排除のため、申立書には証拠は添付せず、証拠は損害賠償命令事件の審理が開始してから提出することになります。

ウ　申立手数料

　　請求額にかかわらず、一訴因当たり一律2000円です（保護法42条 1 項）。その他、通常裁判と同様に予納郵券が必要となります（東京地裁では、内訳：500円× 6 、84円×10、10円×10、 2 円×10、 1 円×10の合計3970円となっています）。

　なお、訴訟上の救助の規定が準用されております（保護法40条、民事訴訟法（以下「民訴法」といいます。）82条以下）。

　エ　申立ての変更・取下げ

　　㋐　訴訟物について

　　　手続の簡明化のため、不法行為に基づく損害賠償請求権（これに附帯する損害賠償請求権を含みます。）に限定されています。

　　　不法行為に基づく後遺障害発生の有無及びその損害額がいまだ明らかでない場合、後遺障害に基づく損害賠償請求を明示的に請求から除外し（一部請求）、後日後遺障害分の損害のみ通常訴訟により請求することも可能です。

　　㋑　申立ての変更が許される要件

　　　保護法40条により民訴法143条（訴えの変更）が準用されます。申立ての変更の要件としては、基本的に通常の民事訴訟と同様と考えられますが、申立ての変更によって手続を著しく遅延させないことが必要です。

　　㋒　取下げについての規律

　　　保護法40条により民訴法261条（訴えの取下げ）、262条（訴えの取下げの効果）1項が準用され（なお、262条2項は準用されません。）、相手方が審理期日において申立ての棄却を求める旨の答弁をした後においては、相手方の同意がなければ取下げの効力は生じません（民訴法261条2項）。ただし、相手方の同意が擬制されることがあります（民訴法261条5項）。

　　　また、取下げをした場合、申立てによる時効の完成猶予の効果は取下げから6か月経過時までとなります（民法147条1項柱書）。

(2)　申立て後、審理開始まで

　ア　申立書の審査

　　　裁判所による審査の結果、申立てが不適法と認められる場合には、当該申立ては決定で却下されます（保護法27条1項1号）。この却下決定に対しては、即時抗告をすることができます（保護法27条2項）。

　　　なお、保護法28条による時効の完成猶予については、申立てが不

適法却下となった場合は括弧書で除外されています。

　また、刑事被告事件が審理中に地方裁判所以外の裁判所に係属することになった場合や、当該刑事被告事件について、管轄違いの判決（刑訴法329条）、無罪判決（刑訴法336条）、免訴判決（刑訴法337条）、公訴棄却の判決又は決定（刑訴法338条、339条）、少年事件の家裁への移送（少年法55条）、対象犯罪（保護法23条1項各号）以外についての有罪判決（例：傷害罪が縮小認定されて暴行罪の有罪判決がなされた場合）となった場合にも、申立ては決定で却下されます（保護法27条1項2号ないし4号）。

　不適法却下（保護法27条1項1号）の場合と異なり、これらの決定に対して不服を申し立てることはできませんが（保護法27条3項）、却下決定の告知を受けた時から6か月以内は時効の完成が猶予されます（保護法28条）。

　損害賠償命令事件には、「令和〇〇年（損）第〇〇号」という事件番号が付されます。

　イ　送達

　裁判所は、申立てを不適法として却下する場合を除き、遅滞なく申立書を被告人に送達します（保護法24条）。送達に関する民訴法の諸規定は、損害賠償命令事件でも準用されています（保護法40条、民訴法98条以下）。

　被告人（相手方）は、答弁書を提出する義務はありません（保護規則23条1項）。

(3)　**審理**

　ア　審理を行う裁判所

　対象となる刑事被告事件の係属する地方裁判所です。当該刑事被告事件について、移送、併合審判等の決定（刑訴法7条、8条、11条2項、19条1項）や、管轄移転の請求（刑訴法17条、18条）に対する決定があったときは、それによって当該被告事件の審判を行うことになった裁判所が審理・裁判を行います（保護法25条）。

　イ　審理の開始

　刑事被告事件について終局裁判の告知があるまで損害賠償命令事

件の審理は開始されません（保護法26条 1 項）。裁判所は、終局裁
判の告知があるまでに、申立人に対して当該刑事被告事件の公判期
日を通知しなければなりません（保護法26条 2 項）。

　終局判決が対象犯罪（保護法23条 1 項各号）についての有罪判決
である場合には、原則として直ちに（有罪判決の言渡しに引き続い
て）審理期日が開かれます（保護法30条 1 項本文）。刑事事件は終
了していますので、検察官は在廷しません。また、刑事事件で被告
人に弁護人がついていたとしても、損害賠償命令事件への対応を受
任しない場合もあります。

　なお、被害者参加制度と損害賠償命令制度は、別の制度による別
の手続であるため、被害者参加事件における国選被害者参加弁護士
が、資力のない被害者から損害賠償命令の対応を依頼された場合に
は、新たに民事法律扶助を利用しなければなりません。

ウ　審理の方式等

　㋐　審理の方式

　　審理期日には当事者を呼び出さなければならないとされていま
す（保護法30条 2 項）。ただし、必ずしも口頭弁論の方式による
必要はなく（保護法29条 1 項）、当事者の審尋によって審理を行
うこともでき（保護法29条 2 項）、実務上は、審尋により審理が
なされることが多いです。審尋は非公開の手続ですので、刑事被
告事件に引き続き審理が行われる場合、刑事被告事件を傍聴して
いた傍聴人が退席するか、他の部屋を使って審理がなされます。

　㋑　最初の審理期日の審理

　　刑事被告事件の審理の結果を利用するために、裁判所は、最初
の審理期日において、必要がないと認められるものを除き、刑事
訴訟記録の取調べをしなければなりません（保護法30条 4 項）。
刑事訴訟記録に関しては、当事者による証拠の申出がなくても当
然に証拠として扱われることになります。

　　また、裁判所は、最初の審理期日において、請求の趣旨に対す
る答弁及び申立書に記載された事実に対する認否並びに申立人の
主張の補充を聴くものとされています（保護規則23条 1 項）。相

手方には、審理期日に先立ち答弁書を提出する義務はありません。

　なお、通常の民事訴訟と異なり、当事者が期日に出席しない場合に、擬制自白は成立しません（保護法40条は、民訴法159条3項を準用していません。）。

㈦　申立人の主張の補充・証拠提出

　当事者が主張書面を提出する場合には、相手方の人数分の写しを同時に提出する必要があります（保護規則24条1項）。また、文書を提出して書証の申出をする場合には、裁判所の分及び相手方の人数分の写しと、同数の証拠説明書を提出する必要があります（保護規則24条2項）。

　刑事被告事件の予断排除のため、申立ての段階では申立書の記載事項も限定されており、証拠の提出もできないので、申立人としては、損害賠償命令事件の審理開始に合わせて、主張の補充や証拠の提出の準備をしておく必要があります。申立人が提出する証拠の番号は「A第○号証」となります。

㈢　証拠調べ

　証人尋問、当事者尋問、鑑定、書証、検証に関する民訴法2編4章の諸規定は、その性質に反しない限り、損害賠償命令事件において広範に準用されます（保護法40条）。証人への付添い、遮蔽、ビデオリンクの利用も可能です。

　また、裁判所は、決定で完結すべき事件については、簡易な証拠調べ方法としての審尋を行うことができ、その場合においては、参考人又は当事者本人を審尋することができるとされています（保護法40条、民訴法187条）。

㈣　審理期日の回数

　簡易迅速な審理によって被害者の負担を軽減するという損害賠償命令制度の趣旨から、裁判所は、特別の事情がある場合を除き、4回以内の審理期日で審理を終結させなければならないとされています（保護法30条3項）。また、裁判所は、原則として、期日を短い間隔で入れてきます。

> ┌─ コラム6 ─┐
>
> 　賠償対象は、原則として訴因事実と相当因果関係のある損害であるとされていますが、審理において、訴因事実以外の事実（刑事でいう一般情状事実）について主張立証することが許されないわけではありません。なぜなら、これらの事実は訴因を構成する当事者自体に関連する事実であり、損害賠償の金額（特に慰謝料について）を算定する基礎事情たり得るものだからです。実際、和解を見据えて刑事裁判で審理されなかった事実関係を積極的に主張立証することが必要な場合もあり、柔軟に考えるべきです。

> ┌─ コラム7 ─┐
>
> 　刑事事件の公訴事実において致傷がついていなかった強制性交等事件や強制わいせつ事件について損害賠償命令を申し立てる場合に精神科等に通院した際の治療費、通院交通費、休業損害やその通院を前提とした慰謝料を損害として挙げることがあります。この場合、起訴されていない致傷の結果について損害賠償命令で損害と認められるのかが問題になることがあります。
>
> 　この点については、因果関係を含め書証で立証が容易であれば問題なく認容されますので、損害に起訴されていない致傷の結果を含めてもよいと考えます。

⑷　**裁判**

　ア　損害賠償命令の申立てについての裁判

　　㋐　方式

　　　　原則として、主文、請求の趣旨及び当事者の主張の要旨、理由の要旨等、保護法32条1項各号所定の事項を記載した決定書を作成して行うものとされ、決定書の正本が当事者に送達されたときに裁判の効力が発生します（保護法32条1項、3項、保護規則27条）。

　　㋑　仮執行宣言

　　　　損害賠償命令の申立てについての裁判には、仮執行宣言を付すことができます（保護法32条2項）。仮執行宣言付きの損害賠償命令は、これを債務名義として強制執行を行うことができます（民事執行法22条3号の2）。

　　　　また、仮執行宣言付きの損害賠償命令に対して適法な異議の申

立てがなされた場合でも、当該命令は効力を失わず（保護法33条
4項）、申立人は引き続き強制執行手続を進めることができます。

(ウ)　効力

損害賠償命令の申立てについての裁判に対して、当事者から適
法な異議の申立てがない場合には、確定判決と同一の効力が生じ
（保護法33条5項）、強制執行を行うことができます（民事執行法
22条7号）。

(エ)　異議の申立て

当事者は、損害賠償命令の申立てについての裁判に対し、決定
書の送達又は口頭の告知を受けた日から2週間の不変期間内に、
書面によって異議の申立てを行うことができます（保護法33条1
項、保護規則28条1項）。異議申立ての手数料は、500円です（保
護法42条2項、民事訴訟費用等に関する法律3条1項、別表第1
の17の項）。

なお、異議申立権は、異議の申立て前に限って放棄できます
（保護法33条6項、民訴法358条）。

適法な異議の申立てがあった場合には、仮執行宣言付き損害賠
償命令を除き、損害賠償命令の申立てについての裁判は効力を失
い（保護法33条4項）、損害賠償命令の申立てに係る請求につい
て通常の民事訴訟手続における訴えの提起がなされたものとみな
されます（保護法34条1項）。

なお、異議の申立ては、通常の民事訴訟手続による第一審の終
局判決があるまで取り下げることができますが、取下げには相手
方の同意が必要となります（保護法33条6項、民訴法360条1項、
2項）。

異議の申立てが不適法な場合には、裁判所は決定でこれを却下
します（保護法33条2項）。この決定に対しては、即時抗告をす
ることができます（保護法33条3項）。

イ　損害賠償命令事件を終了させる旨の決定

裁判所は、最初の審理期日を開いた後、審理に日時を要するため
4回以内の審理期日で審理を終結することが困難と考えられる場合

には、申立て又は職権により損害賠償命令事件を終了させる旨の決定をすることができます（保護法38条1項）。刑事裁判において被告人が否認した場合等には、裁判所は、実質的な審理に入る前に損害賠償命令事件を終了させようとすることがありますが、本制度の趣旨に鑑みれば刑事事件の有罪判決を民事事件で覆したいという理由で通常訴訟への移行を認めるべきではないこと、否認事件だからといって必ずしも損害賠償命令事件の審理に日時を要するわけではないこと等を主張して、安易な終了決定がなされないようにすべきです。

　また、裁判所は、刑事被告事件の終局裁判の告知までに申立人が通常の民事訴訟手続での審理・裁判を求める申述をしたとき、及び損害賠償命令の申立てについての裁判の告知までに当事者が通常の民事訴訟手続での審理・裁判を求める申述をし、かつ、相手方（反対当事者）の同意があったときには、損害賠償命令事件を終了させる旨の決定をしなければなりません（保護法38条2項）。

　損害賠償命令事件を終了させる旨の決定があった場合には、損害賠償命令の申立てに係る請求について通常の民事訴訟手続の訴えが提起されたものとみなされます（保護法38条4項、34条1項）。

　なお、損害賠償命令事件を終了させる旨の決定又は当該決定の申立て（保護法38条1項）を却下する決定に対しては、不服申立てをすることはできません（保護法38条3項）。

ウ　請求の放棄、認諾又は和解

　保護法40条により民訴法267条（和解調書等の効力）の規定が準用されており、審理期日において請求の放棄、認諾がなされ、あるいは和解が成立し、調書に記載されたときは、確定判決と同一の効力を有し、債務名義としての効力を持つものとされ、強制執行を行うことができます（民事執行法22条7号）。

(5)　**通常の民事訴訟手続への移行**

ア　移行する場合

　通常の民事訴訟手続へ移行するのは、損害賠償命令の申立てについての裁判に対して適法な異議の申立てがあった場合及び損害賠償

命令事件を終了させる旨の決定があった場合です。

　これらの場合には、損害賠償命令の申立てにおける請求額に従い、申立人があらかじめ指定した地（指定がないときは、被告人の普通裁判籍所在地）を管轄する地方裁判所又は簡易裁判所に訴えの提起があったものとみなされます（保護法34条1項、38条4項）。

イ　移行に関する手続

　(ア)　記録の送付

　　損害賠償命令事件を審理していた裁判所から、訴えが提起されたものとみなされる裁判所に対し、損害賠償命令事件の記録（関係者の名誉や生活の平穏を害するおそれがある等の理由から、送付することが相当でないと判断した刑事関係記録を除く。）が送付されます（保護法35条）。

　(イ)　手数料納付

　　通常の民事訴訟の際に請求額に応じて納めるべき手数料から、損害賠償命令の申立手数料として納付した2000円を控除した額を、速やかに納める必要があります（保護法42条3項、民事訴訟費用等に関する法律3条1項、別表第1の1の項）。

　　なお、通常の民事訴訟に移行した後、第1回口頭弁論期日の前に一部取下げ（請求の減縮）を行う方法により、全部取り下げて再度の訴訟提起をすることなく、請求額を縮小して多額の手数料納付を避けることができた事例があります。

ウ　移行後の審理・判決について

　(ア)　請求の主観的客観的併合（民訴法38条、136条）

　　損害賠償命令事件では、審理の対象が限定されていたため、場合によっては、通常訴訟への移行段階で、被告人以外の者を新たに被告に加えることや、新たな請求を追加すること等を検討する必要があります。

　(イ)　書証の申出の特例

　　損害賠償命令事件を審理していた裁判所から送付された記録について書証の申出を行うときは、証拠自体を再度提出する必要はなく（副本も不要）、書証とすべき文書ごとに、文書の標目、作

成者その他文書の特定のために必要な事項、立証趣旨（文書の記載から明らかな場合には記載不要）を記載した書面を裁判所に提出して申し出ればよいとされます（保護法36条、保護規則31条1項、2項）（〈書式等〉書式12「書証申出書」参照）。

　ただし、被告人以外の者を新たに被告に加える等、相手方に損害賠償命令事件の当事者でない者があるときは、損害賠償命令事件の当事者でない相手方の人数分だけ書証の写しを提出する必要があります（保護規則32条1項）。

(ウ)　判決

　通常の民事訴訟の手続にのっとって判決が下されることになります。

　ただし、損害賠償命令の申立てについての裁判のうち、仮執行宣言付きの損害賠償命令については、適法な異議の申立てがあって通常の民事訴訟に移行した場合でも当該命令の効力は失われない（保護法33条4項）ことから、移行後の民事訴訟における判決について特則が設けられています。具体的には、判決の内容が当該命令と符合するときは、判決において当該命令を認可し、それ以外の場合には、判決において当該命令を取り消す扱いとされます（保護法37条1項、2項）。損害賠償命令が取り消される場合には、申立人の請求を棄却する場合と、損害賠償命令とは異なる損害額の賠償を命じる場合があります。認可の判決があった場合、債務名義としての効力をもつのは元の損害賠償命令です。

6　損害賠償命令事件に関する記録の閲覧・謄写等

　損害賠償命令事件の当事者又は利害関係を疎明した第三者は、損害賠償命令事件の記録について、当該記録の保存や裁判所の執務に支障がある場合を除き、閲覧・謄写、その正本、謄本、抄本等の交付を請求できます（保護法39条1項、2項、6項）。

　ただし、損害賠償命令事件の記録のうち刑事関係記録については、裁判所の許可が必要とされ（保護法39条3項）、裁判所は、閲覧・謄写等の目的ないし理由、関係者の名誉又は生活の平穏を害するおそれの有無、

捜査又は公判に支障を及ぼすおそれの有無等を考慮して許否を決定しますが、当事者からの許可申立てについては、原則として許可しなければならないとされています（保護法39条4項、5項）。

なお、却下決定に対しては、当事者は即時抗告をすることができますが（保護法39条7項）、第三者は不服を申し立てることができません（保護法39条8項）。

Ⅱ　民事訴訟の提起

1　相手方、訴訟物の選択

損害賠償命令制度の対象外の犯罪により被害を受けた場合には、従前どおり、通常の民事訴訟手続を利用することとなります。加害者に対する不法行為に基づく損害賠償請求が中心になるでしょうが、加害者の監督義務者（民法714条）や使用者（民法715条）等に対する請求の可否や、加害者と被害者との間に契約関係（運送契約、医療契約等）がある場合には、契約責任の追及についても検討する必要があります。

2　請求原因事実の立証

(1)　刑事記録の閲覧・謄写

犯罪被害者が損害賠償請求を行う場合の立証手段として、最も有効なものが刑事記録であることは、損害賠償命令制度の対象犯罪以外の犯罪においても同様です。そこで、この刑事記録の閲覧・謄写を行うべきことになります。その方法の詳細については、第5章Ⅲ（93頁）を参照してください。

(2)　その他の証拠収集について

刑事記録に現れた証拠以外の証拠には、捜査機関が所持しているが捜査機関の判断や被告人側の不同意により公判廷に提出されなかったもの、そもそも捜査機関が取得していないものがあります。前者は手続上、後者は事実上取得が困難ですが、可能な限りこれらの証拠の収集にも努めるべきものと思われます。ただし、結局、取得できない可

能性が高いことは間違いありませんので、依頼者には、このような証拠の収集が難しいことについては十分説明すべきでしょう。

3　請求の内容

⑴　請求原因事実

主として刑事事件の被疑事実ないし公訴事実になることが多いと思われますが、検察官が訴追裁量により起訴しなかった事実についても請求原因事実とすることができる場合があります。もっとも、そのような事実については、刑事事件の審判対象になっていないことから、公判記録に現れていないことも多く、証拠収集上困難な問題が生じることに注意してください。

⑵　損害

通常の不法行為の場合と同様に損害項目を検討して主張立証することになりますが、次の点に留意してください。

○　慰謝料の額については、過去の同種罪名の裁判例等を十分検討すべきでしょう。

○　近親者の損害（慰謝料等）についても検討を忘れないようにしてください。

○　裁判例上、犯罪被害者の民事請求特有の損害として、地方から裁判傍聴に出向くための交通費等が認められることがありますので注意してください。

⑶　請求の趣旨

一括請求がほとんどと思われますが、近時、一時金賠償の分割支払の請求や定期金賠償請求をする事例も現れています。

一時金賠償の分割支払請求は、一括請求し得る損害額（中間利息を控除した現在価値）について、期限の利益を放棄する形で分割払いの方法による支払を求めるものであり、このような請求を行うことも処分権の範囲内として可能とされています。一時金請求を行った場合に認容される損害額の一部につき20年間の分割支払請求が認容された裁判例として、東京地判平成14年12月4日判時1838号80頁〔文京区幼児殺害事件損害賠償請求訴訟〕があります。

　また、定期金賠償請求（民訴法117条1項）は、請求権の具体化が将来の時間的経過に依存している関係にあるような性質の損害について、実態に即した賠償を実現するために行われるものとされています。裁判実務の大勢は一時金賠償における中間利息控除率を年5％としており、定期金賠償方式は、昨今の低金利の情勢において法定利率と実勢利率の乖離の問題を回避するというメリットがあります。定期金賠償になじむ損害の典型例としては、後遺障害逸失利益や将来の介護費用等が挙げられますが（後記参考裁判例14（79頁）参照）、東京地判平成15年7月24日判時1838号40頁〔東名高速道路飲酒追突事故損害賠償請求訴訟〕では、死亡逸失利益について被害者の命日ごとの支払を求める定期金賠償請求が認められています。一方で、被害者が一時金賠償請求をしていても、将来介護費につき平均余命まで生存している可能性が低いとして定期金賠償を認めた裁判例として、東京地判平成24年10月11日判タ1386号265頁があります。

　一時金賠償の分割支払請求や定期金賠償請求を行うメリットとしては、加害者に事件を喚起させ忘却を防ぎ長期にわたり反省を促す点や資力のない加害者の弁済をしやすくするという点があります。しかし、逆に、履行がなされない場合には多数回にわたり請求を行う手間がかかり、また、時効の起算点も分割金ごとに異なるなどの問題もありますので、どのような請求をするかは、依頼者と協議して決定すべきでしょう。

| 参考裁判例 |

1　女子中学生（16歳）が、少年数名に強姦され殺害された事案
　　　　　　　　　　【東京高判平成6年11月30日（判タ865号78頁）】
　逸失利益、慰謝料、葬儀費用及び弁護士費用を認め、過失相殺は認めなかった。
　一方、被害者が深夜徘徊中に事件にあった等監護体制が万全ではなかった点を勘案して、両親の慰謝料を各1250万円の請求に対し、各900万円しか認めなかった。

2　不動産会社従業員が、同社で鍵を保管中のアパートの賃借人である女子学生（24歳）を強姦しようとして抵抗されたため殺害した事案

【静岡地浜松支判平成6年2月7日（判タ855号232頁）】

　逸失利益、慰謝料（両親及び妹）、葬儀費用及び弁護士費用を認め、過失相殺は認めなかった。

　そのうち、逸失利益については、被害者が浜松医科大学を卒業し、医師国家試験に合格後であったことから、医師の平均年収をもとに、約1億3500万円が認められた。

3　12歳の小学生であった被害者（女児）が、通っていた塾の講師に塾内で殺害された事案（講師を雇用していた株式会社に対する使用者責任の認容）

【京都地判平成22年3月31日（判時2091号69頁）】

　逸失利益、慰謝料（本人、両親）、葬儀関係費用及び弁護士費用が認められた。

　また、公判記録謄写費用約19万円及び刑事支援等の弁護士費用100万円についても、請求額満額が認められた点に特徴がある。

4　被害者が同居の祖父から約8年間（小学校6年生頃〜）にわたりわいせつ行為及び強姦を受け、そのためにPTSD等の精神症状を発症し就労不能となった事案

【東京地判平成17年10月14日（判時1929号62頁）】

　逸失利益、慰謝料及び弁護士費用が認められた。

　逸失利益に対しては、PTSDの症状を後遺障害別等級5級2号と認定し、労働能力喪失期間は20年とされた点、慰謝料については、後遺障害に基づく慰謝料として1000万円の他に、性的虐待行為に基づく慰謝料1000万円が認められた点に特徴がある。

5　公立小学校の担任教諭が、担任する児童らに命令等をし、被害児に対し、集団暴行を加えさせる等の事件を誘発した事案（小学校の設立運営者である市と教諭の給与等を負担する県に対する国家賠償請求部分）

【千葉地判平成16年4月28日（判時1860号92頁）】

　本人に対しては、PTSDが認定されずに身体的、精神的苦痛に対する慰謝料として、100万円が認められた。また、両親の慰謝料、医療費等も認められ、弁護士費用も、本人に20万円、両親に3万円が認められた。

　相手方として、市と教諭の給与等を負担する県に対する国家賠償請求が認められた点に特徴がある。

　なお、小学校校長、市教育委員会及び県教育委員会への請求はいずれも国家賠償の趣旨から棄却されている。

6　歩道上にいた被害者（当時中学生）が、加害者が飲酒の上運転する普通貨物自動車と衝突し、路上に転倒させられ、重篤な後遺障害を負った事案

【仙台地判平成21年11月17日】

　重篤な後遺障害が残り、治療費、介護費用等につき、大幅に認められた点に特徴のある事案。

　症状固定日までの治療費として、約2900万円（請求満額）、入院雑費75万7500円だけでなく、付添介護費として、入院中分については日額8500円、退院後は将来分も含めて被害者の母が67歳になるまでは近親者介護として日額1万5000円、それ以降被害者の平均余命まで日額2万円を認め、合計約1億2870万円が認められた。

　また、症状固定以前の訪問介護費・ベッドレンタル代等7万2140円、症状固定日後の医療関係費1301万5699円（平均月額5万7000円）、耐久年数毎の買替を考慮した介護器具代1608万4970円、将来雑費411万3132円及び特別仕様車の購入代591万6300円も認められた。

　その他には、逸失利益、本人の傷害慰謝料500万円及び後遺症慰謝料3000万円、本人の弁護士費用3000万円、両親固有の慰謝料各400万円及び両親の弁護士費用各40万円が認められた。

7　隣人トラブルになっていた被害者が、隣人（加害者）から猟銃で射殺された事案

【宇都宮地判平成19年5月24日（判時1973号109頁）】

　隣人（加害者）の猟銃の所持を許可したことにつき、銃所持許可審査をする県警及び公安委員会を所管する県に対する国家賠償が認められた事案。

　慰謝料のみの請求であったため、慰謝料のみ認められている。

8　県立高校の女性職員が、同僚の男性職員から高校の事務室で殺害された事案（男性職員を雇用していた県に対し使用者責任を認容した事案）

【静岡地浜松支判平成8年2月19日（判タ915号194頁）】

　県立高校の男性職員が、仕事のこと等を注意されて同僚の女性職員と口論になったことをきっかけに殺意を抱き、殺害をした事案で、県に対し使用者責任を認めた点に特徴がある。

　逸失利益、慰謝料（両親及び妹）、葬儀費用及び弁護士費用が認められている。

9　薬の訪問販売業をしている会社従業員が、顧客宅を訪れた際に、顧客であった被害者に対し、わいせつ行為をした事案（会社に対する使用者責任を認めた事案）

【静岡地判平成24年11月8日】

　訪問販売先での従業員のわいせつ行為について、訪問先の振る舞いを把握し、教育していたとはいえないとして、会社に対し使用者責任を認めた点に

特徴がある。

慰謝料及び弁護士費用が認められている。

10　児童の性的虐待を受けたことを理由とする損害賠償請求権の短期消滅時効の起算日を13歳になる時点とした事案

【福岡高判平成17年2月17日（判タ1188号266頁）】

　養父が、当時9歳ないし11歳であった被害者児童に対し、わいせつ行為及び姦淫行為を行ったことに対する不法行為に基づく損害賠償請求の起算点について、刑法176条及び177条の趣旨から、わいせつ行為や姦淫行為の被害について、不法行為を構成すると認識を持つのは早くても13歳であるとして、被害者が13歳になる時点を損害を認識した時点として、短期消滅時効の起算点と判断された。

11　来日中に殺害された外国人被害者の遺族の渡航費用等の賠償を認めた事案

【甲府地判平成20年2月5日（判時2023号134頁）】

　中華民国から観光目的で来日中の大学生だった被害者をわいせつ目的で略取誘拐し、車中に逮捕監禁し、強姦した上で殺害した後その死体を遺棄し、被害者が所持していた現金を窃取した事案につき、被害者の両親が来日するための渡航費用・宿泊費用・滞在費用、葬儀費用、逸失利益（中華民国の収入実績等を基礎に算定）、慰謝料（被害者本人分3500万円、両親固有の慰謝料各750万円）を認めた。

12　少年の無免許・居眠り運転による死傷事故の事案（亀岡暴走事故損害賠償請求訴訟）

【京都地判平成29年10月31日（交民50巻5号1380頁）】

　無免許運転者による居眠り運転の車が集団登校中の児童らに突っ込み10人が死傷した事故で、負傷した被害者と両親が運転していた元少年らに損害賠償を求めた事案につき、運転者の不法行為責任、同乗者2名の共同不法行為責任（幇助）、車両所有者の運行供用者責任、運転者の同居の父の監督責任を認めた。

13　少年らの暴行による中学生の死亡につき被害者のきょうだいや祖父母に固有の慰謝料が認められた事案（川崎市中学生男子生徒殺害事件損害賠償請求訴訟）

【横浜地判令和元年7月26日（判時2442号76頁）、
東京高判令和2年6月24日（判タ1484号102頁。控訴審・控訴棄却）】

　中学生の被害者が河川敷で少年らに暴行を受けて死亡した事案（刑事事件では加害者のうち1名は殺人罪、2名は傷害致死罪で有罪判決）につき、少年らの順次共謀による共同不法行為責任と各少年の親の監督責任を認め、逸

失利益、慰謝料（被害者本人分3500万円、親固有分500万円、きょうだい固有分各100万円、祖父母固有分各50万円）、葬儀費用、遺体搬送料等を認めた。

14　交通事故の被害者の後遺障害による逸失利益につき定期金賠償を認めた事案

【最判令和2年7月9日（民集74巻4号1204頁）】

交通事故の被害者が後遺障害による逸失利益につき定期金賠償を求めた事案につき、被害者が事故当時4歳の幼児で、高次脳機能障害の後遺障害により労働能力を全部喪失したこと、後遺障害による逸失利益は将来の長期間にわたり逐次現実化するものであること等の事情を総合考慮して、後遺障害による逸失利益を定期金賠償の対象とすることは、損害賠償制度の目的及び理念に照らして相当と認められると判示し、また、交通事故の時点で被害者が死亡する原因となる具体的事由が存在し、近い将来における死亡が客観的に予測されていたなどの特段の事情がない限り、就労可能期間の終期より前の被害者の死亡時を定期金による賠償の終期とすることを要しないと判示した。

4　遮蔽・付添い等

民事事件においても、遮蔽・付添い・ビデオリンクができます（民訴法203条の2〜204条）。

5　被害者情報の秘匿

民事事件の場合、訴訟記録は原則として何人でも閲覧することができます（民訴訟91条1項、2項）。このため、第三者に対し被害者の氏名、住所等を含む個人情報を秘匿するためには、訴訟記録閲覧等の制限の申立てをする必要があります（民訴法92条）。訴訟記録閲覧等の制限の申立ては、対象となる記録を特定する必要があるため、一度申立てを行っていても、新たに提出した書面及び証拠が対象になりませんので、訴訟の進行に伴って新しく書面及び証拠を提出する場合には、その都度申立てを行ってください。また、公開法廷で行われる口頭弁論手続においては、法廷で被害者の氏名を呼ばれることや、開廷表の記名で、第三者に対し被害者氏名が知られてしまうことになるため、これらに対し、裁判所に上申をする必要があります（〈書式等〉書式15「訴訟記録閲覧等の制限の申立書」参照）。

　また、被告に住所を知られないようにする場合の当事者の記載については、本章Ⅰ5⑴イ(イ)（62頁）を参照してください。

6　注意点等

　加害者に対して民事上の損害賠償請求をする場合、たとえ勝訴したとしても加害者側の資力不足のために被害者が全く賠償金を得られないこともあり得ます。そこで、民事手続を開始する場合には、請求権の実現の可能性、手続に要する費用（印紙代等の実費や弁護士費用等）等、費用対効果について事前に十分説明する必要があります。

　また、言うまでもありませんが、請求権の消滅時効には十分注意してください。なお、人の生命又は身体を害する不法行為による損害賠償請求権の消滅時効は、被害者又はその法定代理人が損害及び加害者を知ったときから5年であり（民法724条の2）、平成29年改正民法施行前の不法行為であっても、改正民法施行日である令和2年4月1日時点で時効完成前（改正前の消滅時効期間である3年の経過前）であれば、時効期間は改正後の5年が適用されます（改正民法附則35条2項）。

Ⅲ　刑事和解

　刑事和解とは、当該刑事事件の係属する裁判所に対し、被告人及び被害者等が共同して申し立てることによって、両当事者間の民事上の損害賠償の合意を刑事事件の公判調書へ記載することを求めることができる制度であり、その記載は裁判上の和解と同一の効力を有するものです（保護法19条ないし22条。〈書式等〉書式13「和解の調書記載申立書」参照）。

　なお、第三者が公判期日に出頭可能な場合、その者に損害賠償債務の保証や連帯して債務を負わせることもできます（保護法19条2項、3項）。刑事和解は、判決前に、被害者と被告人との間で、示談の話がついているものの、すぐに支払がなされないような場合に、債務名義とするために有効です。

体験ケース

　「刑事和解」を有効に活用したケースです。

　性犯罪の事件で、公判前段階に弁護人から被害者に示談の申出がありましたが、弁護人から「被害届を取り下げるように」との強引な働きかけがあったため被害者が納得せず、示談が成立しないまま公判となりました。公判段階では、被害者側に被害者参加弁護士が就任しました。

　弁論終結前に、弁護人から再度示談の働きかけがありました。被害者は被害者参加弁護士と十分に協議して対応し、最終的に、損害賠償金の半額を一括払い、残りを分割で支払うこと等を誓約する内容の示談を交わすこととなりました。

　もちろん、被告人側は、弁論終結までに示談が成立したことを裁判所に示し、量刑を軽くすることを狙ったものです。被害者としては、分割金が支払われるかどうかも定かではない状況での示談により量刑が軽くなることは不本意であり、当初は、「損害賠償命令」の申立てをする予定でした。

　しかし、加害者側が弁論終結までに示談を成立させなければ任意の支払は行わない旨ほのめかしていたこと、被害者としても早期の支払・終結を望んでいたこと、通常の示談ではなく「刑事和解」を選択すれば、「損害賠償命令」の中で和解を行うのと同様に、被告人からの損害賠償金の支払について債務名義をとり、履行の確実性を高めることができるメリットがあることから、被害者側は、「刑事和解」の形を取ることを条件に、弁論終結前の示談に応じることにしました。

　このケースのように、状況に応じて「刑事和解」や「損害賠償命令」の申立てを適切に選択することで、より一層被害者救済の充実を図ることができると考えられます。

コラム8

　被害者の遺族が加害者に民事上の請求、すなわち損害賠償請求を行う場合には、金銭そのものの取得を目的としていない場合が少なくありません。

　真の目的は様々です。

　このまま加害者に民事上のペナルティが課せられないのは納得ができない場合もあります。

　刑事手続では明らかにされなかった事件の真相を民事手続で明らかにできればと考える場合もあります。

　加害者が事件のことを忘れるようなことは絶対に許せないと考える場合もあります。

　しかしながら、このような心情はマスコミには理解されず、遺族が民事訴訟を提起すると、マスコミの恰好の好奇心の対象となり、金銭の請求を裁判で行うと、金が欲しいのかとか、不当に多額な損害賠償訴訟を提起したとかとのバッシングに近い被害を受けることもあります。

　このような遺族の心情を合理的に解決したのが、民事訴訟の損害賠償で定期金賠償請求を行う方法です。

　弁護士が死亡事故の損害賠償請求を行う場合、交通事故でも同様ですが、中間利息を控除して一括で支払請求を行うのが通常です。しかし、被害者の命日に数十年間（この年数はその被害者の平均余命の範囲内で考慮するのが通常です。）、定期的に損害賠償の請求を求めることも民事訴訟の処分権主義から許容されます。

　被害者弁護活動を行っているときに、遺族の様々な思いをお聴きするにしたがって、その遺族の気持ちをいかに実現するかを考え、思うに至ったものが定期金賠償でした。この趣旨にしたがって提起した訴訟で平成15年 7 月24日に東京地方裁判所は定期金賠償の判決をなし、これを契機にその後も定期金賠償を求める損害賠償請求が行われています。

Ⅳ　被害回復給付金支給制度

1　制度の趣旨

　組織的な犯罪の処罰及び犯罪収益の規制等に関する法律の改正（平成18年12月 1 日施行）により、詐欺罪、恐喝罪、出資の受入れ、預り金及び金利等の取締りに関する法律の高金利受領罪といった財産犯等の犯罪行為により被害者から得た財産等（犯罪被害財産）は、その犯罪が組織的に行われた場合や、「犯罪被害財産」が偽名の口座に隠匿される等いわゆるマネー・ロンダリングが行われた場合には、刑事裁判により犯人から剝奪（没収・追徴）することができるようになりました。

　このようにして犯人から剝奪した「犯罪被害財産」を金銭化して「給付資金」として保管し、そこからその事件の被害者等に給付金を支給す

る制度が「被害回復給付金支給制度」です（「犯罪被害財産等による被害回復給付金の支給に関する法律」。以下「支給法」といいます。）。

　また、外国の法令による裁判等により剥奪（没収・追徴）された財産等は、一定の要件の下、その国から我が国が譲り受けることが可能です。このように、外国から譲り受けた財産等をもとに被害回復給付金を支給する手続を「外国譲与財産支給手続」といい、その支給手続は、被害回復給付金支給制度の通常の支給手続と同様です（支給法35条以下）。

　詳しくは法務省ホームページの「被害回復給付金支給制度Ｑ＆Ａ」

　（https://www.moj.go.jp/keiji1/keiji_keiji36.html）

を参照してください。このページから申請書等の書式も入手できます。

2　支給手続

　支給手続の流れは、以下のとおりです。

⑴　支給手続の開始

　犯人から「犯罪被害財産」を剥奪する刑事裁判が確定すると、検察官が支給対象となる犯罪行為の範囲を定めます（支給法5条1項）。その後、検察官が、刑事裁判により犯人から剥奪された「犯罪被害財産」を金銭化して、「給付資金」として保管した場合に、支給手続が開始されます（支給法6条1項）。

　支給手続が開始されたことや支給対象となる犯罪行為の範囲等については、官報及び検察庁のホームページに掲載されますが、検察官が通知可能な被害者等がいることを把握している場合は、そのような方には個別に通知がなされます（支給法7条1項、3項）。

⑵　申請

　支給手続が開始されれば、申請書に必要な事項を記載し、被害を受けたことやその被害額を示す資料のコピー、運転免許証等のコピー等申請に必要な資料を添えて、申請期間内に支給手続を行っている検察官に提出します（郵送でも申請することができます。）（支給法9条1項、犯罪被害財産等による被害回復給付金の支給に関する法律施行規則（以下「支給規則」といいます。）8条、9条）。

⑶　検察官による申請内容のチェック、裁定

申請人が被害回復給付金の支給を受けることができる者か否か、受給資格があればその被害額について、検察官が裁定します（支給法10条1項、2項）。

⑷　**裁定書の謄本の送付**

検察官による裁定の結果は、裁定書に記載され、その裁定書の謄本が申請人に送付されます（支給法12条1項、2項）。

⑸　**支給**

全ての裁定や費用等が確定すると、支給が認められた申請人に被害回復給付金が支給されることになります（支給法14条1項）。

3　裁定表の閲覧

検察官は、裁定をしたとき、資格認定を受けた者の氏名や犯罪被害額等を記載する「裁定表」を作成します（支給法13条）。裁定表は、裁定を行った検察官が所属する検察庁に備え置かれます。

「給付資金」が被害額の総額より少ない場合、各申請人への支給額は被害額に応じた按分になるため、他の申請人が受給資格を有しているかどうかによって、自らの支給額が変動します。そのため、他の申請人についての裁定（判断）にも、審査の申立てが認められており、その申立て等のために裁定表の閲覧が認められています。

閲覧請求は、所定の裁定表閲覧請求書に必要な事項を記載し、運転免許証等の本人確認書類を添えて、検察官に提出します（支給規則17条）。

4　不服申立ての方法

以下の①から⑤の処分等については、そのような処分等を行った検察官が所属する検察庁の長（地方検察庁の検察官であれば、その検察庁の検事正）に対し、対応する括弧内の期間に、書面により審査の申立てをすることができます（支給法40条1項）。

①　支給対象となる犯罪行為の範囲を定める処分（処分の公告があった日の翌日から30日以内）

②　支給手続の不開始や終了の決定（決定の公告があった日の翌日から30日以内）

③　支給の可否や被害額の裁定（裁定書の謄本の送達があった日の翌日から30日以内）

④　被害回復事務管理人の報酬の決定（報酬決定書の謄本の送達があった日の翌日から30日以内）

⑤　①から④に掲げるもののほか、支給法に基づく手続に係る検察官の行為で法務省令で定めるもの（法務省令で定める日の翌日から30日以内）（支給規則33条）

　ちなみに、実際に支給される金額は、各人が実際に被害を受けた額（被害額）を上限として、被害額の総額が「給付資金」から被害回復事務管理人の報酬及び支給手続に要した費用の額を差し引いた額を超える場合には、この額を各人の被害額に応じて按分した額になるというように機械的に決まりますので（支給法14条2項）、実際に支給された金額について審査の申立てをすることはできません。

　前述①から⑤の処分等の取消しの訴えは、この審査の申立てに対する裁決を経た後でなければ提起することができませんが（支給法46条、行政事件訴訟法8条1項ただし書）、審査の申立てがされた日の翌日から3か月を経過しても裁決がないときや、これらの処分等により生じる著しい損害を避けるため緊急の必要があるとき等は、裁決を経なくても取消しの訴えを提起することができます（行政事件訴訟法8条2項）。この取消しの訴えは、裁決書の謄本の送達を受けた日から30日以内に国（代表者　法務大臣）を被告として、当該処分等をした検察官が所属する検察庁の所在地を管轄する地方裁判所に提起することになります（支給法47条1項、3項、行政事件訴訟法11条1項1号）。

Ⅴ　その他

1　第三者の行為に対する民事手続

　被害者は、犯罪行為自体によって加害者から損害を受けるだけでなく、犯罪被害を契機として第三者から損害を受けることがあります。例えば、犯罪報道の中で被害者の落ち度が指摘されたり、被害者に対して脅迫や

誹謗中傷が行われたりする場合等です。これらの二次被害は、被害者を
苦しめる大きな原因になっていますので、被害者と協議の上、必要な場
合には、断固たる措置をとるべきでしょう。

2 国家賠償等

　被害者は、捜査機関から二次被害を受ける場合もあります。例えば、
捜査懈怠や被害者に対する応対の不適切さ等がこれに当たります。この
ような場合には、国家賠償を検討すべき場合もあることを念頭におくべ
きでしょう。ただし、現段階では、裁判所は捜査懈怠についての国家賠
償請求を認容することには慎重であり、この種の訴訟を提起する場合は、
依頼者に対し、見通しについての十分な説明を特に要すると思われます
（請求の全部又は一部が認容された事例として、さいたま地判平成15年
2月26日判時1819号85頁〔桶川ストーカー殺人事件国家賠償訴訟第一審
判決〕、東京高判平成17年1月26日判時1891号3頁〔同控訴審判決〕、最
決平成18年8月30日判例集未登載〔同上告審。上告棄却〕、神戸地判平
成16年12月22日判時1893号83頁〔神戸大学院生暴行死事件国家賠償訴訟
第一審判決〕、最決平成18年1月19日判例集未登載〔同上告審。上告棄
却・上告不受理〕、宇都宮地判平成18年4月12日判時1936号40頁〔栃木
リンチ殺人事件国家賠償訴訟第一審判決〕、東京高判平成19年3月28日
判時1968号3頁〔同控訴審判決〕、最決平成21年3月13日判例集未登載
〔同上告審。上告棄却〕、東京地判平成20年11月7日判タ1305号125頁
〔箱詰め遺体事件国家賠償訴訟第一審判決〕、東京高判平成22年2月24日
判例集未登載〔同控訴審判決〕、仙台高裁秋田支判平成31年2月13日判
時2423号34頁〔弁護士殺害事件国家賠償訴訟控訴審判決〕、最決令和元
年12月19日判例集未登載〔同上告審。上告棄却・上告不受理〕、大阪地
判平成24年6月14日判時2158号84頁〔検察官の公判期日通知懈怠にかか
る国家賠償訴訟〕等参照）。

第5章

情報の入手方法

Ⅰ 被害者連絡制度（警察）

　被害者や家族の希望により、被害者連絡員に指定された捜査員等が、捜査に支障のない範囲で、犯人が誰か、犯人の逮捕状況、処分等について知らせる制度です（被害者連絡実施要領。「被害者連絡実施要領の改正について」平成29年7月12日付け警察庁丙刑企発第49号ほか）。

1　連絡の対象事件

　要領に定める身体犯又は重大な交通事故事件及び警察本部長又は警察署長が必要と認める事件が対象。

⑴　身体犯

　（例）　殺人罪（未遂を含む。）、強盗致死傷罪（未遂を含む。）、強盗・強制性交等罪及び強盗・強制性交等致死罪（未遂を含む。）、強制性交等罪（未遂を含む。）、強制わいせつ罪（未遂を含む。）、準強制わいせつ罪及び準強制性交等罪（未遂を含む。）、監護者わいせつ罪及び監護者性交等罪（未遂を含む。）、強制わいせつ等致死傷罪、略取及び誘拐罪（刑法224条、225条、225条の2、226条、未遂を含む。）、人身売買罪（刑法226条の2、未遂を含む。）、逮捕及び監禁罪、逮捕等致死傷罪、傷害致死罪、傷害罪のうち、被害者が全治1か月以上の傷害を負ったもの、前述の罪以外で、致死傷を結果とする結果的加重犯において、致死の結果が生じたもの又は致傷の結果が生じたもののうち被害者が全治1か月以上の傷害を負ったもの（交通事故事件に係るものを除く。）。

⑵　重大な交通事故事件

　ア　死亡ひき逃げ事件

　イ　ひき逃げ事件

　ウ　交通死亡事故等（車両等での交通による人の死亡事故及び人が全治3か月以上死傷罪に該当する事件）

　エ　危険運転致死傷罪（自動車の運転により人を死傷させる行為等の処罰に関する法律2条及び3条）、無免許危険運転致傷罪（同法6

条1項）及び無免許危険運転致死傷罪（同法6条2項）に該当する
事件

⑶　**警察本部長又は警察署長が必要と認める事件**

　　警視庁及び各道府県警察によっても異なりますが、被害の大きさ、
被害者の状態などの事情を総合的に勘案して、被害者に対して連絡が
必要であると認める事件

2　連絡の対象者

　上記の対象事件における被害者又はその遺族。ただし、被害者が少年
の場合には、原則として、その保護者に連絡されます。

　なお、被害者等通知制度とは異なり、親族や代理人弁護士は、要領上
は対象外とされていますが、代理人弁護士への連絡が認められた事案も
あります。

3　連絡の内容

⑴　**刑事手続及び犯罪被害者のための制度に関する説明**

　　事件の認知時等、捜査の初期段階において、「被害者の手引」を配
付した上で、刑事手続及び犯罪被害者のための制度について連絡を行
います。

⑵　**捜査状況（被疑者検挙まで）**

　　事件に応じ、被害届受理あるいは事件の認知後、一定期間を経過し
た時点で被疑者の検挙に至っていない場合は、捜査に支障のない範囲
内での捜査状況の連絡を行うほか、定期的あるいは状況に応じた連絡
を行うとされています。

⑶　**被疑者の検挙状況**

　ア　逮捕事件の場合

　　　逮捕後速やかに被疑者を検挙したこと、人定等を連絡します。た
だし、否認事件や逮捕未了の被疑者のいる共犯事件等で、連絡によ
り捜査に支障を来す場合は、捜査への支障がなくなった段階で連絡
を行います。

　　　逮捕後送致前に釈放した場合や、送致後に釈放した場合、勾留さ

れなかった場合には、釈放後速やかにその旨及び理由を連絡します。

　イ　在宅送致事件の場合

　　在宅の被疑者を送致した場合は、送致後速やかに被疑者を検挙したこと、人定、送致先の検察庁等について連絡します。

　ウ　少年事件の場合の特例

　　被疑者が少年で、被疑少年の健全育成を害するおそれがあると認められるときは、被疑者の保護者の人定等を連絡します。被害者に連絡したときは、連絡後速やかに当該被疑少年の保護者に対してその旨を連絡するとされています。

　エ　触法少年事案の場合

　　14歳未満の少年が、前述の身体犯、重大な交通事故事件に掲げる行為を行った場合で、児童相談所への送致又は通告を行ったときには、事後速やかにその旨及び当該触法少年の保護者の人定その他必要と認められる事項について連絡するとされています。

⑷　**逮捕被疑者の処分状況**

　勾留された事件については、勾留期間満了後速やかに送致先検察庁、処分結果（起訴、不起訴、処分保留等）や公訴提起した裁判所等について連絡します。被疑者が少年の場合は、勾留期間満了後速やかに送致先検察庁及び送致した家庭裁判所について被害者に連絡するものとされています。

4　連絡の方法

　連絡は、事件担当捜査員が、被害者の意向に反しない限り、面接、電話等の方法により行われます。ただし、被疑者への報復の可能性が認められるなど、連絡を行うことが適当でないと認められる場合には、連絡を行わないものとされています。

Ⅱ　被害者等通知制度（検察庁）

被害者や親族等に対し、事件の処分結果、刑事裁判の結果、加害者の受刑中の刑務所における処遇状況、刑務所からの出所時期などに関する情報

を、目撃者その他の参考人等に対し、できる限り、事件の処分結果、刑事
裁判の結果、加害者の刑務所からの出所時期などに関する情報を提供する
制度で、事件の捜査担当ないし公判担当の検察官から通知がなされます
（被害者等通知制度実施要領〜平成28年5月27日改定　法務省刑事局）。

1　通知の対象者

受理した全ての事件（少年事件を含む。）における被害者、その親族
若しくはこれに準ずる者（婚約者、内縁関係にある者等）又は弁護士で
あるその代理人。また、目撃者その他の参考人等

2　通知の内容

(1)　**事件の処理結果**

公判請求、略式命令請求、不起訴、中止、移送（同一地方検察庁管
内の検察庁間において、専ら公判請求又は略式命令請求のために行う
移送を除く。）、家庭裁判所送致の別及び処理年月日

(2)　**公判期日**

係属裁判所及び公判日時

(3)　**刑事裁判結果**

主文（付加刑、未決勾留日数の算入、換刑処分及び訴訟費用の負担
を除く。）、裁判年月日、裁判の確定及び上訴

(4)　**公訴事実の要旨、不起訴裁定の主文、不起訴裁定の理由の骨子、勾
留及び保釈等の身柄の状況並びに公判経過等前述(1)から(3)までの事項
に準ずる事項**

(5)　**有罪裁判確定後の加害者に関する事項**

ア　懲役又は禁錮の刑の執行終了予定時期、受刑中の刑事施設におけ
る処遇状況に関する事項、並びに仮釈放又は刑の執行終了による釈
放に関する事項及びこれに準ずる事項

イ　懲役又は禁錮の刑の執行猶予の言渡しの取消しに関する事項

ウ　拘留の刑の仮出場又は刑の執行終了による釈放に関する事項及び
これに準ずる事項

(6)　**前述(5)に準ずる事項**

3 通知の方法

(1) 前述 2 (1)ないし(3)について

　以下のアないしウの者から照会があったときは、これらの者に対し、口頭又は文書その他適宜の方法により通知します。

　ア　検察官等が被害者等の取調べ等を実施した際に通知の希望の有無を確認し、通知を希望した者

　イ　被害者が死亡した事件又はこれに準ずる重大事件の場合には取調べ等を実施しないときでも通知の希望の有無を確認し、通知を希望した者

　ウ　被害者等又は弁護士であるその代理人

(2) 前述 2 (4)及び(6)について

　被害者等又は弁護士であるその代理人が特に当該事項についての通知を希望する場合に、その事項を口頭又は文書その他適宜の方法により通知します。

(3) 前述 2 (5)について

　裁判確定の通知（前述 2 (3)）を希望した場合には、検察庁から、有罪裁判が確定した旨の通知を送付する際に書面が送られてくるため、必要事項を記入します。裁判確定の通知を希望しなかった場合に、通知を希望する場合は、事件取扱検察庁に問い合わせます。

(4) 通知を行わない場合

　通知制度の趣旨に沿わないとき、関係者の名誉等を不当に害するおそれがあるとき、捜査又は公判の運営に支障を生ずるおそれのあるとき、加害者の更生を妨げるおそれのあるときなど、検察官が通知をすることが相当でないと判断した場合は、全部又は一部について通知しない場合があります。

III　事件記録の閲覧・謄写

1　起訴された事件

(1)　起訴後、第1回公判期日までの記録について

ア　法的根拠

　　刑訴法47条ただし書（平成26年10月21日付け最高検次長検事通達による運用）

イ　請求の主体

　　請求権者の客観的範囲は明らかではありませんが、事件の被害者等若しくは当該被害者の法定代理人又はそれらの代理人たる弁護士（※「被害者等」とは、被害者本人、及び被害者が死亡した場合又はその心身に重大な故障がある場合におけるその配偶者、直系の親族、又は兄弟姉妹をいう。）の場合、閲覧・謄写を受けられる立場にあるといえます。

ウ　請求先

　　記録を所持している公判担当の検察官

エ　対象記録の範囲

　　上記最高検次長検事通達では、被害者等から、検察官が証拠調べ請求をすることとしている証拠の開示を求められたときは、関係者の名誉等を害するおそれや捜査・公判に支障を来すおそれの有無・程度等を考慮して相当でないと認める場合を除き、被害者参加人等に対し、当該証拠の閲覧を認めるなど、弾力的な運用に努めることとされています。謄写については、実況見分調書等の客観証拠は認められる場合がありますが、その他の証拠については制限される（閲覧のみ認められる。）ことがあります。しかし、上記最高検次長検事通達に基づき発出された部長検事通達においては、検察官請求証拠については原則として閲覧を認めることとされ、それ以外の証拠についても一律に閲覧を制限するものではないとされています。また、同通達では、謄写についても一律に制限するものではなく、

特に弁護士による謄写の申請については広く認めることとされています。このように、徐々に謄写が認められる範囲が拡大されている傾向にあるので、検察官から謄写範囲の制限をされた場合でも、粘り強く交渉して、全面的な開示の要求を行うように心がけてください。

なお、起訴状が閲覧・謄写の対象とされなかった場合も、その主要な記載事項が転記された別紙が交付される場合があります。

(2) **第1回公判期日以降、刑事裁判確定までの記録について**

ア 総論

第1回公判期日以降は、検察官の請求予定証拠のほかに、検察官が追加請求した証拠、公判調書（証人尋問調書、被告人供述調書を含む。）、被告人・弁護人が請求した証拠等が事件記録に加わります。

これらの証拠は、第1回公判期日前には閲覧・謄写ができなかったものですから、刑事裁判の判決言渡しの直後に第1回審尋期日が見込まれる損害賠償命令事件の準備等のために必要な場合には、各記録の閲覧・謄写を請求することが必要です。

係属している被告事件の閲覧・謄写については、裁判所は、閲覧又は謄写を認める理由が正当でない場合及び閲覧又は謄写をさせることが相当でないという例外的な場合を除き、原則として当該被告事件の被害者等による訴訟記録の閲覧又は謄写をさせることとなっています（保護法3条1項）。

この場合、検察官及び弁護人に対する求意見を経て許可された記録が対象となりますので、実際の閲覧等は請求から数日後に行われる傾向にありますが、早急に証拠関係を確認する必要がありますので、迅速に閲覧等ができるように、裁判所に対して働きかけるようにしましょう。

公判調書や判決書は、担当書記官に作成完了時期を確認するとよいでしょう。

なお、判決確定後は、検察庁に記録が移り、謄写・閲覧まで時間がかかるため、確定前までに謄写・閲覧するようにした方がよいでしょう。また、検察官に申し出ることで、判決書の写しを事実上も

らえることがありますので、担当検察官にお問い合わせください。

さらに、被害者参加をしている場合には、判決時に書記官に事実上の申出をしておけば、判決書ができあがり次第連絡をしてもらえるという運用もあります。

イ　各論

　(ア)　手続

　　　ここでは、東京地裁の場合を念頭において説明しますが、手続の詳細については、事前に確認をしてください。

　　　まず、後述(イ)の必要書類のうちa～dを係属部の書記官へ提出します。

　　　裁判所の許可が出たら（eの提出が条件の場合もあります。）、刑事記録係でfを提出します。

　　　この後は、一般の記録謄写と同様です。

　　　ただし、ポータブルのコピー機、デジカメなどによる謄写が可能です。

　　　第1回公判期日後一審確定までの期間、謄写・閲覧が可能です。

　　　なお、問い合わせに際しては、被告人の名前、担当部、事件番号が分かった方がスムースです。

　(イ)　必要書類

　　a　刑事事件記録等閲覧・謄写票（刑事記録係に備付け）－　※〈書式等〉書式14「刑事事件記録等閲覧・謄写票」参照（印紙150円）

　　b　委任状

　　　申請当事者（被害者本人、遺族等）から、代理人弁護士宛（既に被害者参加弁護士として選任されている場合、委任状を必要としない運用がなされているようです。）

　　c　申出書又は別紙

　　　必ずというわけではありませんが、aの閲覧等の目的欄が小さいため、記入できない場合には必要です。

　　d　身分証明書（写真付）、法人が被害者の場合には、登記事項証明書（写しは不可）

　　　e　誓約書

　　　　謄写した記録を目的外に使用しないことの誓約書の提出を要
　　　求する裁判所が多いようです。

　　　f　司法協会への委任状（刑事記録係にあります。）

　　　　書面に押印が必要な箇所がありますが、法人の場合は、代表
　　　者印を押す必要があるため、具体的な手続については、裁判所
　　　に確認した方がよいでしょう（特に遠方から来られる場合）。

　ウ　損害賠償命令事件が係属した場合について

　　　刑事裁判の判決宣告後、損害賠償命令事件が係属した場合、その
　当事者として、損害賠償命令事件の記録の閲覧・謄写等を請求する
　ことが認められています（保護法39条1項）。

　　　この場合、当該事件記録のうちの刑事関係記録については、検察
　官及び弁護人に対する求意見を経て許可された記録が対象となりま
　すので、実際の閲覧等は請求から数日後に行われる傾向にあります
　が、早急に証拠関係を確認する必要がありますので、迅速に閲覧等
　ができるように、裁判所に対して働きかけるようにしましょう。

　　　請求手続は、裁判所の係属部の担当書記官に閲覧・謄写したい旨
　あらかじめ申し出た上、裁判所の刑事記録係で行います。

(3)　刑事裁判確定後の記録について

　　　刑訴法53条、刑事確定訴訟記録法4条に基づき、記録を保管する検
　察庁（第一審を担当した庁）に請求。

　ア　請求の主体、閲覧・謄写の範囲について

　　　主体に特に制限はありませんが、刑事確定訴訟記録法4条に基づ
　く場合、同条2項各号の制限があります。ただし、当該事件の被害
　者等は、基本的に同法4条2項の「訴訟関係人又は閲覧につき正当
　な理由があると認められる者」に該当すると考えるべきです。

　　　また、閲覧・謄写の範囲については、事実上保管検察官の判断に
　基づくため、被害者であり、閲覧等の必要性がある旨を積極的に主
　張して交渉し、開示の範囲を広くするように努力すべきです。特に
　被害者参加対象事件の場合には、公判提出予定の証拠等が原則とし
　て開示される運用になっていることに鑑み、より広い範囲での開示

を積極的に求めてください。

　イ　その他の留意事項

　　㋐　閲覧請求時に150円の印紙が必要です。

　　㋑　被害者の遺族が請求する場合、戸籍謄本を添付するなどの運用
　　　があります。

　　㋒　請求の際、「閲覧の目的」を記載する必要があり、長文になる
　　　場合にはあらかじめ別紙の形式で作成・持参すると、時間の短縮
　　　となって便利です。

　　㋓　裁判書以外の記録の閲覧可能期間は、原則として裁判が確定し
　　　た後3年間。ただし、例外的に、共犯事件が訴訟係属中の場合に
　　　3年を超えて保管されていることもあり、その場合には閲覧・謄
　　　写ができます。

　　㋔　閲覧には数日間、場合によっては2、3か月間を要することが
　　　あります（特に判決確定直後の請求の場合）ので、請求先検察庁
　　　の記録担当者に問合せをした上で閲覧（及び謄写請求）の日程を
　　　決める必要があります。

　　㋕　閲覧後に記録の謄写を依頼する場合、検察庁で謄写すべき記録
　　　の一覧の作成・提出を求められるのが通常であり、記録数が多い
　　　場合は相当の時間を要することがあります。

2　不起訴事件

(1)　不起訴記録について

　　不起訴記録について、特に開示を求める法律上の根拠規定はありま
せん。従来から、法務省の通達により一定の条件下で開示が認められ
たところであり、平成20年11月19日通達に基づき、以下のとおり、平
成20年12月1日以降、被害者参加制度に併せて開示の範囲が広がりま
した。

　　記録の閲覧・謄写を求める場合は、捜査を担当した検察庁に申し出
てください。

　ア　被害者参加対象事件の場合

　　㋐　閲覧請求の主体

被害者参加対象事件の被害者等若しくは当該被害者の法定代理
人又はそれらの代理人たる弁護士（※「被害者等」の範囲につい
ては、前述1(1)イに同じ。）

(イ)　閲覧目的

損害賠償請求権その他の権利行使の目的に限らず、事件の内容
を知ること等を目的とする場合も、原則として閲覧できます。

(ウ)　関係者の名誉に対する配慮等

関係者の名誉・プライバシー等にかかわる証拠の場合、関連事
件の捜査・公判に具体的な影響を及ぼす場合、将来における刑事
事件の捜査・公判の運営に支障を生ずるおそれがある場合などは、
閲覧を認めず、又は当該部分にマスキングの措置を講じます。

(エ)　閲覧の対象となる不起訴記録

実況見分調書や写真撮影報告書等の客観的証拠について、原則
として、代替性の有無にかかわらず、相当でないと認められる場
合を除き、閲覧できます。

イ　被害者参加対象事件以外の場合

(ア)　閲覧・謄写請求の主体

a　事件の被害者等若しくは当該被害者の法定代理人又はそれ
らの代理人たる弁護士（※「被害者等」の範囲については、前述
1(1)イに同じ。）

b　被害者等以外の者で、当該閲覧・謄写請求が相当と認めら
れる場合（例えば、過失相殺事由の有無を把握するため等）

(イ)　閲覧・謄写の目的

民事訴訟等において被害回復のための損害賠償請求権その他の
権利を行使する目的

(ウ)　関係者の名誉に対する配慮等

前述(1)ア(ウ)に同じ。

(エ)　閲覧・謄写の対象となる不起訴記録

実況見分調書や写真撮影報告書等の客観的証拠であって、当該
証拠が代替性に乏しく、その証拠なくして立証が困難なもの。

代替性がないとまでは言えない客観的証拠については、必要性

　が認められ、かつ、弊害が少ないとき。
ウ　民事裁判所から不起訴記録の文書送付嘱託がなされた場合
　㋐　不起訴記録中の客観的証拠の開示について
　　　前述イ㋔の必要性が認められる場合、客観的証拠は送付されます。
　㋑　不起訴記録中の供述調書の開示について
　　　次の要件を全て満たす場合に開示されます。
　　a　民事裁判所から、不起訴記録中の特定の者の供述調書について文書送付嘱託がなされた場合
　　b　当該供述調書の内容が、当該民事訴訟の結論を直接左右する重要な争点に関するものであって、かつ、その争点に関するほぼ唯一の証拠であるなど、その証明に欠くことができない場合
　　c　供述者が死亡、所在不明、心身の故障若しくは深刻な記憶喪失等により、民事訴訟においてその供述を顕出することができない場合であること、又は当該供述調書の内容が供述者の民事裁判所における証言内容と実質的に相反する場合
　　d　当該供述調書を開示することによって、捜査・公判への具体的な支障又は関係者の生命・身体の安全を侵害するおそれがなく、かつ、関係者の名誉・プライバシーを侵害するおそれがあるとは認められない場合
　㋒　目撃者の特定のための情報の提供について
　　　次の要件を全て満たす場合に、当該刑事事件の目撃者の特定に関する情報のうち、氏名及び連絡先を民事裁判所に回答します。
　　a　民事裁判所から、目撃者の特定のための情報についての調査の嘱託がなされた場合
　　b　目撃者の証言が、当該民事訴訟の結論を直接左右する重要な争点に関するものであって、かつ、その争点に関するほぼ唯一の証拠であるなど、その証明に欠くことができない場合
　　c　目撃者の特定のための情報が、民事裁判所及び当事者に知られていないこと
　　d　目撃者の特定のための情報を開示することによって、捜査・

公判への具体的な支障又は目撃者の生命・身体の安全を侵害す
るおそれがなく、かつ、関係者の名誉・プライバシーを侵害す
るおそれがないと認められる場合であること

3　起訴前の捜査記録

　起訴前の捜査記録について、特に開示を求めることができる法律上の
根拠規定はありません（逆に訴訟に関する記録は公判前に公にしてはい
けないとする刑訴法47条があります。）。

　しかし、被害者は、事件の当事者であり、示談交渉や損害賠償請求を
行うため、更には被害者参加を行うか否かを判断するため、早期に事件
に関する情報の開示を受ける必要があります。

　捜査機関側は、事件の捜査・起訴・公訴維持の全ての段階において、
被害者の協力が必要となります。そこで、起訴前であっても簡単にあき
らめず、担当検察官ら捜査機関に対し、情報の必要性を示して積極的に
事件に関する情報の開示を求めるようにしてください。

4　記録の目的外使用の禁止

　刑事事件記録は、特に第三者の秘密やプライバシーに該当する内容を
含むものであって、その取扱いには一層の注意が必要です。そのため、
検察官から開示された開示証拠を民事事件において証拠として提出する
場合、弁護士職務基本規程18条の「保管に際して…情報が漏れないよう
に注意しなければならない」との義務に反する場合があり得ます（日弁
連弁護士倫理委員会編著「解説　弁護士職務基本規程」第3版p37参照）。
この場合、別途裁判所から謄写をする必要があります。

IV　服役後・更生保護段階の情報入手等

1　被害者等通知制度（少年事件については120頁参照）

　加害者が刑務所に入った場合又は保護観察付執行猶予の判決を受けた
場合に、刑務所や保護観察における処遇状況、刑務所から釈放される時

期ないし釈放された年月日等についても知りたい被害者のために情報を通知する制度です。被害者は、特段の理由を必要とせず通知を受けることができます。ただし、事件の性質などから、加害者の更生を妨げるおそれがあるなど、通知することが相当でないと検察官が判断した場合には、通知されない場合があります。

(1)　**対象者**

　　被害者、その親族又は内縁関係にある者、婚約者など親族に準ずる者、その代理人

(2)　**通知内容**

　　ア　収容されている刑務所の名称・所在地

　　イ　実刑判決が確定した後、刑務所からの釈放予定（満期出所予定時期）の年月

　　ウ　受刑中の刑務所における処遇状況（おおむね6か月ごとに通知）

　　エ　刑務所から釈放（満期釈放、仮釈放）された年月日

　　オ　執行猶予の言渡しが取り消された年月日

　　カ　仮釈放審理を開始した年月日

　　キ　仮釈放を許す旨の決定をした年月日

　　ク　保護観察が開始された年月日や保護観察終了予定時期

　　ケ　保護観察中の処遇状況（おおむね6か月ごとに通知）

　　コ　保護観察が終了した年月日等

(3)　**手続方法**

　　希望する被害者等は、刑事事件を取り扱った検察庁（被害者支援事務担当者に聞くか、各検察庁の被害者ホットラインに問い合わせしてください。）に申出をする必要があります。申出は、加害者の刑事裁判が確定した後はいつでもできます。

2　「再被害防止要綱」に基づく再被害防止措置と出所情報通知制度

(1)　**「再被害防止要綱」に基づく再被害防止措置**

　　警察においては、「再被害防止要綱」に基づき、同じ加害者より再び危害を加えられるおそれのある被害者を「再被害防止対象者」に指

定し、再被害防止のための関連情報の収集、関連情報の教示・連絡体制の確立と要望の把握、自主警戒指導、警察による警戒措置、加害者への警告等の再被害防止措置を実施しています。

⑵ **出所情報通知制度**

これらの再被害防止措置の実施に当たっては、関係機関が密接に連携しており、検察庁においては、被害者が加害者との接触回避等の措置を講じることにより再被害を避けることができるように、再被害防止を図るための出所情報通知制度を実施しています。

これにより、被害者は加害者が釈放される前に情報を入手することができます。

ア 対象者

通知を受けることができるのは、被害者の方が再び被害に遭わないように転居その他加害者との接触を避けるための措置をとる必要があるため、特に通知を希望する場合で、犯罪の動機・態様及び組織的背景、加害者と被害者やその親族等との関係、加害者の言動その他に照らし、検察官が通知を行うのが相当と認めた者

イ 通知内容

㋐ 加害者の釈放直前における釈放予定（仮釈放の場合を含む。）の時期

原則として、月の上、中、下旬を通知するにとどめるが、加害者との接触回避等のために不可欠である場合には、釈放予定日を通知する。

㋑ 帰住先

原則として通知しないが、被害者が転居その他加害者との接触回避等の措置を講じるために特に必要があるときは、帰住先が被害者の住居地と同一都道府県内の場合は、市区町村名（ただし、必要不可欠な場合は町字名）まで、帰住先が被害者の住居地と異なる都道府県の場合は、都道府県名まで通知する。

ウ 手続方法

希望する被害者等は、刑事事件を取り扱った検察庁の検察官、被害者支援事務担当者に申出をする必要があります。

3　意見等聴取制度

　加害者の仮釈放や少年院からの仮退院を許すか否かを判断するために地方更生保護委員会が行う審理において、被害者等が、仮釈放・仮退院に関する意見や被害に関する心情を述べることができる制度です。

　被害者等の意見は、仮釈放・仮退院を許すか否かの判断に当たって考慮されるほか、仮釈放・仮退院が許された場合に加害者が期間中守るべき特別の事項を決定する際などに考慮されます。

(1)　対象者

　ア　仮釈放・仮退院の審理の対象となっている加害者の犯罪等の被害者及びその法定代理人

　イ　被害者が亡くなった場合又はその心身に重大な故障（病気やけが等）がある場合におけるその配偶者、直系親族又は兄弟姉妹

(2)　手続

　ア　加害者の仮釈放・仮退院の審理が行われている間、行うことが可能です（審理の開始は、被害者等通知制度を利用することで知ることができます。）。

　イ　希望する場合は、申出の手続が必要です。原則として、仮釈放・仮退院の審理を行っている地方更生保護委員会又は被害者の居住地の都道府県にある保護観察所に出向き申出書を提出します（出向くことが困難な場合は電話等で相談してください。）。受付の際、印鑑、本人確認書類（運転免許証、パスポート等）等が必要となりますので、必要書類をあらかじめ確認した方がよいでしょう。

　ウ　その後、被害者等の都合を聞いた上で、聴取日時等の通知書が送付されます。

　エ　意見等の聴取は、地方更生保護委員会の委員が聴取する方法、書面の提出を受ける方法、地方更生保護委員会の保護観察官が意見の内容を録取する方法があります。

　　　その際、保護観察所の被害者専任の職員（被害者担当官）や被害者担当の保護司が相談に応じたり、同席する等の援助を受けることができますが、第三者の同席は原則として認められていません（特

に希望する場合は相談が必要です。）。

オ　審理の結果は、被害者等通知制度を利用して知ることができます。

4　保護観察中の加害者に対する心情等伝達制度

　保護観察中の加害者に対しては、被害の実情等を直視させ、反省や悔悟の情を深めさせるよう指導監督が行われますが、本制度は、被害者等の被害に関する心情、その置かれている状況、保護観察中の加害者の生活や行動に関する意見を聴取し、これを保護観察中の加害者に伝えるものです。

(1)　対象者

ア　加害者が保護観察に付される理由となった犯罪等の被害者及びその法定代理人

イ　被害者が亡くなった場合又はその心身に重大な故障がある場合におけるその配偶者、直系親族又は兄弟姉妹

(2)　手続

ア　加害者が保護観察を受けている間に行うことが可能です（被害者等は、被害者等通知制度を利用することにより、保護観察の開始を知ることができます。）。

　　原則として、被害者等の居住地の都道府県にある保護観察所に出向き、申出書を提出することが必要です（出向くことが困難な場合は電話等で相談してください。）。受付の際、印鑑、本人確認書類（運転免許証、パスポート等）等が必要となりますので、必要書類をあらかじめ確認した方がよいでしょう。

イ　その後、被害者等の都合を聞いた上で、聴取日時等の通知書が送付されます。

ウ　心情等の聴取は、保護観察所の被害者専任の職員（被害者担当官）が心情等を聴取し、その内容等を記載した書面を作成します。加害者に回答を強制することはできませんが、加害者の現住所を質問したり、賠償（賠償するための資力や支払う意思、一括や分割払いを求めること等）についても、尋ねることもできます。

　　なお、被害者の現住所が、加害者に伝わることはありません。

その際、被害者担当官又は被害者担当の保護司が相談に応じたり、同席する等の援助を受けることができますが、第三者の同席は原則として認められていません（特に希望する場合は相談が必要です。）。

エ　聴取した心情等の伝達は、聴取した際に作成した書面を、保護観察事件を担当する保護観察官が、加害者の面前で朗読して行います。

　　なお、聴取した心情等は、できる限り速やかに伝達されることとなっていますが、加害者の状況、事件の性質、保護観察の実施状況等の事情によっては、その全部又は一部を伝達できない場合もあります。

オ　心情等を伝達した年月日や、伝達した内容については被害者等に連絡がきます。また、希望に応じ、伝達の際に加害者が述べたことなどを併せて聞くことができます。

【更生保護における犯罪被害者等の方々のための制度】

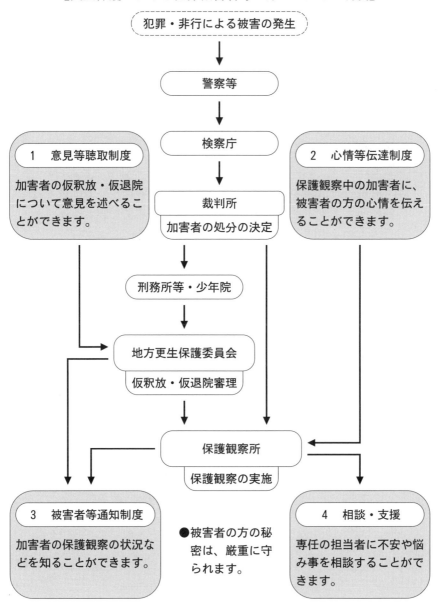

（出典：法務省ウェブサイト）

第6章

特別な対応を要する類型

I　少年犯罪

1　はじめに

　少年事件においては、保護優先主義がとられており、非少年事件に比べると被害者等が得られる情報等が少ないという違いがあります。また、実務の運用上、家庭裁判所の裁量によるところが大きい点も非少年事件と異なるところです。被害者等から相談を受けた弁護士は、下記のような制度を利用して、被害者等が希望する情報収集や手続への参加の援助をより積極的に行うことが求められます。

　少年保護事件で被害者等が家庭裁判所に申し出ることのできる制度としては、①少年保護事件記録の閲覧・謄写（コピー）、②心情や意見の陳述、③審判の傍聴、④審判状況の説明、⑤審判結果等の通知があります。これらの手続は全て審判が前提となっています。また、少年審判終了後の処遇に関しても、⑥被害者等通知制度、⑦意見等聴取制度、⑧心情等伝達制度があります。これらは被害者の住所地の保護観察所等にて手続の説明が受けられます。

　上記の意見の陳述を行わない場合でも、家庭裁判所調査官が必要と考える場合には、調査の一環として被害者に事情を聴取することがあります。こちらも積極的に協力・活用すべきです。

　ただし、これらの制度には対象事件が限定された手続があることや、家庭裁判所の判断に不服があっても不服申立制度がないなどの問題点も多く残されています。また、家庭裁判所において審判不開始とされた場合や、触法少年事件でそもそも児童相談所から家庭裁判所に事件送致がなされない場合における被害者保護のための制度は、確立していません。少年犯罪事案においては、被害者等のために、よりよい制度の確立が強く望まれます。

　なお、少年法の改正がありましたが（令和4年4月1日施行）、本節の内容に影響はありません。

【被害者のための制度〜少年事件手続の流れ】

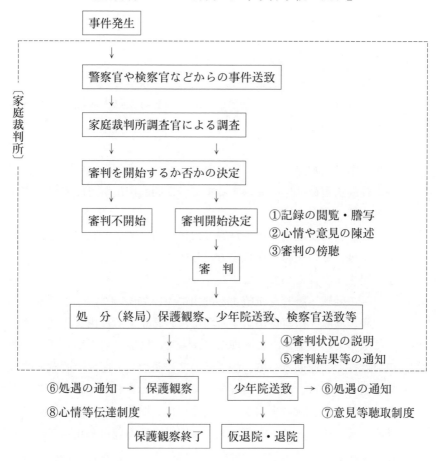

2　各手続の概要

⑴　**被害者等による記録の閲覧及び謄写**（少年法5条の2、少年審判規則7条の2。なお、本項においては、少年法を「法」、少年審判規則を「規則」といいます。〈書式等〉書式16「被害者等閲覧・謄写申出書」（少年事件））

ア　対象事件

　　犯罪少年（罪を犯した少年）及び触法少年（14歳に満たないで刑罰法令に触れる行為をした少年）の保護事件においては、被害者等

又は被害者等から委託を受けた弁護士は、当該保護事件の記録の閲覧・謄写が可能です。

イ　申出人（被害者等）

　被害者等とは、次の者をいいます。

①　被害者又はその法定代理人（例えば、親権者、後見人など）

②　被害者が死亡した場合若しくはその心身に重大な故障がある場合は、その配偶者、直系親族若しくは兄弟姉妹。

ウ　閲覧・謄写ができる期間

　少年審判開始決定（法21条）があった後、審判継続中を含め、事件の終局決定後3年を経過するまでの期間、申出が可能です（法5条の2第1項、2項）。

　なお、終局決定後3年を経過した後であっても、記録が存在する場合には、その記録を保管する裁判所に対し、規則7条1項に基づき申出をすることができます。

エ　記録の閲覧・謄写を希望する理由について

　記録の閲覧・謄写を申請する際には、希望する理由を記載することになっていますが、この理由によって、閲覧の可否が判断されるのではなく、原則として、法5条の2に基づいて記録の閲覧・謄写を申請した場合、閲覧・謄写を認めることとされています。もっとも、例外的に、次の事由がある場合には、閲覧・謄写が認められません。その事由とは、①閲覧又は謄写を求める理由が正当でないと認める場合、又は②少年の健全な育成に対する影響、事件の性質、調査又は審判の状況その他の事情を考慮して閲覧又は謄写をさせることが相当でないと認める場合です。このように、閲覧・謄写ができない場合が限定されています。

　①閲覧・謄写を求める理由が正当でないと認める場合とは、加害者への報復目的や不当な働きかけをする目的などの場合をいい、また、②少年の健全な育成に対する影響、事件の性質、調査又は審判の状況その他の事情を考慮して閲覧又は謄写をさせることが相当でないと認める場合とは、少年の健全な育成を妨げる場合や関係者のプライバシー・名誉等を害する場合などをいいます（例えば、少年

が過去に受けた虐待が事件に影響している場合の虐待の内容など）。

オ　閲覧・謄写ができる範囲

　　事件記録中、少年及び関係者のプライバシーに深く関わる情報を含んだいわゆる社会記録、つまり、「家庭裁判所が専ら当該少年の保護の必要性を判断するために収集したもの及び家庭裁判所調査官が家庭裁判所による当該少年の保護の必要性の判断に資するよう作成し又は収集したもの」を除いた部分となります（法5条の2第1項）。

　　いわゆる法律記録中の少年の身上に関する供述調書や審判調書、少年の生活状況に関する保護者の供述調書等も、閲覧・謄写することができます。

　　ただし、社会記録の中にも事件と関わる事項は含まれているため、被害者等の立場からは、今後、閲覧・謄写の範囲の拡大が望まれます。

カ　守秘義務等

　　記録の閲覧又は謄写をした者は、正当な理由がないのに閲覧又は謄写により知り得た少年の氏名、その他少年の身上に関する事項を漏らしてはならず、かつ、閲覧又は謄写により知り得た事項をみだりに用いて、少年の健全な育成を妨げ、関係人の名誉若しくは生活の平穏を害し、又は調査若しくは審判に支障を生じさせる行為をしてはならない（法5条の2第3項）と守秘義務が定められていますので、記録の取扱い等についてはご注意ください。

キ　手数料等

　　1回の閲覧又は謄写について、手数料として収入印紙150円が必要です（法5条の3、民事訴訟費用等に関する法律7条、別表第2の1の項）。

　　なお、東京家庭裁判所に係属している事件で謄写を申し出る場合に、司法協会に謄写を依頼すると、1枚につき50円がかかりますが、自ら裁判所にある指定のコピー機を利用して謄写をする場合は、1枚につき20円となっています。

ク　謄写の手続等

① 加害少年の名前をもとに事件を特定して手続が進められますので、少年の氏名が分からない場合は、直接、申出人の身分（被害者等であること）を証明するものを持参の上、事件を取り扱った警察署で教えてもらってください。

② 加害少年の氏名が分かるときには、事件を扱っている家庭裁判所の少年事件係に問い合わせてください。

③ 閲覧・謄写を申し出る際には、申出書に記入の上、次に示す必要書類の写しを同封して、裁判所に持参又は郵送します。

　申出書到着後、事件担当部から日時等の打ち合わせのための連絡があります。

　【必要書類等】

　　① 被害者等であることの確認のための書類

　　　自動車運転免許証、パスポート、写真が貼られた学生証その他身分証明書

　　　以上のうちいずれか1種類。

　　　これらのいずれも無い場合は、健康保険証、公共料金の領収書等の本人を特定できる書類2種類。

　　　なお、これらの書類の原本は、閲覧・謄写をする当日に必要ですから必ず持参してください。

　　② 被害者本人との関係を確認するための書類（申立人が被害者本人以外である場合）

　　　戸籍謄本

　　　被害者本人の心身に重大な故障があって親族が申し出る場合は、被害者本人の診断書が必要です。

　　　被害者等から委任を受けた弁護士の場合は、記録の閲覧・謄写に関する委任状が必要となります。被害者が未成年の場合は、被害者と保護者の連名で委任状をもらうようにしてください。

　　③ 印鑑

　　　閲覧・謄写の当日は、申出書に押捺したものと同一の印鑑を持参してください。

ケ　不服申立制度

　　裁判所が記録の閲覧・謄写を認めなかったことに対する被害者等による不服申立制度は規定されておらず、できないとされています。

　　被害者等又は被害者等から委託を受けた弁護士が閲覧・謄写を申請した場合、実務上の運用として、裁判所から、付添人に対して、閲覧・謄写の申請があった旨の連絡が行くようになっているようです。この場合、必要に応じて、付添人は、閲覧・謄写について（例えば、閲覧・謄写を認める範囲など）、裁判所と協議を行います。

(2)　**被害者等の申出による意見陳述等**（法9条の2、規則13条の2。〈書式等〉書式17「意見陳述申出書」（少年事件））

　　犯罪少年・触法少年の保護事件に関し、前述(1)イと同じ被害者等が、被害に関する心情その他の事件に関する意見を述べたいと希望する場合には、家庭裁判所に対して、意見陳述の申出をすることができ、家庭裁判所は原則としてその意見を聴取しなければなりません（法9条の2本文。例外的に、事件の性質、調査又は審判の状況その他の事情を考慮して、相当でないと認めるときには聴取しないことができます（法9条の2ただし書）。）。この申出は、弁護士に限って代理人となることができます（規則13条の2第2項）。

　　なお、意見陳述の申出による意見聴取が認められない場合、被害者等の申出人からの不服申立ても、意見聴取を認めた場合の加害少年側からの不服申立ても、いずれも認められないとされています。

ア　意見陳述等の時期・方法

　　被害者の意見を表明する方法としては、審判期日で行う意見陳述のほか審判期日外で家庭裁判所又は調査官に対して意見を述べる方法があります。どの方法で行うかは、審判の状況、意見の申出者の希望を踏まえて、家庭裁判所が決めます（聴取する日時場所の通知については規則13条の3参照）。家庭裁判所が直接意見を聴く場合は、加害少年・保護者や少年の付添人（弁護士等）が在席することもあります。

　　なお、家庭裁判所や調査官が申出人から意見を聴取する場合には、その心身の状態に配慮するものとするとされています（規則13条の

4）。

　　意見陳述は、原則として当該事件を取り扱っている家庭裁判所において口頭で行われますが、申出人が入院中、自宅療養中等の場合には、その旨家庭裁判所に説明して相談してください。また、例外的に書面を提出する方法も検討の余地があると思います。

　　加害少年の面前では意見を述べたくない場合は、あらかじめ家庭裁判所に相談する必要があります。また、加害少年の前で意見を述べたいと希望した場合でも、家庭裁判所がこれを認めない場合があります。

イ　申出期間・陳述方法

　　意見陳述の申出期間は、事件が家庭裁判所に送致されて以降、最終処分が決まるまでとされています。

　　意見陳述を希望する場合の手続は、閲覧・謄写の手続と同様です。

ウ　意見陳述ができる内容

　　法9条の2は、「被害に関する心情その他の事件に関する意見」を陳述することができると定めるところ、陳述の具体例としては、

①　被害の現状

②　被害を受けたことによる被害者や家族の精神的、身体的影響及び財産的損害

③　被害についての気持ち

④　少年の処分

が考えられます。

　　意見を述べる場合には、述べたいことを整理した書面を持参するとよいでしょう。

エ　意見はその要旨を家庭裁判所の職員が調書等の書面にして記録に綴り、処分を決めるための資料の一つとされます（規則33条2項4号の2、規則13条の6第1項、2項）。この書面は、陳述者自身はもちろん、加害少年の付添人である弁護士等も閲覧・謄写できます（意見聴取した旨の通知については規則13条の5参照）。

(3)　**被害者等による少年審判の傍聴**（〈書式等〉書式18「審判の傍聴申出書」（少年事件））

　少年審判は非公開とされていますが（法22条2項）、一定の重大事件の被害者等から傍聴の申出がある場合、少年の年齢及び心身の状態、事件の性質、審判の状況その他の事情を考慮して、少年の健全な育成を妨げるおそれがなく相当と認められる場合には、被害者等による傍聴を許すことができるとされています（法22条の4第1項）。これは、殺人等の一定の重大事件において、審判を傍聴して審判の内容・状況等を知りたいという被害者等の心情に配慮したものです。

ア　対象事件（法22条の4第1項）

　　対象となる事件は、以下の①及び②の要件を満たすものであることが必要です。

①　犯罪少年又は12歳以上の触法少年にかかる事件であること。

②　次に挙げる罪のもの又は同罪にかかる刑罰法令に触れるもの。

　(i)　故意の犯罪行為により被害者を死傷させた罪

　(ii)　刑法211条（業務上過失致死傷等）の罪

　(iii)　自動車の運転により人を死傷させる行為等の処罰に関する法律4条、5条又は6条3項若しくは4項（過失運転致死傷等）の罪

　　なお、致傷事件の場合にあっては、「これにより生命に重大な危険を生じさせたとき」に限られています。「生命に重大な危険を生じさせたとき」に該当するかは、捜査機関から送致された事件記録中の診断書や供述調書、捜査報告書等から、家庭裁判所が判断するとされています。

イ　申出人（法22条の4第1項）

　　審判傍聴の申出をすることができるのは、前述(1)イと同じ「被害者等」です。ただし、対象となる事件が上記のように限定されているため、財産を害された被害者は含まれません。また、申出については、弁護士も代理人となることができますが（規則30条の11第2項）、「傍聴する者」には含まれません（付添いについては後述オ参照）。

ウ　傍聴の相当性について

　　家庭裁判所は、傍聴の申出がある場合において、「少年の年齢及

び心身の状態、事件の性質、審判の状況その他の事情を考慮して、少年の健全な育成を妨げるおそれがなく相当と認めるとき」は、申出人に傍聴を許すことができるとされています（法22条の4第1項）。例えば、加害少年と被害者との間に特別の関係があり傍聴を認めるのが相当でない場合、被害者が審判に証人として出廷することが予定されている場合、傍聴申出人が多数の場合、加害少年の年齢が低い上に発達状態の遅れがあるような場合などでは傍聴が認められない場合があります。

　なお、家庭裁判所は、被害者等の傍聴を許すには、あらかじめ、弁護士である加害少年の付添人の意見を聴くことになっています（法22条の5）。

エ　申出時期・申出方法など

　傍聴の申出は、事件が家庭裁判所に送致されて以降、最終処分が決まるまでの間、することができます。審判期日における審判の傍聴を認めるものだからです。

　審判傍聴を希望する場合の手続は、閲覧・謄写の手続と同様です。

　許可・不許可のいずれの場合にも、家庭裁判所は被害者等に通知をすることとなっています（規則30条の12）が、不許可の場合も不服申立てはできないとされています。

オ　傍聴の付添い

　被害者等に審判の傍聴を許す場合に、家庭裁判所は、傍聴する者の年齢、心身の状態その他の事情を考慮して、傍聴者が著しく不安又は緊張を覚えるおそれがあると認めるときは、適当な者を傍聴する者に付き添わせることができる（法22条の4第3項）と傍聴者に配慮した措置を設けています。付添いができる者は、例えば、傍聴者の近親者、被害者支援団体の担当者や弁護士などが考えられます。

カ　傍聴方法など

　被害者等が傍聴している審判期日であっても、少年が萎縮して言いたいことが十分に言えない場合や加害少年のプライバシーに深く立ち入る質問がなされる場合等には、傍聴している被害者等を一時退室させる措置（規則31条1項）がとられたり、傍聴許可を取り消

されたりすることがあります。また、被害者等が審判の円滑な進行を妨げた場合には、審判廷からの退去を命じられることがあります。

　なお、被害者等と加害少年との間の遮蔽措置は認められると解されていますが、被害者等がモニターにより別室で審判を傍聴することは、少年法に規定がないためできないと解されています。

　審判を傍聴した者や傍聴に付き添った者には、少年の記録を閲覧・謄写をした場合と同様の守秘義務が課されています（法22条の４第５項、５条の２第３項）。

キ　所持品等

①　手荷物等

　審判を傍聴するに当たり、家庭裁判所による被害者等の手荷物の預かりや所持品検査がなされる場合があります。

②　遺影の持ち込み

　審判廷への被害者の遺影の持ち込みについては、遺影の大きさや形状、審判廷の広さ、加害少年の年齢や心身の状態、被害者等の心情や状態等を総合考慮の上で、家庭裁判所はこれを認める傾向にあります。ただし、審判廷内での持ち方（遺影は膝の上に置く等）についての条件が付けられる場合があります。

　被害者等に審判廷における被害者の遺影の持ち込みの希望がある場合は、事前に家庭裁判所に申し出るようにしてください。

③　メモ

　傍聴者による審判廷でのメモについても、加害少年の年齢や心身の状態、被害者等の心情や状態、加害少年と被害者との関係性等を考慮の上で、裁判所はこれを認める傾向にあります。ただし、メモが認められるのは傍聴者（被害者等）のみであり、傍聴に付き添った者には認められません。また、審判を傍聴した者には前述の守秘義務が課されているので（法22条の４第５項、５条の２第３項）、メモの取扱いには十分な注意が必要です。

　被害者等に審判廷におけるメモの希望がある場合も、事前に家庭裁判所に申し出るようにしてください。

(4)　**被害者等に対する審判の状況の説明**（〈書式等〉書式19「審判の状

況の説明申出書」（少年事件））

　被害者等への審判の状況についての十分な情報提供は、犯罪被害者等基本法の趣旨等からも十分に尊重されるべきで、家庭裁判所は、少年事件の被害者等から申出があった場合で、少年の健全な育成を妨げるおそれがなく相当と認めるときは、その申出をした者に対し、審判期日における審判の状況を説明するとされています（法22条の6第1項）。

ア　対象事件

　　犯罪少年又は触法少年にかかる事件が対象となります。

　　対象事件の種類に限定はありません。

イ　申出人

　　前述(1)イと同じく被害者等が申出をすることができます。また、弁護士に限って代理人となることができます（規則30条の13第2項）。

ウ　申出時期・申出方法

　　申出は、家庭裁判所に事件が送致された後に行う必要があります。審判を不開始とする決定がなされ、事件が終局した場合は、申出は却下されます。また、終局決定が確定後3年を経過したときには申出をすることができません（法22条の6第2項）。

　　審判の状況説明を希望する場合の手続は、閲覧・謄写の手続と同様です。

エ　説明が受けられない場合

　　被害者等からの審判の状況の説明の申出があった場合、「少年の健全な育成を妨げるおそれがなく相当と認めるとき」に説明が受けられますが（法22条の6第1項）、相当と認められない場合には、全部又は一部を説明しないことができることとされています。相当と認められない場合の例として、被害者等が説明内容をみだりに公表する危険性が高いときや、性的な虐待を受けていた事実など少年等の重大なプライバシーに関わる内容が取り上げられた場合の供述等の内容などが考えられます。

　　なお、説明が受けられない場合であっても不服申立てはできないと解されています。

オ　説明の内容

　　家庭裁判所は申出者に対し、「審判期日における審判の状況」を口頭又は書面にて説明することになりますが（法22条の6第1項）、この説明の内容は、審判の客観的事実・外形的事実をいうと解されています。具体的には、審判期日の日時、場所、出席した者、非行事実の認定手続等の審理経過、少年や保護者の供述要旨、調査官の意見陳述、処分結果等が含まれる一方、少年が反省しているかなどの評価的事項は説明の内容に含まれないと解されています。審判における状況について説明を受けた者には、少年の記録を閲覧・謄写をした場合と同様に守秘義務が課されています（法22条の6第3項、5条の2第3項）。

(5)　**被害者等に対する審判結果通知**（法31条の2）（〈書式等〉書式20「結果通知申出書」（少年事件））

ア　対象事件

　　犯罪少年及び触法少年の事件が対象となります。

イ　申出人

　　前述(1)イと同じ被害者等が申出をすることができます。また、弁護士に限って代理人となることができます（規則42条の2第2項）。

ウ　申出時期・申出方法

　　申出は、家庭裁判所に事件が送致された後になされる必要があります。また、終局決定が確定後3年を経過したときには申出をすることができません（法31条の2第2項）。

　　審判結果の説明を希望する場合の手続は、閲覧・謄写の手続と同様です。

　　なお、説明を受けられない場合についても不服申立てはできないと解されています。

エ　例外

　　被害者等から申出がある場合は、原則として通知しなければなりませんが、少年の健全な育成を妨げるおそれがあり相当でないと認められる場合には、全部又は一部を通知しないことができるとされています（法31条の2第1項ただし書）。例えば、被害者等が報復

をするおそれがある場合、被害者等が通知内容を公表する危険が高い場合、少年や関係者のプライバシーに関わる事項などがこれに該当します。

オ 被害者等への通知内容

① 少年及びその法定代理人の氏名及び住居

② 決定の年月日、主文及び理由の要旨

が通知されます（法31条の2第1項）。理由の要旨とは、家庭裁判所が認定した非行事実の要旨及び処遇選択の理由の要旨をいいます。非行事実が争われた事件において、終局決定中にその非行事実を認定した理由も記載した場合には、支障がない限り、その理由の要旨も含まれます。ただし、その通知をすることが少年の健全な育成を妨げるおそれがあり相当でないと認められるものについては通知されません。

審判の結果通知について説明を受けた者には、少年の記録を閲覧・謄写をした場合と同様に守秘義務が課されています（法31条の2第3項、5条の2第3項）。

(6) **更生保護における被害者等のための制度（審判後の処遇について）**

ア 被害者等通知制度

加害少年の少年院における処遇状況や保護観察中の処遇状況などに関する情報を、希望する被害者等に通知する制度です（刑事局長・矯正局長・保護局長通達）。

㋐ 申出人・申出期間・申出先

前述(1)イと同じ被害者等が申し出ることができます。

加害少年の処分終了まで（例えば、保護観察の場合は、保護観察期間終了まで、少年院送致の場合は、仮退院後に保護観察が付いていれば同じく保護観察終了まで）申出が可能です。

加害少年の審判結果が少年院送致である場合は最寄りの少年鑑別所に、加害少年の審判結果が保護観察である場合は被害者等の住所地（都道府県）にある保護観察所に申し出ます。

㋑ 通知を受けられる事項

入院年月日及び収容されている少年院の名称・所在地

　　　　少年院における教育状況（おおむね6か月ごとに通知）

　　　　少年院を出院した年月日

　　　　仮退院審理を開始した年月日

　　　　仮退院を許す旨の決定をした年月日

　　　　保護観察が開始された年月日や保護観察終了予定時期

　　　　保護観察中の処遇状況（おおむね6か月ごとに通知）

　　　　保護観察が終了した年月日

　　などです。通知は基本的に文書で行われます。

　イ　意見等聴取制度

　　　地方更生保護委員会が行う加害少年の仮退院を許すか否かに関する審理において、事件の性質、審理の状況その他の事情から相当でないとされる場合を除き、被害者等が意見等を述べることができる制度です（更生保護法42条、38条1項）。

　　　前述(1)イと同じ被害者等が申し出ることができます。

　　　地方更生保護委員会において加害少年の仮退院の審理が行われている間、申出が可能です。被害者等の住所地を管轄する保護観察所に申し出てください。

　ウ　心情等伝達制度

　　　事件の性質や保護観察の実施状況その他の事情から相当でないとされる場合を除き、保護観察所の長が、被害者等から被害に関する心情等を聴いて、これを保護観察中の加害少年に伝える制度です（更生保護法65条1項）。

　　　前述(1)イと同じ被害者等が申し出ることができます。

　　　なお、現時点では、少年院在院中の少年に対して心情を伝える制度はありません。しかし、少年は、少年院を退院しても、多くは仮退院で保護観察中ですから、この制度が適用されます。

　　　加害少年が保護観察を受けている間、申出が可能です。被害者等の住所地を管轄する保護観察所に申し出てください。

3　手続・制度を利用できない場合の活動

　　事件が家庭裁判所に送致され家庭裁判所調査官による調査が行われた

ものの審判不開始とされた場合には、前項で紹介した各手続を利用することはできません。また、触法少年事件の場合で、児童福祉法25条第1項に基づく通告を受けた児童相談所が家庭裁判所送致の措置をとらなかった場合は、そもそも被害者等のための制度が確立していません。

しかし、このようなケースにおいても、被害者等の保護・支援の必要性が低いということにはならないはずです。被害者等から相談を受けた弁護士としては、制度がないことであきらめるのではなく、例えば、関係機関に事件及び加害少年に関する情報の開示や被害者等の意見の陳述を働きかける、加害少年やその保護者等に対して民事賠償責任を追及する等、被害者等の保護・支援の活動を可能な限り検討し、試みることが重要です。

4　留意点

少年事件の場合、被害者等が「何もできない」と誤解しているケースも多いため、記録の閲覧・謄写や審判の傍聴を始めとする前述の諸制度について、十分に説明する必要があります。その上で、被害者等が望むサポートを行うことが重要です。

一方、少年事件においては、加害少年が事実を明らかにし、自分の行ったことについての事の重大性を認識し、心から反省をしていくことが、加害少年の社会復帰への第一歩であるとともに、被害者側が望むところでもあることを念頭に置く必要があります。例えば、弁護士が民事訴訟を提起するに当たっても、被害者側の意向を聴き取り、被害者側の望むところを十分に把握して対処すべきです。具体例として、加害少年により子どもを殺された親が、加害少年の更生を見届けたいということで、長期にわたって慰謝料を割賦払いの約定をさせるとともに、生活状況を被害者に報告させる責務を負わせて、民事上の和解をしたケースもあります。

さらに、少年事件においては被害者が学生である場合も多く、学校などで被害者に非があったなどという一方的な風評が生じるなど、被害者が被害を受けた上に更につらい思いをすることがあります。弁護士としては、学校などにも積極的に働きかけ、被害者が更なる被害を受けない

よう行動する必要があります。学校に被害者アドバイザー、あるいは心理アドバイザーが派遣されることがありますので、十分連絡を取り合い、被害者等のために協力関係を築くことも必要です。

	事件記録の閲覧・謄写	意見の陳述	少年審判の傍聴	審判の状況の説明	審判結果等の通知
申出人	⑴被害者本人 ⑵被害者の法定代理人（親権者など） ⑶被害者が死亡・心身に重大な故障（病気やけが）がある場合は、被害者の配偶者、直系親族（被害者本人の親や子など）、兄弟姉妹				
必 要書類等	①申出人の身分証明書（運転免許証、パスポートなど） ②印鑑 ③弁護士が委任を受けた場合は、委任状 ※ 上記⑵や⑶の場合は、被害者本人との関係が分かるもの（戸籍謄本など）や被害者の診断書				
申 出手数料	収入印紙150円分（コピー代は別途必要です。）。ただし、審判不開始の場合は不要です。	不要			
申 出期 間	家庭裁判所に事件が送致されて以降				
	事件の終局決定後3年を経過するまでの期間（ただし、記録が残っている場合には、少年審判規則7条1項に基づき記録を保管している裁判所に請求できます。）	事件の最終処分が決まるまでの期間		事件の終局決定後3年を経過するまでの期間	

II 性犯罪

1 はじめに

　性犯罪といっても、明確な定義があるわけではなく、広い意味でいえば、セクハラも性犯罪と評価できますし、また、わいせつ目的の略取誘拐などは、間違いなく性犯罪に該当しますが、この項目では、特に、性犯罪の典型である強制わいせつ罪や強制性交等罪の被害者の対応を意識して記載しています。

2 性犯罪被害に特有の問題点

　性犯罪については、被害者自身が、その被害に遭ったということを恥ずかしいと感じてしまったり、また、周囲から好奇の目で見られるのではという不安もあるため、他の犯罪の被害者と異なり、性犯罪の被害に遭ったという事実を、家族や友人などの親しい存在にすら相談できずに、どうすればいいかわからないまま、一人だけで悩み、苦しみ続けるということがあります。

　また、被害者の精神的な被害が大きく、PTSDを生じることもあり、日常的に恐怖心にさいなまれ、学生であれば学校に行けなくなったり、社会人であれば働けなくなることもままあり、被害者の実生活への影響も甚大です。

　加えて、被害者が、捜査機関や弁護士に相談することができた場合であっても、「あなたにも隙があった。」などと心無い意見を言われたり、あたかも興味本位といえるような質問を投げかけられたりするなどして、二次被害が生じやすいという問題点もあります。

　このように、性犯罪に関しては、性犯罪特有の問題点があり、その対応について、特別な対処をすべき場合があるといえます。

　そして、特に重要なことは、「被害者のプライバシーの保護」という点で、また、多岐にわたる必要な支援を積極的に提供できることも重要といえます。

　そのため、次項以降、弁護士が行うべき対応や他機関との連携による支援についての説明などを行います。

> ### コラム9
> 　性犯罪については、誤った理解により、被害者に二次被害を生じるということが多々ありました。
> 　具体的にいえば、安易に、「本当に嫌だったのなら、もっと抵抗をしたはずだ。」、「大声を上げて、周りに助けを求めなかったのがおかしい。」、「夜、加害者を自宅に入れたり、加害者宅に入っているから、合意があったと考えられるし、少なくとも、被害者に落ち度があった。」などと考え、そのような発言を

するということがありました。

しかし、実際に被害に遭った場合、恐怖心で、抵抗をしたり、声を上げたりできないということが多く、また、性犯罪は、親族や友人による犯行も多いことから、仮に、相手を信頼して、夜、家に入れたとしても、それで性行為の合意をしたということになるわけではありません。

性犯罪については、長年、被害者の落ち度といえないような事情を、さも被害者側の問題であるかのような風潮がありましたが、それらの考えは、時代錯誤の誤った認識ですので、認識の改善が必要といえます。

3 相談に対する弁護士の対応

(1) 性犯罪の被害者が弁護士に相談に来る典型的なケースとその場合の対応

性犯罪の被害者が、直接弁護士個人に相談に来るというケースは少なく、まずは、捜査機関や行政機関、被害者を支援する団体などを介して、相談に来るというケースが考えられます。

このような場合においては、最初に、被害者の対応をした機関において、特有の支援やカウンセリングによるメンタルケア、生活の支援などを、既に開始していることもあるため、それらの機関と協力をしながら、被害者のトータル支援を進めていくということになります。

また、他の典型的なケースとして、弁護士会が行っている被害者のための法律相談や法テラスの精通弁護士紹介により、相談に来るということもあります。

その場合には、次項に記載するように、直接相談を受けた場合と同様に、法的なアドバイスだけでなく、協力をしてもらえる機関の紹介やそれぞれの機関によるサポートの連携なども考えなければなりません。

(2) 事件直後に直接相談を受けた場合

性犯罪の被害者は、なかなか相談に行けないということの方が多く、事件直後に、直接、個々の弁護士に相談を行うというケースは、少ないといえます。

ただし、いずれの事案においても、早期の対応が重要ということが

一般的にあり、特に、性犯罪においては、被害者の身体及び精神双方のケアや証拠の保全、生活支援などという様々な観点から、適切な対応を行うことが、非常に重要といえ、弁護士のみによる対応だけでは限界があることから、他の機関との連携が必要不可欠といえます。

　他の機関との主な連携について説明すると、以下のとおりです。

　①　警察との連携

　　　犯人の捜査を行ってもらうのはもちろん、被害者の安全のために、パトロールの強化や防犯グッズを貸してもらったり、また、被害者の特定の電話番号からの連絡に対し、迅速な対応をしてもらうことなどが可能です。

　　　また、捜査の必要（証拠の採取）に関連し、事件直後の治療費、避妊のためのピルの処方費用、性病検査の費用などが公費で支出されるということがあります。

　　　加えて、犯罪の発生場所が被害者宅であるような場合には、数日であるものの、ホテルなどの宿泊施設への避難の滞在費や、転居に要した引越業者への代金を、公費で支出してもらえることがあります。

　　　さらに、現在、警察官の中に、臨床心理士の資格を持っている人もいて、無料のカウンセリングを行ってくれるということもあります。

　　　ただし、公費の支出や無料のカウンセリングなどについては、まだ積極的に利用されていないところも多いので、被害者より委任を受けた弁護士が、積極的に警察官に掛け合うことが必要な場合も多いです。

　②　病院との連携

　　　特に、性犯罪被害者の対応を行っている病院があり、犯人を特定するDNAの採取をして、証拠の保全を行ってくれたり、また、避妊や性病の検査などを行ってくれます。

　　　さらに、それらの治療費については、被害者の負担とならないように、公費での支出といった対応をしてくれることもあります。

加えて、精神的なケアを行ってくれる病院もあります。

③　ワンストップ支援センターとの連携

　　ワンストップ支援センターは、性犯罪・性暴力被害者に、被害直後からの総合的な支援（産婦人科医療、相談・カウンセリング等の心理的支援、捜査関連の支援、法的支援等）を可能な限り1か所で提供することにより、被害者の心身の負担を軽減し、その健康の回復を図るとともに、警察への届出の促進・被害の潜在化防止を目的とするものです。

　　ワンストップ支援センターは、全ての都道府県に設置されており、全国共通の短縮電話番号「＃8891」に電話すると、発信場所から最寄りのワンストップ支援センターにつながります。各都道府県におけるワンストップ支援センターの名称、相談受付日時などは、内閣府のホームページに一覧があります（https://www.gender.go.jp/policy/no_violence/seibouryoku/consult.html）。

　　ワンストップ支援センターが行う活動は、地方の実情によって異なりますが、中核となる機能には、①支援のコーディネート・相談、②救急医療・継続的な医療・証拠採取などの産婦人科医療の2点が挙げられます。

④　支援団体との連携

　　カウンセリングを行ったり、捜査機関や刑事裁判など色々な場面における被害者の付添いなどのサポートを行ってもらえます。

　　また、他の機関との連携などにも協力をしてくれます。

⑤　行政機関との連携

　　具体的なサポートの内容は、各行政機関によって異なりますが、一時避難所の提供や転居費用などを援助してくれる行政機関もあります。

　実際に、支援をしてくれる機関やそれぞれの機関の支援内容については、変更されたり、地域によって異なったりしますので、弁護士としても、被害者の居住する地元の警察の被害者支援室や早期援助団体、

行政機関に確認をすることが最良の方法といえます。

　また、本書の「第9章　関係機関との連携」（240頁以下参照）において、支援団体等についての記載も行っておりますので、そちらの内容もご確認ください。

　なお、被害者としても、自らが性犯罪被害に遭ったという事実を伏せたいと考えることが一般的ですので、あくまで、被害者が希望した場合に限りますが、被害者の身近な家族や恋人に支えになってもらえるように、弁護士から家族らに対し「被害者は悪くない。」ということを説明することが有効な場合があります。

　また、被害者が学生で、一時的に通学ができなくなったような場合に、留年や退学にならないように、学校側とカリキュラムについての相談をするということなどもあります（ただし、いずれの場合も性犯罪被害に遭ったという事実が、決して広まらないように特に配慮して行う必要があります。）。

4　各段階ないし手続ごとにおける弁護士の対応

(1)　前提として

　それぞれの段階、手続ごとによって、やるべきことが完全に分かれるわけではなく、並行して行うべき場合も多々あることから、それを念頭に置いていただく必要がありますが、体系的な整理のため、段階ごと、また、手続ごとに分けて紹介します。

(2)　捜査段階において

　昨今、捜査機関においては、女性の性犯罪被害者の話を聴くための女性の警察官がいることが多く、二次被害が生じるおそれは、徐々に少なくなってはきています。

　ただし、やはり完全に二次被害がないわけではありません。

　性犯罪被害の場合、デートレイプといわれるような知り合いによる犯罪も多いですが、被害者が、加害者の自宅やホテルなどに一緒に行っている場合や、加害者を自宅に招き入れていたようなケースでは、性行為についても同意があったのではなどと安易に考えられてしまったり、また、性犯罪と捉えてもらえず、単なる男女間の痴情のもつれに

よるトラブルに過ぎないなどと誤解を受けるということがあります。

　また、一方で、証拠が少ない場合や、被害者が、事件直後に混乱し、精神的に不安定な状態になっていることなどもあって、説明が二転三転してしまっているような場合には、積極的な捜査がなされないということもあります。

　そのような場合に、弁護士が、被害者と共に捜査機関に行き、きちんと説明をすれば、上記のような二次被害を避けられる可能性が高く、また、事前に被害者と話をして、事実や状況をきちんと確認した上で、捜査機関への説明に臨めば、捜査がスムーズに進むということがあります。

　加えて、弁護士が、積極的に必要性を説明すれば、上記の連携で触れたような、被害者の安全に配慮した対応や公費の支出による対応がスムーズになされるということもあります。

(3)　**刑事裁判において**

　ア　裁判全般に共通する点として

　　①　被害者の情報の秘匿

　　　被害者の被害者特定事項秘匿の申出によりその旨の許可がなされると、公開の法廷において、被害者の氏名や、犯罪が行われた場所が被害者宅であるような場合に、住所が傍聴人に知られないように、被害者を「Aさん」などの匿名で述べるようにしたり、犯行地である住所を全て読まないという対応をとっています。

　　　ただし、起訴状においては、被害者の氏名や住所が明示されています。しかし、被告人に対し、被害者の氏名が明らかにされることにより、被害者等の名誉や社会生活が害されるようなおそれなどがあるような場合で、審理の対象の限定の観点からも、被告人側の刑事裁判における防御の観点からも問題がないような場合には、被害者の他の情報（性別、生年月日、年齢、身長や体重、事件時の服装、いずれかの親の氏名及び続柄など）により特定を行い、起訴状において、被害者の氏名を記載しないというケースも、わずかながら存在します。

　　　とはいえ、刑事裁判においては、被害者の氏名が記載されてい

ないことをもって、訴因の特定がなされていないとして、裁判所
から補正が命じられるケースもあり、福岡高裁宮崎支部において
同様の考え方がとられたことがあり、今後の検討を要する課題と
いえます。インターネットが発達した現在においては、名前を検
索にかければ、多くの個人情報を知ることができるという実情も
ありますし、刑事裁判手続上、被害者の氏名が必ずしも必要とは
いえないと考えられることから、被害者側の弁護士としては、積
極的に検察官に対し、名前以外で被害者を特定することを働きか
けてもよいと思います。

② 被害者の証人尋問

　性犯罪の事案で、被害者が、刑事裁判の法廷に呼ばれるという
とが多いわけではありませんが、当然、ないわけではありません。

　もし、証人として呼ばれた場合には、被害者のプライバシーを
どのように守るかということが重要になりますので、積極的に遮
蔽措置やビデオリンク方式を利用することを考えるべきです（遮
蔽措置やビデオリンク方式については、第2章Ⅵ2(2)イウ（25頁）
参照）。

　また、被害者としては、刑事裁判という特別な手続の証人とな
ることに、多大な精神的負担を負いますから、付添い制度などを
利用することもおすすめします。

③ 心情についての意見陳述

　被害者が意見陳述を行うに当たり、遮蔽措置やビデオリンク方
式で行うということもできます。

　また、法廷に行かずに、書面を提出するという方法もあり、そ
の場合、条文（刑訴法292条の2第8項）上、裁判長が朗読した
り、要旨を告げると規定されていますが、裁判官の訴訟指揮によ
り、検察官による代読や、被害者参加弁護士がいる場合には当該
弁護士による代読がなされることもあります。

④ 傍聴

　被害者自身が、傍聴する場合、例えば、起訴状に記載された年
恰好の女性が、被害者のほかには傍聴席にいないような場合には、

被害者が傍聴していると推知されてしまうこともあるため、ダミーとして、支援団体の同じ年恰好の女性の支援員に付添いをしてもらうことが可能ですし、また、同年配の女性の検察事務官に一緒に法廷に入ってもらったというケースもあります。もちろん、性犯罪被害者に限りませんが、傍聴席で遮蔽措置を講じてもらうこともできます。

　また、一般の被害者が裁判を傍聴しても、その内容は理解しづらいため、弁護士が裁判の傍聴に付き添うということもあります。

　一方、被害者が、加害者のいる法廷に自ら傍聴に行くことは望まなくても、刑事裁判の進捗は気になるということがあり、そのため、支援団体の支援員に自らの代わりに傍聴を依頼したり、また、弁護士に対し、自らの代わりに傍聴することを依頼するということもあります。

イ　裁判員裁判における対応について

　被害者特定事項の秘匿決定を得た事件では、裁判員等選任手続においても、裁判員等候補者に対し、これらを明らかにしてはならないことになりました。万一、明らかになっても、裁判員等候補者らは守秘義務を負います。さらに、審理に携わる裁判員や補充裁判員は、審理の過程で被害者情報に触れますが、守秘義務があります。ところで、被害者は、その近所に住む人や知り合いが裁判員等になった場合、守秘義務があるとはいえ、自分が性被害に遭ったこと自体を知られたくはありません。この被害者の願いをかなえるためには、次の手段があることを被害者に伝えましょう。すなわち、あらかじめ検察官に申し出て、公判担当検察官に開示された裁判員候補者名簿を確認させてもらいます。万一知り合いらしき人がいた場合には、選任手続で、検察官に、理由を示さない不選任の請求をして、その人を外してもらうなどの対応をとってもらいます。これは、検察官に早期に意思表示しておく必要があり、かつ、前記名簿の開示も選任手続の2日前なので、非常に限定された期間に被害者本人が活動しなければなりません。もちろん、検察官が被害者自身に名簿を確認させるのも、「正当な理由」のある裁判員等候補者の情報開示と

いうことになりますので、被害者自身にも、これを他に漏らさない注意が必要です。

　ウ　被害者参加について

　　被害者参加を実際に行った場合に、どのようなことができるかということについては、第3章I 2（33頁）をご確認ください。

　　性犯罪被害者の保護という観点からは、検察官請求証拠などの閲覧・謄写を行い、加害者側の情報を入手することが有効です。

　　なお、被害者本人であっても、検察官請求証拠の内容を確認することができますが、被害者参加弁護士が付いていたほうが、開示の範囲や謄写が認められやすいという事情もありますので、弁護士を付けることをおすすめしますし、経済的な制約があるのであれば、国選制度もありますので、その利用を検討すべきです。

　　ちなみに、被害者参加を行った場合でも、被害者は在廷しなければならない義務はなく、特に、性犯罪被害者の場合には、自らは在廷をせずに、被害者参加弁護士のみが在廷することも少なくありませんが、被害者参加弁護士が付いて入れば、法廷でどのような情報が表れたか知ることができ、また、被害者の氏名等がきちんと秘匿されているかどうかが確認できるので、被害者としては、安心できるという効果があります。

⑷　民事損害賠償手続において

　ア　示談交渉において

　　通常、被害者自らが示談交渉を行う場合には、示談によって、加害者の処分が軽くなるという事実もわからないまま、また、示談金の金額が適正かどうかわからないままに、加害者側の弁護人の述べることに従って、流されるままに示談をしてしまうということがあります。

　　また、性犯罪においては、別の問題として、被害者側が、積極的に示談による解決をしたいと考えていたとしても、通常、示談書への住所や名前の記載を求められ、それらを加害者に知られたくないために、示談ができないということがあります。

　　このような場合に、弁護士が付いていれば、被害者は、示談の効

果をきちんと聞いた上で、また、示談金額についての適否についての意見なども聞いた上で、正しい情報を基に、示談をするかどうかをきちんと考えることができます。

さらに、示談書への署名についても、代理人弁護士が行うのであれば、被害者の住所を記載しないのはもちろん、場合によっては、被害者の氏名を一切記載せずに示談を行うということもあります（加害者側としては、示談によって刑事処分が軽くなるという効果を得られるのであれば、被害者の氏名を知る必要は特になく、捜査機関と話をして、被害者の氏名が記載されていない示談書で話を進めるということを伝えておいて、被害者の氏名を記載しない示談書を取り交わすということがあります。ただし、この場合、一括で賠償金の受領をしているような場合はよいのですが、分割払いで、加害者の支払いが滞った場合に、示談書上、債権者が明らかとならず、立証が難しくなることもあるので、注意が必要です。）。

また、加害者の弁護人に働きかけて、弁護人が得た被害者の情報については、加害者に渡さないという約束を取り付けることも可能です。

加えて、性犯罪被害者側に弁護士が付いた場合の示談交渉において、昨今、以前より高額となり、適正な慰謝料額が認められるなどしてきていることから、適正な賠償額を得るという意味でも、弁護士が代理人となることには意味があります。

イ 訴訟による損害賠償請求において

被害者としては、加害者に損害賠償請求を行いたいと考えたとしても、通常、訴状には、原告としての住所を書かなければならず、加害者に住所を知られたくないために、訴えの提起を躊躇するということがあります。

ただし、原告が、性犯罪被害者の場合の損害賠償請求において、原告（被害者）が自らの住所を秘匿したいという場合、原告（被害者）の住所については、代理人弁護士の事務所の住所の記載でよいという扱いがなされています。

そのため、代理人弁護士を付けて、損害賠償請求事件を提起する

場合には、被害者は自らの住所を明らかにしないままに、訴えの提起を行うことができます。

　なお、その場合、原告（被害者）が記載する訴訟委任状の住所は、訴状と同じ代理人弁護士の事務所の住所で記載することになります。

　また、性犯罪の事件においては、被害者の情報を守るために万全を期するため、閲覧・謄写の制限の申立ても、提訴と同時に行うべきですが、閲覧・謄写の制限の対象となる記録については、特定する必要があると考えられていますので、提出書面等が増える都度に行う必要もあります。この点については、裁判所とコミュニケーションをとりながら、適切に行う必要があります。

ウ　損害賠償命令において

　この場合も、訴訟による損害賠償請求と同様、代理人弁護士を付ければ、損害賠償命令申立書の申立人の住所を、代理人弁護士の事務所の住所で記載できます。

　その場合、申立人（被害者）が記載する訴訟委任状の住所についても、代理人弁護士の事務所の住所を記載することになります。

　また、損害の立証についてですが、損害賠償命令の場合、事件によって、被害者がどのような状態となって、どのような被害を被ったかということなどについて、被害者の調書や心情の意見陳述などによって、ある程度明らかとなっており、性犯罪被害に遭った被害者が、しばらく働けなくなるということも一般的にあることですので、休業損害に関し、給与が振り込まれる通帳等のコピーや陳述書による補充を行えば、勤めている会社ないしその経理担当者による休業損害証明書などによらずとも、休業損害が適正に認定されるということがあります。

　この点、性犯罪被害の場合、被害者としては、会社の人には絶対に言いたくないということがあり、それを回避できるので、大きいメリットといえます。

エ　令和4年民事訴訟法改正の影響

　令和4年5月25日、民事訴訟法等の一部を改正する法律が公布されました。同法には、被害者の氏名・住所等の秘匿につき、裁判所

に申立てをし、決定を受けることで、相手方に対しても、氏名・住所等を秘匿して民事訴訟をすることができる制度が設けられました（改正民事訴訟法133条〜133条の4）。施行日は、「公布の日から起算して9月を超えない範囲内において政令で定める日」となっており、まだ確定的ではありませんが、施行後は本制度の利用も検討してください。

コラム10

　訴訟や損害賠償命令においては、以前から、犯罪被害者が自らの住所を、加害者に知られたくない場合に、代理人弁護士の事務所の住所を記載するという方法が認められており、訴訟や損害賠償命令を経ることで、当事者の同一性の確認もできるとして、住民票の住所と異なった住所であっても、債務名義としての執行も認められています。

　一方、公正証書に関していえば、執行のためには、債権者の住所は、住民票の住所できちんと記載されていなければなりませんが、性犯罪の事案や被害者が女性の事案の場合、被害者としては加害者に、自分の住所を知られたくないと考えるのは同じです。

　公証人に、被害者の住所を秘する必要性と、加害者側も示談を優先して、被害者が住所を秘することについて同意をしているという事情などを説明して、債権者（被害者）及び公証役場に保管される公正証書の住所は、被害者の住民票の住所を記載し、債務者（加害者）側に渡される公正証書については、被害者の住所を被害者側代理人の住所で記載し、いざ、執行ということになった場合には、債務者（加害者）側の公正証書の債権者（被害者）の住所が違うとして問題となった場合には、軽微な瑕疵として補正するという方法をとるということで対処するということになった事例があります。

　なお、その場合であっても、公証役場保管の公正証書については、通常、当事者である加害者が閲覧をすることは可能ですが、その閲覧を制限するべき事情（被害者の住所を秘匿すべき必要性と、加害者自身が、被害者の住所が知られないように閲覧を制限されることに同意していることなど）を記載した上申書を出して、閲覧制限もお願いしています。

5　まとめ

　性犯罪被害については、長年、被害者の落ち度などが過剰に言われたり、また、単なる恋愛類似のトラブルとして、軽んじた扱いがなされて

いたりと、被害者が泣き寝入りをしていることが多かったといえます。

しかし、それは明らかな間違いです。

性犯罪の影響やその被害が大きいという事実を正しく理解し、被害者のプライバシーの保護や、被害者の権利の回復のために少しでも資するように、弁護士として適切な活動を行い、多数の機関と連携をして、必要なサポートをスムーズに提供できるようにすることが重要です。

Ⅲ　ドメスティックバイオレンス（DV）

1　ドメスティックバイオレンスとは

ドメスティックバイオレンス（domestic violence、直訳すると「家庭内の暴力」。以下「DV」といいます。）とは、一般的には「配偶者や恋人など親密な関係にある、又はあった者から振るわれる暴力」とされています。ここでいう「暴力」には、身体的暴力のみならず、精神的暴力、性的暴力、経済的暴力、社会的暴力も含むと考えられていますが、定義は一義的ではありません。

2　DV案件の特殊性及び相談・受任時の注意点

⑴　被害者の身の安全確保

DVに関する相談が持ち込まれた場合、最も重要なことは、被害者の身の安全の確保です。弁護士は、被害者の現状を聞いた上で、被害者が相手方の暴力から一刻も早く逃れ、当面の生活の安全を確保できるようにするためにどうしたらいいのかについて的確な指示を出す必要があります。

なお、被害者が、相談を終え、とりあえず自宅等に戻る場合でも、弁護士に相談しに行ったことが加害者に分かると、被害者を窮地に追い込むことになりかねませんので、弁護士の名刺及びパンフレット等の扱い方、弁護士から被害者への連絡方法等について、入念にアドバイスする必要があります。

ア　避難場所の確保

　身の安全を確保するためには、家を出て身を隠すのが最も早道です。路頭に迷うことのないように、避難場所を確保する必要があります。

　実家や友人宅を頼ることも考えられますが、相手に場所を知られてしまう危険性が高いので、配偶者暴力相談支援センター等を経由して、公的シェルター・民間シェルターを利用するのが、安全かつ現実的であると思われます。

イ　家を出る際に持って行くべき物

　(ア)　当面の生活に必要な現金

　(イ)　実印・通帳・印鑑証明カード等

　(ウ)　パスポート

　(エ)　運転免許証

　(オ)　健康保険証・母子手帳等

　　※　加害者名義の健康保険証を病院で使用した場合、後に加害者に通知が行き、どこの病院に通院したか知れてしまうので注意を要します。

　(カ)　加害者の財産関係の資料の写し（通帳・給与明細や源泉徴収票・生命保険証券等）

　(キ)　年金手帳

ウ　住民票の移動について

　加害者に居場所を知られないようにするため、当面は住民票を移さないようにアドバイスするのがよいでしょう。

　なお、日常生活上どうしても住民票の移動が必要な場合は、最低限、住民基本台帳事務におけるDV等支援措置を住民票のある市区町村に申し出て、加害者からの住民基本台帳の一部の写しの閲覧、住民票の写し等の交付、戸籍の附票の写しの交付等を制限する措置を講じてもらうようにアドバイスすることが必要です。

エ　生活費支援

　(ア)　生活保護

　　離婚前であっても、離婚調停中・裁判中であることの報告書等の資料を添付すれば、生活保護を受給できる可能性があります。

　　　まずは、避難場所の近くの福祉事務所に相談してみることが肝心です。

　(イ)　児童手当・児童扶養手当

　　　DVが原因で住所を移した場合に、住民票を移動できないやむを得ない事情があるときは、現在住んでいる市区町村において、児童手当・児童扶養手当の申請を行える場合があります。

　(ウ)　医療機関の受診

　　　加害者名義の健康保険証で受診すると、加害者のもとに通知が行くため、どこの医療機関で受診したか知られてしまい、加害者がその医療機関に問い合わせて、被害者の居場所を探し出す危険があります。

　　　そこで、加害者名義の健康保険証を使用せずに診療を受ける手段をとることが考えられます。具体的には、婦人相談所（内閣府男女共同参画局のウェブサイトで検索可）が発行する配偶者からの暴力の被害を受けている旨の証明書や裁判所が発行する配偶者からの暴力の防止及び被害者の保護等に関する法律（以下「DV防止法」といいます。）10条に基づく保護命令に係る書類等を保険者に提示することによって、被害者は、被保険者たる加害者の被扶養者又は加害者の世帯に属する者から外れることができ、これにより、被害者自身が新たに健康保険に加入して診療を受けることができます。

　　　また、被害者が加入している医療保険の医療費通知が元の住所に届くことにより、加害者に受診した医療機関を知られてしまうおそれがあるような場合には、保険者に対して医療費通知の送付先の変更を依頼することも必要です。

(2)　**客観的事実に即した措置**

　　DVの被害者の中には、加害者であるはずの相手方をかばったり、特段の対策をとったりすることを望まない人もいます。加害者をかばうことは、被害に遭った人の特有の心理です。ひどい暴力を受けたあまり判断能力が低下してしまうこともあります。このような場合でも加害者の行為態様や被害者の受傷状況等の客観的事実に照らして、必

要であれば、DV防止法上の保護命令の申立て（後述 4 ⑷参照）等の
適切な措置を講じることが必要です。

⑶　**ストーカー対策との連動**

　　DVとストーカー行為には密接な関連性があり、DVと並行して、
又は保護命令（後述 4 ⑷参照）が発せられた後などに、加害者が被害
者につきまとったり、執拗に面会を求めたりする等のストーカー行為
を行う場合があります。DVの相談を受けた際には、DV行為対策だ
けでなくストーカー対策をとる必要がないかについても十分検討する
必要があります。

⑷　**共同受任**

　　DV案件を受任するときは、男女の共同受任が望ましいでしょう。
男性だけでは、加害者から嫉妬心の対象とされやすく、女性だけでは、
物理的攻撃の対象とされやすいからです。

⑸　**二次被害の防止**

　　DVは、特殊な問題ではなく、被害者や加害者の学歴、収入、年齢
を問わず発生します。また、被害者に特段の落ち度があるわけではあ
りません。このような前提を間違えると、せっかく勇気を振り絞って
相談に来た被害者に、弁護士の無理解からくる二次被害を与えるとと
もに、更なる孤立感を与え、ひいてはDV被害の拡大を生じさせるこ
とになりかねませんので、注意が必要です。

3　証拠の収集

⑴　**暴力についての証拠の保全**

　ア　暴力の日時・場所・内容・経緯などの、できるだけ詳しいメモの
　　作成

　イ　留守番電話のテープ・電話録音などの資料の準備・保存

　ウ　メールやSNSの書き込み等、デジタルデータの保存とプリント
　　アウト

　エ　受傷箇所の写真撮影

　オ　診断書の取得（場合によっては、弁護士から医療機関に事情を説
　　明します。DVに理解のある医師が必要とされる場合には、シェル

ターの事務局等に相談し、適切な医療機関を紹介してもらう方法も
考えられます。)

(2)　**警察等への相談**

保護命令の申立てに備えて、警察又は配偶者暴力相談支援センター
に相談します（DV防止法12条1項5号）。相談した日時や担当者を
記録しておきます。

4　対抗手段

以下の対抗手段をほぼ同時に実行するべく検討することが必要です。
実行するタイミングも被害者と相談の上、決めます。

(1)　**家を出て身を隠す**

被害の状況にもよりますが、加害者に居住先を知られないようにす
るために、公的シェルター・民間シェルター（「配偶者暴力相談支援
センター」で紹介を受けられます。) を利用して身を隠すことが望ま
しいことがあります。

【注意点】

①　加害者に居場所が分からないようにするため、シェルター等に移
転する際にも住民票を移動させないようにアドバイスする必要があ
ります。

②　生活保護・国民健康保険・学校・銀行等は、住民票を移さなくて
も手続可能であることを説明する必要があります。

③　どうしても住民票を移動させる必要がある場合は、各市町村にお
いて、被害者からの申出により、加害者による被害者の住民票の写
し・戸籍の附票等の交付請求を拒む支援措置を行っていますので、
最低限、同制度の利用を検討してください。

④　可能な限り、前述2(1)イ記載のものを持って避難するようにアド
バイスします。

(2)　**警察への事前相談・通報・駆け込み**

最寄りの警察に、何かあったら即座に対応してもらうよう、事前に
相談しておきます。また、被害者に対しては、相手方の行為が、暴行・
傷害・脅迫・住居侵入・不退去罪等の犯罪であることを説明し、何か

あった場合には躊躇なく110番通報するか、交番・警察署に駆け込む
ようにアドバイスします。

⑶　弁護士を通じた加害者への通知・警告

　配達証明付きの内容証明郵便で通知・警告することで、加害者を牽
制する効果があります。

⑷　保護命令の申立て

　被害者が家を出て身を隠すのと同時に、接近を禁止したり退去を命
じるDV防止法に基づく保護命令の申立ても検討すべきです。保護命
令の申立手続は簡易であり、DV相談を受けた場合には積極的に保護
命令制度を利用すべきです。ただし、保護命令の要件は、DV防止法
1条のDVの定義より狭くなっていることに注意します。

　ア　基本要件

　　㋐　被害者

　　　配偶者（事実婚も含む。）から身体的暴力又は生命等に対する
脅迫を受けた者。

　　㋑　加害者

　　　被害者の配偶者、又は婚姻関係当時に被害者に暴力を振るって
おり、離婚（又は婚姻取消）後に引き続き当該被害者に対して暴
力を振るう者。

　　㋒　発令される状況

　　　更なる暴力によりその生命又は身体に重大な危害を受けるおそ
れが大きいとき。

　イ　命令の種類

　　㋐　6か月間の接近禁止命令

　　　a　被害者本人への接近禁止命令（DV防止法10条1項1号）

　　　被害者の住居（ただし、加害者たる配偶者と共に生活の本拠
　　としている住居を除きます。）その他の場所におけるつきまと
　　い及び被害者が通常所在する場所（同住居、勤務先等）の付近
　　におけるはいかいの禁止です。

　b　子への接近禁止命令（DV防止法10条3項）

　　　被害者がその成年に達しない子と同居しているときであって、
　　配偶者が幼年の子を連れ戻すと疑うに足りる言動を行っている
　　こと等の事情があり、被害者がその同居している子に関して配
　　偶者と面会することを余儀なくされることを防止するため必要
　　があると認めるときは、裁判所は、被害者の申立てにより、a
　　の被害者本人への接近禁止命令と併せて、被害者の子への接近
　　禁止命令（配偶者と共に生活の本拠としている住居を除く子の
　　住居、学校その他の場所におけるつきまとい、及び、同住居や
　　学校その他子が通常所在する場所におけるはいかいを禁止する
　　命令）を発します（子が15歳以上であるときは、その同意が必
　　要です。）。

　c　被害者の親族への接近禁止命令（DV防止法10条4項）

　　　配偶者が被害者の親族等（被害者の親族その他被害者と社会
　　生活において密接な関係を有する者のうち、被害者と同居して
　　いる子及び配偶者と同居している者を除く者）の住居に押し掛
　　けて著しく粗野又は乱暴な言動を行っていること等の事情があ
　　り、被害者がその親族等に関して配偶者と面会することを余儀
　　なくされることを防止するため必要があると認めるときは、裁
　　判所は、被害者の申立てにより、aの被害者への接近禁止命令
　　と併せて、被害者の親族等への接近禁止命令（配偶者と共に生
　　活の本拠としている住居を除く親族等の住居その他の場所にお
　　けるつきまとい、及び、同住居や勤務先その他通常所在する場
　　所におけるはいかいを禁止する命令）を発します（当該親族等
　　の同意が必要です。）。

㈡　2か月間の退去命令（DV防止法10条1項2号）

　　被害者と共に生活の本拠としている住居からの退去及びその付

　近のはいかいの禁止です。

(ウ)　6か月間の電話等の禁止命令（DV防止法10条2項）

　　(ア)の接近禁止命令と併せて、被害者に対する以下に掲げるいずれの行為も禁止する命令を発するというものです。

a　面会を要求すること。

b　行動を監視していると思わせるような事項を告げ、又は被害者が知り得る状態に置くこと。

c　著しく粗野又は乱暴な言動をすること。

d　無言電話をかけること、又は緊急やむを得ない場合を除き、連続して電話をかけ、FAXの送信をし、若しくは電子メールを送信すること。

e　緊急やむを得ない場合を除き、午後10時から午前6時までの間に、電話をかけ、FAXの送信をし、又は電子メールを送信すること。

f　汚物・動物の死体等の著しく不快又は嫌悪の情を催させる物を送付し、又は被害者が知り得る状態に置くこと。

g　名誉を害する事項を告げ、又は被害者が知り得る状態に置くこと。

h　性的羞恥心を害する事項を告げ、若しくは被害者が知り得る状態に置き、又は性的羞恥心を害する文書・図画等を送付し、若しくは被害者が知り得る状態に置くこと。

ウ　申立て

(ア)　相談又は認証

　　申立てをするに当たって、被害者は、①警察若しくは配偶者暴力相談支援センターに相談に行くか、又は②公証役場で配偶者から暴力を受けたことを宣誓して認証を受ける必要があります（DV防止法12条1項5号、2項）。

(イ)　申立方法

　　一定の事項（DV防止法12条に列挙）を記載した申立書を、管轄裁判所に提出します。具体的には、添付の書式例（〈書式等〉書式21「配偶者暴力に関する保護命令申立書」）をご覧ください。

　　なお、裁判所のウェブサイトにも書式例があります。

(ウ)　管轄裁判所

　　原則は、相手方の住所を管轄する地方裁判所になります（DV防止法11条1項）。ただし、申立人の住所・居所や、暴力・脅迫が行われた地を管轄する地方裁判所に申し立てることもできます（DV防止法11条2項）。

(エ)　審理の方法

　　保護命令は原則として、口頭弁論又は相手方が立ち会うことができる審尋の期日を経て発せられます（DV防止法14条1項本文）。ただし、「その期日を経ることにより保護命令の申立ての目的を達することができない事情があるとき」、すなわち緊急に保護命令を発しないと被害者が危険な状況にある場合には、当該期日を経ることなく、保護命令を発することができます（DV防止法14条1項ただし書）。

　　なお、被害者の審尋期日は、電話審尋で裁判所が対応してくれることもあります。被害者保護のために必要と判断したときは、裁判所に電話審尋を積極的に働きかけてみましょう。

エ　保護命令の効果

　　保護命令が出されると、警察に命令の内容が通知されるため（DV防止法15条3項）、警察は、相手方が命令に従っているかの確認を行う等の対応をしてくれます。

　　また、申立書に申立人が配偶者暴力相談支援センターに相談などした旨の記載があるときには、当該配偶者暴力相談支援センターの長にも通知がなされます（DV防止法15条4項）。

　　さらに、相手方が保護命令に違反した場合には、1年以下の懲役又は100万円以下の罰金が科されます（DV防止法29条）。

　　なお、保護命令が発令された後も、つきまとい、はいかい等の行為が続く場合には、より重大な犯罪に発展する可能性もあります。後述「Ⅳ　ストーカー犯罪」（147頁以下）の記載を参考に、警察に対して住居付近のパトロールの強化等を求めたり、刑法上の犯罪に発展してしまった場合には告訴したりするなど、DV防止法以外の

手段も念頭に置く必要があります。

オ　再度の申立て

　　各保護命令に関しては、要件を満たせば再度の申立てを行うことも可能です（退去命令に関してDV防止法18条参照）。

カ　生活の本拠を共にする交際相手からの暴力及び被害者への準用

　㋐　概要

　　平成26年1月3日から、生活の本拠を共にする交際（婚姻関係における共同生活に類する共同生活を営んでいないものを除きます。）をする関係にある相手からの暴力（当該関係にある相手からの身体に対する暴力等をいい、当該関係にある相手からの身体に対する暴力等を受けた後にその者が当該関係を解消した場合は、当該関係にあった者から引き続き受ける身体に対する暴力等を含みます。）及び当該暴力を受けた被害者にも、DV防止法上の保護命令の規定等が準用されており、保護命令申立が可能です（DV防止法28条の2）。

　　保護命令の基本要件、命令の種類、管轄裁判所、申立ての方法と審理の方法、保護命令の効果等は、前述ア～オと同様です。

　㋑　「生活の本拠を共にする」の要件

　　保護命令の規定等が準用される「生活の本拠を共にする」場合とは、「被害者と加害者が生活の拠としている主たる住居を共にしている」場合を示すとされていますが、この要件が認められるか否かは、住民票上の住所によって形式的に定まるものではなく、基本的には共同生活の実態により外形的・客観的に判断されるとされています。なお、「婚姻関係における共同生活に類する共同生活を営んでいないものを除く」とされていることから、①ルームシェアなど専ら交友関係に基づく共同生活、②グループホーム、学生寮、社員寮などの福祉上、教育上、就業上等の理由による共同生活、③専ら血縁関係・親族関係に基づく共同生活などは除かれます。

5 その他

(1) 配偶者暴力相談支援センターへの相談

配偶者暴力相談支援センターでは、カウンセリング・一時保護・自立して生活することを促進するための情報提供・シェルターの利用についての情報提供等が受けられます。都道府県の設置する婦人相談所その他の適切な施設が、配偶者暴力相談支援センターの機能を果たしています。また、市町村も自らが設置する適切な施設において、配偶者暴力相談支援センターの機能を果たすよう努める義務を課されています。全国各地の配偶者暴力相談支援センターについては、内閣府男女共同参画局のウェブサイト（https://www.gender.go.jp/policy/no_violence/e-vaw/soudankikan/01.html）で参照するか、同局が開設している「DV相談ナビ」（＃8008、全国共通番号）に電話すれば、発信地等の情報から、最寄りの相談窓口に電話がつながります。

(2) 離婚事件における注意

配偶者暴力の加害者と被害者が戸籍上の婚姻関係にある場合、最終的には離婚が問題となることが少なくありません。

配偶者暴力における被害者側代理人として離婚調停や離婚訴訟を行う際には、以下のような点にも注意してください。

ア　裁判所提出書類における住所の記載

住民票上の住所地を被害者の住所とするなど、申立書や訴状において被害者の居所を明らかにしないように気をつけてください。

イ　年金分割のための情報通知書の記載

年金分割のための情報通知書には、申請後に郵送にて送付されるため、送付先の住所が通知書に記載されます。したがって、被害者の居所に情報通知書を送付してもらった場合、その情報通知書を裁判所に提出すると、被害者の居所が相手方である加害者側に知られてしまいます。

年金分割のための情報通知書を取得する場合は、送付先を代理人事務所とするなど、情報通知書に被害者の居所が記載されないよう注意が必要です。

ウ　離婚届の提出等における配慮

　　離婚の届出を被害者の居所の近くの役所に提出した場合、その役所が加害者の戸籍に記載されることになります。被害者において居住している自治体を加害者に知られることを望まない場合、離婚の届出をどこの役所にするかという点の配慮も必要となります。

　　その他にも、離婚後に被害者の住所地が加害者に知られることがないよう、配慮とアドバイスを行うことが重要です。

Ⅳ　ストーカー犯罪

1　ストーカー規制法の改正について

　ストーカー行為等の規制等に関する法律（以下「ストーカー規制法」といいます。）は、令和3年5月26日に改正法が公布されました。改正ストーカー規制法は、同年8月26日に一部が施行されました。

2　ストーカー行為とは

　ストーカー規制法2条によれば、「ストーカー行為」とは、

a　特定の者に対する恋愛感情その他の好意の感情又はそれが満たされなかったことに対する怨恨の感情を充足する目的で、

b　当該特定の者又はその配偶者、直系若しくは同居の親族その他当該特定の者と社会生活において密接な関係を有する者のいずれかを対象として、

c　同一の者に対し、「つきまとい等」又は「位置情報無承諾取得等」を反復してすること

をいいます。

　そして、cの「つきまとい等」とは、以下の行為をいいます。ただし、このうち①～④及び⑤のうち「電子メールの送信等」の行為については、身体の安全、住居等の平穏若しくは名誉が害され、又は行動の自由が著しく害される不安を覚えさせるような方法により行われる場合に限ります。

① つきまとい、待ち伏せ、進路に立ちふさがる、住居等（住居・勤務先・学校その他その現に所在する場所又は通常所在する場所をいいます。）の付近での見張り、住居等への押し掛け、又は住居等の付近をみだりにうろつくこと。

② 行動を監視していると思わせるような事項を告げ、又はその知り得る状態に置くこと。

③ 面会、交際その他の義務のないことを行うことの要求。

④ 著しく粗野又は乱暴な言動をすること。

⑤ 無言電話。拒否されているにもかかわらず連続して電話をかけ、文書を送付し、FAX送信又は電子メールの送信等をすること。

⑥ 汚物、動物の死体その他の著しく不快又は嫌悪の情を催させる物を送付し、又はその知り得る状態に置くこと。

⑦ 名誉を害する事項を告げ、又はその知り得る状態に置くこと。

⑧ 性的羞恥心を害する事項を告げること、又は、そうした文書・図画・CD－R等の電磁的記録に係る記録媒体その他の物を送付し、若しくは、その知り得る状態に置き、又は性的羞恥心を害する画像や動画を電子メール等で送信したり、インターネット上に掲載すること。

　⑤の「電子メールの送信等」は、Twitter、Facebook、LINEといったSNS形式で、第三者に閲覧させることに付随して特定の者に情報を伝える機能（いわゆるDM）を利用することが含まれます（ストーカー規制法2条2項2号）。

　また、「位置情報無承諾取得等」とは、次の行為のいずれかをいいます。

① 相手方の承諾を得ないで、GPS機器等により位置情報を取得すること。

② 相手方の承諾を得ないで、相手方の所持する物にGPS機器等を取り付けること。

3　ストーカー案件の特殊性及び相談・受任時の注意点

⑴　被害者及び関係者の安全の確保

　ストーキングは、恋愛感情やそれが満たされなかったことに対する

怨恨の感情等を募らせて理性的・常識的な抑制を失った加害者によって敢行され、往々にしてその内容がエスカレートし、重大事件となる場合もあります。

　また、ストーキングを始めた当初は、恋愛感情等を抱いた直接の相手方（被害者）を対象としていた場合であっても、被害者の家族や知人、現在の交際相手等の関係者に拡大していくことも少なくありません。ストーカーに関する相談を受けた場合には、被害者本人に対して上記の説明をして、安全確保のための方策を講じるよう注意を喚起するのはもちろんのこと、加害者の攻撃対象となる可能性がある関係者を把握した上、それらの関係者に対する注意喚起も必要です。

　最も安全なのは、シェルターなど加害者に知られていない場所に身を隠すことです。ストーカー規制法9条は、国・地方公共団体に対し、民間施設への滞在支援及び公的賃貸住宅の入居への配慮義務を定め、ストーカー規制法8条3項は、国・地方公共団体等に対し、被害者の個人情報の管理について、ストーカー行為等の防止のために必要な措置を講ずるよう努めなければならないと定めています。

　転居等が難しい場合であっても、戸締まりに気を付ける、一人で在宅や外出しないようにする、また、不必要な外出を控え、特に加害者と接触する可能性がある場所への外出を控えるなどの対策を助言します。

　それにとどまらず、早期に警察に相談や情報提供を行い、有事には即座に対応してもらえるよう警察内部の情報共有や関係方面への連絡を要請することも検討すべきでしょう。ストーカー規制法8条1項は、ストーカー行為等に係る相手方の保護、捜査、裁判等に職務上関係のある者に対し、安全確保・秘密の保持に配慮する義務を明記しています。

⑵　**被害状況の把握**

　ストーカーに関する相談を受けた場合、被害者の安全を早期に確保することが最も重要です。しかし、ストーカー規制法違反の罪で検挙するには、156頁のチャート図「ストーカー規制法に基づく対応の流れ」記載の手順を要するので、実際に検挙されるまでにはある程度時

間がかかります。

　そのため、被害者から、被害状況について詳細に聴取し、法定刑がより重い犯罪を含めてストーカー規制法以外に該当する犯罪がないか確認し、それらの犯罪について警察に相談して積極的に処罰を求めることも検討する必要があります。

(3)　DV対策との連動

　加害者が、被害者の配偶者、元配偶者、生活の本拠を共にする交際相手、またこのような交際相手であった者である場合には、DV案件として保護命令を申し立てることも検討する必要があります。

　平成31年3月29日付け警察庁通達「恋愛感情等のもつれに起因する暴力的事案への迅速かつ的確な対応の徹底について（通達）」では、ストーカー事案がDVの性質を持つ場合には、刑事部門と生活安全部門が連携するように定めていますので、警察に相談する際には、DV案件であることを明らかにするよう助言します。

4　証拠の収集

　ストーカー規制法に規定された警告、禁止命令等、又は同法若しくは他の法令に基づく処罰を求めるためには、以下に掲げるような方法その他適当な証拠を例示・助言・指導するなどして、被害者に、被害の状況を明らかにする証拠を集め、保存させる必要があります。

　被害者は、加害者に対する嫌悪感等から、加害者から送られてきた手紙や物品を手元に置いておきたくないという心理が働き、貴重な証拠となる資料を廃棄してしまうこともあり得ますので、的確な助言等が必要です。

① 　具体的被害状況についての日時・場所・行為態様・被害内容・経緯等の、できるだけ詳しいメモの作成（メモ作成の日時も記載）。

② 　手紙・メール・SNSを含むインターネットサイト上の投稿内容その他、相手方からの文書類の保存（メール等のデジタルデータはプリントアウトしておきます。）。

③ 　電話の着信記録の保存（着信記録は電話会社には保存されていないので、携帯電話の場合には着信記録を撮影し、自宅電話の場合にはナ

ンバーディスプレイに対応する装置が必要です。）。

④　相手からの電話の通話内容の録音又はメモ等（無言電話等）。

⑤　面会強要、つきまとい等の場合には、写真・ビデオ撮影等を考える。

⑥　相手から傷害を負わされた場合は、必ず医師の診断書を取得し、自分が受けた傷跡を写真撮影しておく。

⑦　相手によって散乱破壊された家具・食器等の写真撮影。

⑧　相手から送られてきた物等は保存し、保存が困難なものは写真・ビデオ撮影をする。

⑨　車でのストーキングの場合には、車両の写真撮影（日付・時刻の記録の残るものが望ましい。なお、撮影に当たっては、ナンバーが確認できるように気を付けることが必要です。）。

⑩　その他、これらの事実をノートなどに記録しておくことも有効。

⑪　加害者が誰か不明な場合には、氏名不詳のまま告訴することも考えられる。非通知電話は受けないようにし、相手の電話番号が判明した場合には、弁護士会に照会等を行う。

⑫　自動車などにGPS装置・車両追跡装置が密かに装着されている場合、プレゼントにGPS装置が密かに装着されている場合などがあるので、これを確認し、発見した場合には警察に通報する。

⑬　スマートフォンに、無断で位置情報取得アプリをインストールされていることに気づいた場合は、アプリを削除する前に、警察に通報する（スマートフォン自体の「位置情報サービス」を「オフ」にするか、スマートフォンの電源を切れば、相手から居場所を取得される状態は止まります。）。

5　対抗手段

　以下のとおりのストーカー規制法に基づく対抗手段や他の法令に基づく対抗手段につき、適宜、適切な手段を選択して、実行すべきものと考えられます。

　なお、先述の平成31年3月29日付け通達「恋愛感情等のもつれに起因する暴力的事案への迅速かつ的確な対応の徹底について（通達）」ではストーカーに関連して、警察に積極的に対応すべき義務があることや警

察署長への報告などを定めています。

(1)　ストーカー規制法に規定された措置

ア　警告

警視総監若しくは道府県警察本部長又は警察署長（以下「警察本部長等」といいます。）は、

① 警告を求める申出を受けた場合において、

② つきまとい等又は位置情報無承諾取得等に該当する行為により、「身体の安全、住居等の平穏若しくは名誉が害され、又は行動の自由が著しく害される不安を覚えさせ」るという同法3条違反行為があり、かつ、

③ 当該行為をした者が更に反復して当該行為をするおそれがあると認められるとき

は、更に反復して当該行為をしてはならない旨を警告することができます（同法4条1項）。

申出に当たっては、以上の要件が認定できる証拠を揃えることに留意が必要です。場合によっては、弁護士が証拠をとりまとめて警告申出書を記載することや、被害者とともに警察署に出向いて申出をすることを検討してください。

警告申出書の様式は、ストーカー行為等の規制等に関する法律施行規則（以下「施行規則」といいます。）1条、別記様式第1号で規定されています。

警告の申出は、最寄りの警察署か、警視庁（東京都）又は道府県警察本部の担当部署（警視庁であれば、ストーカー対策室）に相談して行います。

イ　禁止命令等

公安委員会による禁止命令等は、

① ストーカー規制法3条違反をなし、

② 更に当該行為を反復するおそれがあると認められるとき

申出または職権により、発令することができます（ストーカー規制法5条1項）。禁止命令等には通常加害者に対する事前の聴聞が必要です（ストーカー規制法5条2項）。しかし、緊急の場合は、申

出により、事前の聴聞なく禁止命令等をすることができ、更に身体の安全が害されることを防止するために緊急の必要性があるときは職権により発令することも可能です（ストーカー規制法5条3項）。なお、事前の聴聞なく、禁止命令等がなされた場合には、発令後15日以内の意見聴取が必要になります。

　禁止命令等の内容は、「更に反復して当該行為をしてはならないこと」及び「更に反復して当該行為が行われることを防止するために必要な事項」です。

ウ　援助

　ストーカー規制法7条は、警察本部長等が、ストーカー行為又は同法3条に違反する行為の被害者からの申出に応じて、被害を防止するための措置の教示その他の必要な援助を行うことを規定しています。

　援助申出書の様式については、施行規則14条、別記様式第10号で規定されています。

　例えば、施行規則15条に明記された被害防止交渉に関する助言、防犯ブザー等の貸出しなどに限らず「その他…適当と認める援助」を柔軟に受けられる可能性がありますので、詳細は、警察の担当者にご相談ください。

エ　罰則の適用

　ストーカー行為をした者には、1年以下の懲役又は100万円以下の罰金が科せられます（ストーカー規制法18条）。

　また、ストーカー規制法5条1項1号の禁止命令等に違反してストーカー行為をした者、ほかの禁止命令等に違反してつきまとい等又は位置情報無承諾取得等をすることによりストーカー行為をした者に対しては、2年以下の懲役又は200万円以下の罰金が科せられます（ストーカー規制法19条1項、2項）。

　そのほか、禁止命令等に違反した者に対しては、6月以下の懲役又は50万円以下の罰金が科せられます（ストーカー規制法20条）。これは、禁止命令等に反してもストーカー行為が成立しない場合、すなわち、ストーカー規制法2条1項1号から4号まで及び5号

（電子メールの送信等に限る。）の類型のつきまとい等を、身体の安全、住居等の平穏若しくは名誉が害され、又は行動の自由が著しく害される不安を覚えさせない方法で行った場合のみ成立します。

(2) **その他の法令に基づく罰則の適用**

ア　ストーキングと併せて、被害者又はその関係者に対し、種々の犯罪が行われていることがありますので、早期に事実関係を確認して、警察等に対し、捜査・処分を求めることが適当な場合があります。

　　例えば、相手から迷惑電話・無言電話が繰り返されることにつき、具体的な被害状況によっては、業務妨害罪（刑法233条・234条：3年以下の懲役又は50万円以下の罰金）の適用が可能な場合があり、そうした多数回の電話によりノイローゼになったという場合には傷害罪（刑法204条：15年以下の懲役又は50万円以下の罰金）が成立する場合があります。

　　その他、住居侵入罪（刑法130条：3年以下の懲役又は10万円以下の罰金）、信書開封罪（刑法133条：1年以下の懲役又は20万円以下の罰金）、名誉毀損罪（刑法230条：3年以下の懲役若しくは禁錮又は50万円以下の罰金）、器物損壊罪（刑法261条：3年以下の懲役又は30万円以下の罰金若しくは科料）その他の行為が認められる場合には、その犯罪の証拠を重点的に収集し、被害届の提出、告訴・告発をすることが考えられます。

イ　その他に、地元自治体の公衆に著しく迷惑をかける暴力的不良行為等の防止に関する条例（いわゆる迷惑防止条例）のつきまとい行為等の禁止に係る罰則の適用（懲役刑又は罰金刑）が定められている場合があります。

(3) **民事手続の利用**

　　一定の犯罪が成立すると思われるものの、人間関係等を考慮して刑事手続を利用しづらい場合や、犯罪の成立が疑わしく、又は警察に捜査を要請するに足りる証拠が収集できない場合、すなわち、例えば、付き合っていた相手と別れた後に、その相手から迷惑電話が繰り返されているが、その頻度はそう多くはなく、かつ、その内容がストーカー規制法やその他の犯罪に該当しないような場合は、仮処分の申立てを

行ったり、民事調停を申し立てて、調停手続の場で話合いによる解決を求めることが考えられます。

ア　面会要求の禁止、電話・FAX・電子メール等による連絡の禁止、接近禁止等の仮処分申立て（民事保全法23条1項）

イ　損害賠償請求訴訟の提起（民法709条）

ウ　民事調停の申立て（行為禁止や損害賠償等の請求を申し立てることが考えられます。）

⑷　弁護士名の警告書の送付

加害者に対し、弁護士名で内容証明郵便による警告書を送付することが有効である場合もあると考えられます。警告の内容としては、ストーカー規制法の対抗手段を用いることができる要件の充足が必ずしも明らかではないなどの理由から、「法的手段を講じることとなります。」という抽象的な形で記述する場合もあれば、具体的に、ストーカー規制法による措置を含めて記述する場合もあると思われます。

なお、弁護士名で警告書を発する場合には、弁護士自身やその所属事務所に対する業務妨害がなされるおそれもありますので、そうした場合に備えて、事務員等に対処措置を準備させておくことが相当です。

【ストーカー規制法に基づく対応の流れ】

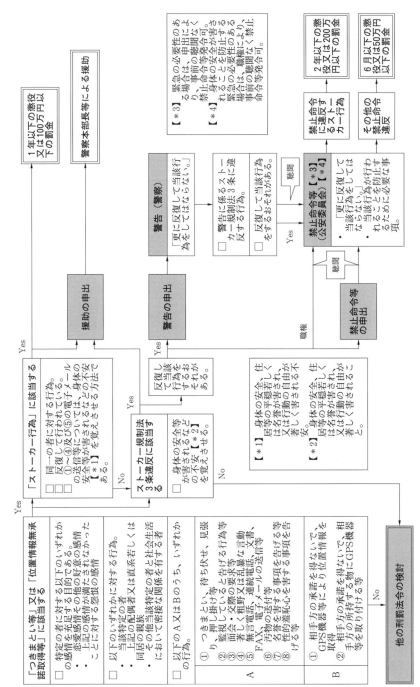

Ⅴ　インターネット犯罪等

1　はじめに

　昨今、インターネットの爆発的な普及により、インターネットによる
又はインターネットを介した犯罪（以下「インターネット犯罪」といい
ます。）が続発し、その対策は緊急の課題になっていますが、「インター
ネット犯罪」という言葉は多義的な意味を有しているものであって、い
くつかの犯罪類型に分けることができます。

　第一に、ブログや匿名掲示板等における、わいせつ画像等の貼り付け
（いわゆるリベンジポルノを含む。）、誹謗・中傷又は個人情報流出等に
よる名誉毀損や脅迫（恐喝）等、インターネットでの表現自体が何らか
の犯罪構成要件に該当する犯罪類型が挙げられます。

　第二に、ウイルスソフトの頒布や他人のID・パスワードを不正に使
用するなど、インターネットやコンピュータの不正な使用自体について、
固有の処罰規定がおかれている犯罪類型があります。

　そして第三に、電子メール等による嫌がらせ・脅迫、オークションサ
イトなどによる詐欺、いわゆる出会い系サイトによる性犯罪、闇サイト
で知り合った共犯による強盗等の、インターネットを道具として利用す
る犯罪類型が考えられます。

　第一の犯罪類型については、インターネット特有の①匿名性、②複製
容易性、③広域伝搬性などの特徴があるため、インターネット犯罪とし
てその対策などを議論する必要性があります。また、第二の類型につい
ては、それぞれの行為を規制している特別法について理解しておく必要
があるでしょう。これに対して第三の類型は、インターネットを道具と
して利用していることを除けば、従来からあるそれぞれの犯罪と変わり
はありませんが、証拠の保全などで他の類型における対策が有用である
こともあります。

　このような点を踏まえて、本章では、インターネット犯罪特有の問題
とその対応について取り上げることとします。

2 インターネット犯罪等に対する対策

⑴ 警察への通報

　いずれの犯罪類型に該当するにしても、第一に検討すべきことは警察への連絡です。後述するように、民事的に侵害情報の発信者をつきとめることは法制度上限界がある場合があり、長期間にわたることも多いのですが、刑事的に違法情報の発信者をつきとめることは、警察庁及び警視庁又は道府県警察本部が力を入れていますので、比較的短期間で可能な場合があります。警察の相談窓口としては、警察庁のウェブサイト（https://www.npa.go.jp/cyber/soudan.html）に警視庁及び道府県警察本部の窓口が掲記されています。

⑵ わいせつ・児童ポルノ関係

　わいせつ・児童ポルノに該当する画像データ等をインターネット上に公開する行為は刑法175条、児童買春、児童ポルノに係る行為等の規制及び処罰並びに児童の保護等に関する法律7条などに該当する違法行為ですので、インターネットの掲示板等に掲載されるなどの被害を受けたら、直ちに警察に相談してください。

　わいせつ・児童ポルノ関係の被害を受けた場合には、法務省の人権擁護機関である法務局の相談窓口に相談することも考えられます。

　また、わいせつ・児童ポルノ関係の情報は、すぐに削除される場合も多いので、証拠保全を速やか、かつ、確実に行うことが特に重要となります（インターネット上の情報についての証拠化については、コラム10参照）。

⑶ 名誉毀損・信用毀損等

　名誉毀損・信用毀損等についても、インターネットを通じた当該情報の流布行為等が、それぞれ犯罪構成要件に該当することになります（刑法230条、231条、233条）。この犯罪類型は、ネット犯罪で最も多く、かつ、最も問題となる類型といえるでしょう。

　なお、深刻化するインターネット上の誹謗中傷の対策を強化するため、侮辱罪（刑法231条）の法定刑を、従来の「拘留又は科料」から「1年以下の懲役若しくは禁錮若しくは30万円以下の罰金又は拘留若

しくは科料」に改める改正が、令和4年6月17日に公布・同年7月7日に施行されました。当該法改正により、侮辱罪の公訴時効は、従来の1年から3年に延長されたため、被害救済の機会が広がることが期待されます（刑訴法250条2項6号、7号）。

　インターネット上のブログ掲示板等に誹謗・中傷情報が掲載されるなどの被害を受けたら、前述(2)と同様に、直ちに警察に相談することが考えられます。個人に関する名誉毀損については前述(2)と同様、法務局の相談窓口に相談することも、有用な手段です。

　わいせつ・児童ポルノ関係の情報と異なり、名誉毀損・信用毀損等の情報はすぐに削除される場合は少ないと思われますが、逆に、文字情報が中心であるため、容易に複製された上、情報の拡散が生じてしまい、加害者が検挙されても名誉毀損・信用毀損等の情報がインターネット上に残ってしまうことがあります。この点が、この犯罪類型をインターネット犯罪の中でも代表格たらしめている理由です。

　情報の拡散が生じた場合、二次的に情報が掲載されたインターネットの掲示板等についても二次的投稿者や管理者等が別途検挙される可能性はありますが、現実には困難であり、何より拡散した情報の全てを掌握、また削除することは極めて困難です。したがって、名誉毀損・信用毀損等の情報が掲記されたことが判明したら、直ちに警察に通報するか、後述の対処方法に従い、速やかな措置をとることが必要です。

　なお、情報がいたずらに拡散してしまう状況を防ぐため、インターネットの検索サイトで自分の名前や自社名等を入力し、いかなる情報が検索されるかを定期的に監視しておくことが一つの対策として考えられ、現実に実行している企業も多いようです。

⑷　**プライバシー侵害**

　名誉毀損と並んでインターネットにおける大きな問題となっているのがプライバシー侵害です。プライバシー侵害行為については、行為の態様としては前記(3)に類似しますが、刑事責任という観点からはこれを直接禁止する規定がないため、名誉毀損等に該当しない場合には警察の対応が期待できないという点に困難さがあります。

　そのため、後述するような発信者情報開示請求及び削除請求を行う

ことが唯一の対抗手段ということになります。

⑸ **犯行予告・危害予告**

　この犯罪類型は、金融不況や特定の重大犯罪の発生などの世相を反映したものといえ、近時顕在化した新しい犯罪類型です。具体的には、インターネット上の掲示板等に、「誰々を殺害する」「どこどこの施設を爆破する」と書き込む類いのものです。

　企業に対する犯行予告については、同種事案の多発を受け、業務妨害（刑法233条後段、234条）として警察が迅速に対応してくれることが多いため、警察に通報することで予告のみにとどまらず現実に加害行為が企図されていた場合であっても、結果発生を未然に防ぐことにつながります。

　これに対し、個人やその所有物・ペット等に対する危害予告については脅迫（刑法222条）に該当しますが、警察の初期対応は捗々しくないことが多いです。しかし、ストーカー等の事案と関連・発展することが多く見受けられ、現実の危険が発生する危険性としてはむしろこちらの方が高いといえますので、警察に相談する際には現実の加害の危険を裏付けるような事情があることを説明するなどして、緊急の対応を求めるべきです。

3　民事的救済

　インターネット上に書き込まれた投稿記事等により被害を被った場合には、最終的に不法行為に基づく損害賠償請求により損害の回復を図ることになりますが、その際に最大の問題となるのが当該投稿記事を書き込んだ発信者の匿名性です。そこで、特定電気通信役務提供者の損害賠償責任の制限及び発信者情報の開示に関する法律（以下「プロバイダ責任制限法」といいます。）等に基づく開示請求を駆使して、発信者の特定を行う必要があります。

　また、これと並行して、プライバシー侵害や名誉毀損等に該当する情報（以下「侵害情報」といいます。）については、それ以上の情報拡散を防ぐために、ウェブサイトの管理者に対して削除請求を行う必要があります。

⑴　**発信者の特定**

　以下、典型的な例として、発信者Ａが自身の契約するプロバイダＢのインターネット接続サービスを利用して、Ｃが管理するインターネット掲示板に違法情報を書き込んだ場合を想定して、Ａを特定するために必要な手順を見てみます。なお、Ｂのように発信者のようなインターネット利用者に対しインターネットに接続するサービスを提供する事業者をいわゆる「経由プロバイダ」といい、Ｃのようなインターネット掲示板の管理者（サーバー管理者も含む。）を「コンテンツプロバイダ」といいます。事案によっては、コンテンツプロバイダと経由プロバイダとの間に、さらに経由プロバイダが介在している場合もあります（このような場合については、八木一洋＝関述之編『民事保全の実務（第３版増補版）（上）』（金融財政事情研究会）360頁以下参照）。

ア　管理者情報の取得

　　インターネット上で侵害情報を発見しても、その時点でこちら側が分かっているのは、そのウェブサイトのURLだけであることが通常です。そこでまず、当該侵害情報が掲載されたウェブサイトの管理者情報を調査することになります（ウェブサイトの「運営会社」や「会社概要」といったリンク先において、当該ウェブサイトの管理者情報が明記されていることがあります。）。

　　当該ウェブサイト等において管理者が明記されている場合には、まず当該管理者に対し発信者情報開示請求をすることが考えられます。

　　ウェブサイト等において管理者が明記されていない場合には、ドメイン名の登録者を調査することになります。具体的には、当該違法情報が掲載されているページのURLからドメイン部分（URLからhttp://又はhttps://を取り除き、残りの部分の先頭から１つ目の「/」までの部分）を抜き出し、これをWHOISと呼ばれるインターネット上のドメイン情報検索サービスに入力すると、当該ドメイン名の登録者であるＣの情報（名称、所在地、連絡先等）を取得することができます。

　　WHOISのサイトは複数存在しますが、代表的なものは以下のと

おりです（なお、③はトップレベルドメインが「.jp」のもののみを対象としています。）。

①　https://www.aguse.jp/（アグスネット株式会社によるもの）

②　https://ja.asuka.io/whois（合資会社アスカネットワークサービスによるもの）

③　https://whois.jprs.jp/（株式会社日本レジストリサービスによるもの）

　ただし、このような調査を行っても、ドメイン名登録者が匿名化されていたり、ドメイン取得代行業者に関する情報しか表示されないこともあります。この場合には、併せて表示されるサーバーの管理者に対して、請求を行っていくことになります。

イ　発信者情報開示請求

　管理者情報が得られれば、次はコンテンツプロバイダであるCに対して、当該侵害情報に関する発信者情報を明らかにするよう求めることになります。ただし、通常、コンテンツプロバイダであるCは侵害情報を投稿した発信者Aの氏名、住所等の情報は保有しておらず、ここでいう発信者情報とは「侵害情報を送信してきたサーバー」の情報（IPアドレス等、タイムスタンプ）になります。なお、令和3年4月28日公布のプロバイダ責任制限法の改正により発信者情報の範囲が見直されました（後記3⑸ア⒤）。

㋐　任意の開示請求

　Cに対して、プロバイダ責任制限法5条1項に基づく発信者情報の開示を求める通知書を送付して任意の開示を請求します。この際に使用する開示を求める通知書については、一般社団法人テレコムサービス協会作成による下記ガイドラインに掲載されている「書式①　発信者情報開示請求標準書式」を使用することをおすすめします（なお、当該書式には、発信者情報開示請求をするに当たり説明すべき事項（侵害情報の内容、必要資料等）に関する説明も併せて記載されています。）。

「プロバイダ責任制限法発信者情報開示関係ガイドライン」
https://www.telesa.or.jp/vc-files/consortium/provider_hg
uideline_20220831.pdf

　また、任意開示請求を行うに当たっては、仮に開示に応じない場合でも、当該情報については保存しておいてもらいたい旨の通知も併せて行うべきです。これは、ネットワークサーバーのアクセスログについては数か月程度しか保存されない設定であることが多いため、任意の開示を受けられずにその後保全手続を経て開示の仮処分を得たが、その時点では既に発信者情報を含むアクセスログは消去されてしまっていたということを防ぐためです。通常のプロバイダであれば、このような請求があれば対象となる発信者情報を保存する対応をとる事業者が多いのですが、一部のプロバイダは、このような裁判外の請求では発信者情報の保存に応じない場合があります。この場合は、発信者情報消去禁止仮処分を申し立てる必要があります。

　なお、掲示板の中には、5ちゃんねる（5 ch.net）のように、任意の発信者情報開示請求がされると当該請求内容を一般公開する掲示板もあり、任意請求を行うことがかえって侵害情報の拡散を招く場合もあるので、注意が必要です。このような掲示板については、最初から仮処分等の手続をとる必要があります（削除請求の場合も同様です。）。

(イ)　発信者情報開示の仮処分

　通知書を送付したことにより管理者が権利侵害の明白性があると判断できる場合には、任意の開示に応じることになります。しかし、例えば名誉毀損を理由とする発信者情報開示請求の場合のように、第三者である管理者にとって対象となる投稿記事の内容が真実であるかどうか判断できないようなケースが多いことから、権利侵害の明白性があるという判断ができないといった理由で任意の開示には応じないことの方が多いです（プロバイダは、誤って発信者情報を開示してしまうと、発信者から損害賠償請求を受ける立場にあります。）。

　そこで、Cが当該発信者の情報の開示請求に任意に応じない場合には、次の手段として、プロバイダ責任制限法5条1項に基づき、Cの所在地を管轄する地方裁判所に対して、当該管理者が保有する発信者情報の開示の仮処分の申立てを行います（なお、申立てに係る必要資料等については、八木一洋＝関述之編『民事保全の実務（第3版増補版）（上）』（金融財政事情研究会）362頁以下参照）。

　開示の仮処分は満足的仮処分となることから、特に保全の必要性が問題となりますが、Cから開示されるであろう発信者情報とは、Cのサーバーに情報を送ってきたサーバーを特定する情報（経由プロバイダであるBを特定するための情報）に過ぎないことが通常です。そして、このような特定を行うために必要な情報（IPアドレス、タイムスタンプなどのアクセスログ）の保存期間は、プロバイダによりますが、2週間から3か月であることが多いといわれています。そのため、発信者情報開示請求の本案判決の結果を待っていても、その間にアクセスログの保存期間が経過しIPアドレス等の情報が失われているおそれがあります。そこで、このような事情を保全の必要性として主張及び疎明することで、実務上、IPアドレスとタイムスタンプの開示請求について、保全の必要性があるものと認められています。

　もちろん、保全手続ではなく発信者情報開示の本案訴訟を提起することも考えられますが、IPアドレスとタイムスタンプの開示については仮処分決定で認められる以上、保全手続を選択するのが相当と思われます（また、携帯電話端末等からのインターネット接続サービス利用者符号（特定電気通信役務提供者の損害賠償責任の制限及び発信者情報の開示に関する法律施行規則2条6号）やSIMカード識別番号のうち携帯電話端末等からのインターネット接続サービスにより送信されたもの（同施行規則2条7号）についても、仮処分による開示が認められると解されています。）。なお、発信者の氏名又は名称、住所、電話番号及びEメールアドレスの開示請求については、一度開示すると取戻しが効かないこ

とや、消去禁止の仮処分により情報の消失を回避できるといった
理由から、原則として、仮処分による開示は認められていません。

ウ　契約者情報開示請求

このようにして、IPアドレスを取得したら、当該IPアドレスについて再度前記３(1)アのWHOIS検索を行うことで、Aが利用していた経由プロバイダBを特定します。その上で、今度はBに対して、Bの顧客でもある発信者Aの情報の開示を求めていくことになります。

(ア)　任意の開示請求

Bに対して、前記３(1)イ(ア)と同様に、プロバイダ責任制限法５条１項に基づき発信者情報の開示を求める通知書を送付して任意の開示を請求します。この場合でも、開示請求をするに当たり、一般社団法人テレコムサービス協会の書式を使用することをおすすめします。開示に応じない場合でもアクセスログを保存しておいてもらいたい旨記載することについても同様です。

(イ)　開示請求の本案訴訟と発信者情報の保存の仮処分

経由プロバイダについてもやはり任意に開示するケースは少なく、開示を拒否された場合には、Bに対してプロバイダ責任制限法５条１項に基づき発信者情報開示請求の本案訴訟を提起することになります。

この段階では本案訴訟による必要があり、前記３(1)イ(イ)のとおり、開示の仮処分は認められないとするのが実務上の取扱いです。

ただし、本案訴訟を行っている最中にBのサーバーのアクセスログが削除されてしまうとやはり発信者の特定が不可能になってしまいますから、Bがアクセスログを保存している確証が得られないときは、本案訴訟と併せて発信者情報消去禁止の仮処分の申立てもする必要があります。

(2)　**侵害情報の削除請求**

ア　任意の削除請求

発信者情報開示請求と並行して、これ以上の情報の拡散を防ぐために、当該侵害情報の削除を求めていく必要があります。発信者が

削除義務を負うことは当然ですが、特定が困難であることは前述の
とおりであり、実務では当該侵害情報が投稿されたウェブサイトの
管理者に対する削除請求も認められていることから、こちらを対象
にすることがほとんどです。

　比較的規模の大きい掲示板等においては、独自に掲示板上に書き
込まれた侵害情報の迷惑情報の通報窓口を用意し、削除ルールを定
めている場合も多いと思われます。そのような場合、まずは当該ルー
ルに基づく削除請求を行うことも一つの選択肢といえます（ただし、
5ちゃんねる（5ch.net）のように、任意請求すべきではない掲示
板もある点は、前記3⑴イ㋐のとおりです。）。

　そのような窓口がない場合には、前記3⑴ア（161頁参照）と同
様に当該侵害情報が掲載されているウェブサイトの管理者情報を取
得し、当該管理者に対して、送信防止措置を請求する旨の通知書を
送付します。削除請求についても、発信者情報開示請求の場合と同
じく、一般社団法人テレコムサービス協会作成による下記ガイドラ
インの「書式①－1　侵害情報の通知書兼送信防止措置依頼書（名
誉毀損・プライバシー）」が用意されていますので、当該書式を利
用することが有用です。

　平成26年、いわゆるリベンジポルノ等による被害の発生及び拡大
を防止すべく、私事性的画像記録の提供等による被害の防止に関す
る法律が成立・施行されました。同法4条ではプロバイダ責任制限
法の特例が定められており、侵害情報が私事性的画像記録（リベン
ジポルノ）に該当する場合には、下記ガイドラインの「書式①－3
私事性的画像侵害情報の通知書兼送信防止措置依頼書」を利用す
るのがよいでしょう。

　また、令和4年6月22日、アダルトビデオへ出演したことによる
被害の防止及び被害者の救済を目的として、性をめぐる個人の尊厳
が重んぜられる社会の形成に資するために性行為映像制作物への出
演に係る被害の防止を図り及び出演者の救済に資するための出演契
約等に関する特則等に関する法律（いわゆるAV新法）が成立し、
同年6月23日から施行されました。同法16条でもプロバイダ責任制

限法の特例が定められており、侵害情報が性行為映像制作物（アダルトビデオ）に該当する場合には、下記ガイドラインの「書式①－4　性行為映像制作物侵害情報の通知書兼送信防止措置依頼書」を利用するのがよいでしょう。

　なお、下記ガイドライン38頁において、侵害情報が、「私事性的画像記録」（私事性的画像記録の提供等による被害の防止に関する法律2条1項）、又は「性行為映像制作物」（性をめぐる個人の尊厳が重んぜられる社会の形成に資するために性行為映像制作物への出演に係る被害の防止を図り及び出演者の救済に資するための出演契約等に関する特則等に関する法律2条2号）に該当する場合には、原則としてプロバイダ責任制限法3条2項1号に該当し削除できるという見解が表明されていることから、各プロバイダは、当該ガイドラインの見解に従い迅速かつ適切な対応をとることが望まれます。

　令和4年6月に公表された下記ガイドライン第6版では、弁護士を代理人として送信防止措置を依頼した場合であっても、本人性を証明できる資料（運転免許証やパスポートの写し、登記事項証明書の原本）の添付が原則必要であると明記されています。そのため、遅くとも受任段階までに、本人性を証明できる資料をあらかじめ取得しておきましょう。

　　「プロバイダ責任制限法名誉毀損・プライバシー関係ガイドライン」

https://www.telesa.or.jp/vc-files/consortium/provider_mguideline_20220624.pdf

　削除請求の場合についても、常にコンテンツプロバイダが任意に対応できるとは限らない点は、開示請求の場合と同様です。

イ　送信防止措置の仮処分及び本案訴訟

　　もっとも、発信された情報が違法かどうかの判別が困難である場合等、管理者が情報の削除に応じない場合もあります。そのような場合には、人格権としての名誉権に基づく妨害排除請求として、当該管理者に対して、当該侵害情報の削除を求める仮処分を申し立てることになります（なお、申立てに係る必要資料等については、八

木一洋＝関述之編『民事保全の実務（第3版増補版）（上）』（金融財政事情研究会）362頁以下参照）。

(3) **仮処分決定における担保金の金額について**

発信者情報開示の仮処分や削除の仮処分を求める場合、仮処分決定に当たり担保金が必要となります。担保金の金額については、保全部である東京地裁民事第9部の運用においては、おおむね以下の金額であることが多いです。ただし、対象となる投稿記事の数が多い場合には、下記担保金額よりも高額になることがあります。

発信者情報開示仮処分　　10万円〜30万円

発信者情報消去禁止仮処分　　10万円〜30万円

投稿記事削除仮処分　　30万円〜50万円

コラム11

ウェブサイトの証拠化について

仮処分等の手続に当たっては、侵害情報がパソコンやスマートフォンの画面上に表示され、インターネット上に公開されていたことの証拠が必要となります。侵害情報を含むウェブサイトを証拠化する方法としては、以下のようなものが考えられます。

① 　当該ウェブサイトを印刷（プリントアウト）する

② 　スクリーンショット（キャプチャ）により画像を保存する

③ 　当該ウェブサイトをPDFデータで保存する

このうち、②については、例えば、Altキー＋PrintScreen（PrtSc）キーやFnキー＋PrintScreen（PrtSc）キー（パソコンにより操作方法が異なります）により画面上の表示をコピーし、ペイントソフトに当該コピーを貼り付けるなどして、ファイルとして保存することができます。

また、③については、対象のURLや保存日時、ウェブサイト全体を保存できる場合が多く、特におすすめの方法です。ウェブサイトをPDFで保存する方法は、機種によって異なります。(1)PC上のインターネットブラウザの場合、①ウェブサイトの印刷と同様、印刷タブをクリックした後、プリンターを選択する場面で「PDF」での保存をクリックする方法が一般的です。(2)iMac、iPhone、iPadの場合は、「Safari」を通じて該当のウェブサイトにアクセスし、画面下部中央の「共有」アイコンをタップし、「オプション」の内「PDF」をタップした上で、「ファイルに保存」を選択する方法が一般的です。(3)Android

の場合は、インターネットブラウザアプリである「Chrome」アプリを通じて該当のウェブサイトにアクセスし、画面右上の「(…) 三点リーダー」、「共有」をタップの上、「共有方法」の内「印刷」を選択し、「PDF形式で保存」を選択する方法が一般的です。

　①〜③いずれについても、このような証拠化を行うに当たり重要なのは、侵害情報とその前後の部分が証拠化されていることと、URLが全て表示されていること、の２点です。特にURLについては、URL表記がないことを理由に証拠として採用されなかった例があることに加え（知財高判平成22年6月29日平成22年（行ケ）第10082号）、URLが全て表示されていないとプロバイダが侵害情報のアクセスログを特定することができない場合もありますので、注意が必要です。

(4)　プロバイダが外国法人である場合

　ア　管轄

　　(ア)　発信者情報開示請求及び発信者情報消去禁止請求について

　　　a　国際裁判管轄について

　　　　昨今において、外国法人によるインターネットサービスは増加の一途をたどっています。それに伴い、外国法人が運営するウェブサイトにおける投稿記事が問題となるケースも増加しています。

　　　　このような外国法人に対して発信者情報開示請求や発信者情報消去禁止請求を行う場合、国際裁判管轄をどのように考えるかが問題となります。

　　　　まず、外国法人が、①日本国内に事務所又は営業所を有し、②その事務所又は営業所がウェブサイトの管理業務に携わっているなど当該事務所又は営業所における業務に関するものと認められる場合には、日本の裁判所に国際裁判管轄が認められます（民訴法3条の3第4号）。

　　　　しかし、日本国内に事務所又は営業所があるものの、当該事務所又は営業所がウェブサイトの管理業務に関与していないような場合（Twitter, Inc.等）には、民訴法3条の3第4号に

よる国際裁判管轄は認められません。また、そもそも国内に事務所等の拠点を有しない外国法人も存在します（FC 2 ，Inc. 等）。このような場合であっても、対象となるウェブサイト上が日本語で記載されており、日本から当該ウェブサイトにアクセスすることができるのであれば、「日本において事業を行う者」（民訴法 3 条の 3 第 5 号）に該当し日本の裁判所に国際裁判管轄が認められます（上記で例示したTwitter、FC 2 は、それぞれのウェブサイトの構造やアクセス状況からすれば、通常、いずれも「日本において事業を行う者」に当たるといえるでしょう。）。

　このように、民訴法の規定により日本の裁判所に国際裁判管轄が認められる場合には、次に民訴法 4 条以下の裁判籍の規定により管轄を特定することになります。

b　国内土地管轄について

　発信者情報開示請求はプロバイダ責任制限法 5 条 1 項に基づくものですが、当該請求はそれ自体経済的利益を目的とするものではなく、これに基づく訴えは、財産権上の訴え（民訴法 5 条 1 号）に当たらず、他の特別裁判籍が認められる場合にも該当しないと解されています（総務省総合通信基盤局消費者行政第二課『第 3 版　プロバイダ責任制限法』（第一法規）288頁）。

　そして、国内に主たる事業所又は営業所がある場合であれば、当該事業所又は営業所の住所地に管轄が認められます（民訴法 4 条 5 項）。また、このような事業所又は営業所がない場合であっても、日本における代表者その他の主たる業務担当者がいる場合であれば、当該担当者の住所地に管轄が認められます（同項）。

　一方、国内に主たる事業所も営業所もなく、日本における代表者その他の主たる業務担当者もいないような場合には、「管轄裁判所が定まらないとき」（民訴法10条の 2 ）に該当し、民事訴訟規則 6 条の 2 により東京都千代田区を管轄する裁判所（東京地方裁判所）に管轄が生ずることになります。

⒜　外国法人に対する削除請求の場合の管轄

a　国際裁判管轄について

　　投稿記事削除の仮処分を行う場合、その被保全権利は、人格権に基づく妨害排除請求又は予防請求権としての差止請求と解されています（野村昌也「東京地方裁判所民事第9部におけるインターネット関係仮処分の処理の実情」判例タイムズ1395号26頁）。そして議論があるところではありますが、人格権に基づく妨害排除又は予防請求に基づく訴えは、「不法行為に関する訴え」（民訴法3条の3第8号）に該当すると解されます。そして、不法行為があった地が国内にあるときには、民訴法3条の3第8号により日本の裁判所に国際裁判管轄が認められることになります。

b　国内土地管轄について

　　投稿記事削除仮処分は「不法行為に関する訴え」（民訴法5条9号）に当たると解されています（最一小決平成16年4月8日民集58巻4号825頁参照）。民訴法5条9号の「不法行為があった地」には、損害の発生した土地も含まれると解されていますから、同号によれば投稿記事内容により損害を被ったと被害者の住所地を管轄する裁判所に管轄が認められることになります。

　　なお、被害者の住所地を管轄する裁判所が東京地裁ではない場合、発信者情報開示請求と削除請求とで管轄が分かれることになりますので、注意が必要です。

イ　必要資料

　　相手が外国法人の場合、国内法人の場合と同様に、資格証明書が必要となります。外国法人の資格証明書は、原則として、外国政府等の認証した資格証明書を提出する必要があるとされています。そして、当該資格証明書が外国語で記載されている場合には、訳文の提出も必要となります（民事保全規則6条、民事訴訟規則138条）。

　　資格証明書の取得方法は、各国ごとに異なります。場合によっては、外国法人登記取得代行サービスを利用することも考えられます。なお、令和4年7月以降、法務省の要請を受けて、外国法人は

「日本における代表者」（会社法817条1項）を定め、登記を行うようになりました。例えば、Google LLC、Twitter, Inc.、Microsoft Corporation、Meta Platforms, Inc.（フェイスブックやインスタグラムを運営）等が挙げられます。「日本における代表者」が登記された場合、これまで必要とされていたこれらの会社の外国における資格証明書やその翻訳文は原則として不要となり、その代わりに日本の登記事項証明書を提出すればよくなりました。外国法人に対して発信者情報開示や削除の仮処分を申し立てる場合は、事前に当該外国法人が「日本における代表者」を定め、登記しているかどうかを確認しましょう。

ウ　手続

　外国法人に対して発信者情報開示や削除の仮処分を申し立てる場合、申立書、呼出状の英訳が必要となります（裁判所によっては、疎明資料の英訳も必要とされる場合があるようですので、事前に裁判所に確認をしておく必要があります。）。また、外国法人の属する国が民事又は商事に関する裁判上及び裁判外文書の外国における送達及び告知に関する条約の加盟国であれば、日本郵便の国際スピード郵便（EMS）による送達を行うことができます。このような条約の非加盟国であり、送達に時間を要する場合には、無審尋で仮処分命令を発することの上申も検討します。

　仮処分の発令後については、原則に従うのであれば、決定書を外国法人へ送達する必要があるのですが（この場合、決定正本の訳文作成等が必要となります。）、このような送達をせずとも決定正本をアップロードするなどにより任意に削除や開示の対応がされることも多いです。このように送達を避ける方法をとる場合には、裁判所に対し、債務者への決定書の送達を遅らせてほしい旨の上申書を提出する必要があります。

　なお、当該外国法人が「日本における代表者」を設置している場合は、基本的に日本国内の法人と同様の訴訟手続を行えばよく、外国送達や翻訳が不要になります。

　以上のような外国法人に対する発信者情報開示請求や削除請求は、

対象となるウェブサイトによって必要な対応や手続が異なる場合があります。この点については、中澤佑一『インターネットにおける誹謗中傷法的対策マニュアル（第4版）』（中央経済社）や清水陽平『サイト別ネット中傷・炎上対応マニュアル［第4版］』（弘文堂）が参考になります。

⑸　**令和3年4月28日公布のプロバイダ責任制限法の改正**

　ア　ログイン時情報の開示請求等

　　㋐　侵害情報に関する発信者情報を保存していないコンテンツプロバイダ(Ⓒ)の登場

　　　近年、Twitter, inc. が提供するサービス「Twitter」等、ユーザIDやパスワード等必要事項を入力してアカウントを作成し、その後当該ユーザIDやパスワードを入力することによって自らのアカウントにログインした状態で様々な投稿を行うことができる、いわゆる「ログイン型サービス」が増加しています。

　　　そして、「ログイン型サービス」の中には、投稿時のIPアドレスやタイムスタンプを保有せず、ログイン時のIPアドレス及びタイムスタンプ（以下「ログイン時情報」といいます。）しか保有していないものがあります。

　　　そのため、「ログイン型サービス」において侵害情報を投稿された被害者は、コンテンツプロバイダに対して、侵害情報に係る投稿時のIPアドレス等やタイムスタンプの代わりに、ログイン時情報の開示を求める必要がありました。

　　　しかし、改正前プロバイダ責任制限法4条1項は、発信者情報を「氏名、住所その他の侵害情報の発信者の特定に資する情報」と定義付けていたため、文言上、侵害情報と直接関連しないログイン時情報が、発信者情報に含まれるかどうかが明らかではありませんでした。

　　　そのため、改正前プロバイダ責任制限法4条1項に基づきログイン時情報の開示を求めた裁判例でも、その開示を認めるもの（東京高判平成26年5月28日・判時2233号113頁等）と、認めないもの（東京高判平成26年9月9日・判タ1411号170頁等）がそれ

それ存在していました。

(イ) ログイン時情報等に関する開示請求権の創設

そこで、令和3年4月28日公布のプロバイダ責任制限法の改正により、ログイン時情報等についても、新たに「特定発信者情報」（発信者情報であって専ら侵害関連通信に係るものとして総務省令で定めるもの）として、開示を請求できるようになりました（改正プロバイダ責任制限法（以下「改正法」といいます）5条1項柱書、改正プロバイダ責任法施行規則（以下「改正規則」といいます）2条9号ないし13号）。侵害関連通信とは、「ログイン型サービス」におけるいわゆるアカウント作成通信、ログイン・SMS認証通信、ログアウト通信、アカウント削除通信の4類型の通信を指します（改正法5条3項、改正規則5条）。

今回の改正法を受けて、被害者は、「ログイン型サービス」を運営するコンテンツプロバイダ©に対して、侵害情報が投稿されているアカウントに関するアカウント作成通信、ログイン・SMS認証通信、ログアウト通信、及びアカウント削除通信のIPアドレス等及びタイムスタンプを「特定発信者情報」として開示を請求し、コンテンツプロバイダ©から開示された「特定発信者情報」を基に、経由プロバイダ®に対して、現行法と同様、発信者の氏名や住所等の開示を請求できるようになりました。

なお、「特定発信者情報」の開示を請求する場合、侵害情報とは関係の薄い他の通信の秘密やプライバシーを侵害するおそれが高まるため、従来の要件に加え、請求対象のコンテンツプロバイダ©が特定発信者情報しか保有していないと認められること等が必要になります（改正法5条1項3号）。

また、改正法では、上述した侵害関連通信を媒介した経由プロバイダについても、「関連電気通信役務提供者」として開示請求の相手方になることが明記されました（改正法5条2項。現行法における経由プロバイダ®及びコンテンツプロバイダ©を指す特定電気通信役務提供者と総称して、「開示関係役務提供者」といいます（改正法2条7号））。

イ　発信者情報開示命令制度の導入

　㋐　裁判手続の負担

　　　3⑴で述べたとおり、改正前のプロバイダ責任制限法に基づき侵害情報の発信者を特定する場合、一般に、①コンテンツプロバイダ©に対して発信者情報開示仮処分を申し立て、侵害情報を送信してきたサーバーに関する情報（IPアドレス等、タイムスタンプ）を取得し、その情報を基に②経由プロバイダ⒝に対して発信者情報開示請求訴訟（及び消去禁止の仮処分申立て）を提起する必要があります。また、損害賠償請求を行う場合は、③別途損害賠償請求訴訟等を提起する必要があります。

　　　このように、改正前の制度は、被害の救済のために3段階の手続を経なければならない点で被害者に時間やコスト面で負担になっていると指摘されてきました。また、被害者が侵害情報の存在に気づくのに時間が経っている場合や、コンテンツプロバイダ©に対する発信者情報開示仮処分手続に一定の時間がかかってしまっている場合に、経由プロバイダ⒝が保有している通信記録が消失してしまう等、発信者の特定に至らない可能性があることも指摘されてきました。

　㋑　発信者情報開示命令等の創設

　　　このような背景を踏まえ、令和3年4月28日公布のプロバイダ責任制限法改正では、以下の3つの命令が新たに創設されました。

　a　発信者情報開示命令（改正法8条）

　　⒜　概要

　　　　発信者情報開示命令とは、裁判所が、被害者の申立てにより、決定で、開示関係役務提供者に対し、プロバイダ責任制限法5条1項又は2項による請求に基づく発信者情報の開示を命ずるものです。

　　　　発信者情報開示命令が発令される要件、開示を命じることができる発信者情報の範囲は、改正法5条1項及び2項と同一です。

　　　　なお、改正法では、従来の発信者開示請求と発信者情報開

示命令が併存して規定されていますので、被害者は、施行日
以降、どちらの手続も選択することができます。

(b)　発信者情報開示命令に関する手続

　発信者情報開示命令事件に関する裁判手続は、一部の規定
を除き非訟事件手続法が適用されます（改正法17条）。また、
発信者情報開示命令事件が創設されたことに伴い、その手続
に関する規定が新たに加えられましたので、以下概要を説明
します。

・国際裁判管轄（改正法9条）

　国際裁判管轄は、民事訴訟法と同様の内容が規定されてい
ます（改正法9条1項）。

　Google LLCやTwitter, inc. 等の外国法人については、「日本
において事業を行う者」の「相手方の日本における業務に関
するもの」に該当するとして、日本の裁判所が管轄権を有す
ることを主張していくことになります（改正法9条1項3号）。

・国内土地管轄（改正法10条）

　国内土地管轄については、原則として、民事訴訟法と同様
に、相手方の普通裁判籍の所在地を管轄する裁判所が管轄権
を有します（改正法10条1項1号ないし3号）。改正法10条
1項の規定又は他の法令の規定により「管轄裁判所が定まら
ない」ときは、発信者情報開示命令事件手続規則1条により
東京千代田区を管轄する裁判所（東京地方裁判所）が管轄権
を有します（改正法10条2項）。

　更に被告の普通裁判籍の所在地を管轄する裁判所に応じて、
東京地方裁判所又は大阪地方裁判所に対しても、申立てを行
うことができます（改正法10条3項）。

　また、当事者間で合意管轄裁判所を定めることもできます
（改正法10条4項）。

　国内土地管轄の例外として、特許権、実用新案権、回路配
置利用権又はプログラムの著作物についての著作者の権利を
侵害されたとする者による当該権利の侵害についての発信者

情報開示命令の申立てについては、被告の普通裁判籍の所在地を管轄する裁判所に応じて、東京地方裁判所又は大阪地方裁判所の管轄に専属します（改正法10条5項）。

・裁判所による相手方への発信者情報開示命令の申立書の写しの送付（改正法11条）

　裁判所は、発信者情報開示命令の申立てがあった場合には、原則として当該申立書の写しを相手方に送付します（改正法11条1項）。総務省が公表したプロバイダ責任制限法の改正に関する概要資料によれば、米国企業に対してEMS等で申立書の送付が可能になると明記されています。なお、米国以外の、民事又は商事に関する裁判上及び裁判外の文書の外国における送達及び告知に関する条約及び民事訴訟手続に関する条約の非加盟国についても、EMS等を通じて申立書の送付を行えるのか、情報開示命令に係る決定の裁判書についても同様なのか否かは、施行日以降の運用を注視する必要があります。申立書以外の証拠資料については、当事者が直送する必要があります（発信者情報開示命令事件手続規則5条）。

　また、裁判所は、発信者情報開示命令の申立てについての決定をする場合には、当事者の陳述を聴かなければなりません（改正法11条3項本文）。

　また、改正法11条3項には、民事保全法23条4項のような規定が存在せず、文言上は陳述聴取を省略できないため、必ずしも発信者情報開示仮処分命令のように無審尋での発令が認められないものと思われます。この点については、施行日以降の運用を注視する必要があります。

・記録閲覧（改正法12条）

　当事者又は利害関係を疎明した第三者は、発信者情報開示命令事件の記録の閲覧、謄写等を請求することができます（改正法12条1項）。

　なお、改正法及び現行の非訟事件手続法は、いずれも記録の閲覧等の制限に関する規定を定めていません。そのため、

発信者情報開示命令事件については、被害者の住所等が第三者に閲覧される可能性がある点に注意が必要です（なお、令和4年5月25日公布の民事訴訟法及び非訟事件手続法の改正により、施行日である公布の日から起算して9月を超えない範囲内において政令で定める日以降、非訟事件の手続における申立てにおいて、住所の秘匿を申し立てることができます（改正民事訴訟法133条1項、改正非訟事件手続法42条の2）。

・発信者情報開示命令の取下げ（改正法13条）

　発信者情報開示命令の申立ては、当該申立てについての決定が確定するまで、その全部又は一部を取り下げることができます。しかし、当該申立てについて決定がされた後、又は後述する提供命令の決定がされた後は、相手方の同意を得なければ取下げの効力は生じません。

・発信者情報開示命令の申立てについての決定に対する異議の訴え（改正法14条）

　発信者情報開示命令の申立てについての決定（当該申立てを不適法として却下する決定を除きます。）に不服がある当事者は、当該決定の告知を受けた日から1か月の不変期間内に、異議の訴えを提起できます（改正法14条1項）。

　1か月の不変期間内に異議の訴えが提起されなかった場合、又は異議の訴えが却下された場合、発信者情報開示命令の申立てについての決定は、確定判決と同一の効力を有します（改正法14条5項）。

(c)　発信者情報開示命令の審理方式

　上述のとおり、発信者情報開示命令事件に関する裁判手続は、非訟事件手続法が適用されるため、発信者情報開示命令の審理は、非公開で行われます（非訟事件手続法30条）。また、音声の送受信による通話の方法による手続により、発信者情報開示命令の期日における手続（証拠調べを除きます。）を行うこともできます（非訟事件手続法47条）。

b　提供命令（改正法15条）

提供命令とは、裁判所が、発信者情報開示命令の申立人による申立てにより、侵害情報の発信者を特定することができなくなることを防止するために必要があると認める場合、開示関係役務提供者（主にコンテンツプロバイダ(C)）に対して、決定により、以下の事項を命令することができる制度です。

①　相手方が保有している発信者情報により当該侵害情報に係る他の開示関係役務提供者（経由プロバイダ(B)等）の氏名又は名称及び住所の特定をすることが出来る場合

⇒発信者情報開示命令の申立人に対して、当該他の開示関係役務提供者（経由プロバイダ(B)等）の氏名又は名称及び住所を、書面又は電磁的方法（改正規則6条）により開示すること（改正法15条1項1号イ）。

②　当該開示関係役務提供者が侵害情報に係る「他の開示関係役務提供者を特定するために用いることができる発信者情報」（改正規則7条）を保有していない場合、又はその保有する発信者情報により①の特定をすることができない場合

⇒発信者情報開示命令の申立人に対して、その旨を書面又は電磁的方法により開示すること（改正法15条1項1号ロ）。

③　申立人が、開示関係役務提供者（コンテンツプロバイダ(C)）に対して、①により開示された情報に基づき他の開示関係役務提供者（経由プロバイダ(B)）に対し開示命令の申立てをした旨を通知した場合

⇒他の開示関係役務提供者(B)に対し、保有する発信者情報（侵害情報に関するIPアドレス等）を書面又は電磁的方法により提供すること（改正法15条1項2号）。

c　消去禁止命令（改正法16条）

消去禁止命令とは、裁判所が、発信者情報開示命令の申立てに係る侵害情報の発信者を特定することができなくなることを防止するため必要があると認めるときに、当該発信者情報開示

命令の申立てをした者による申立てにより、決定で、当該発信
者情報開示命令の申立ての相手方である開示関係役務提供者に
対し、当該発信者情報開示命令事件が終了するまでの間、当該
開示関係役務提供者が保有する発信者情報の消去を禁止するこ
とを命ずるものです（改正法16条1項）。現行法での発信者情
報禁止の仮処分に相当します。

　消去禁止命令については、即時抗告を行うことができます
（改正法15条3項）。

㋒　発信者情報開示制度を使用する場合の手続の流れについて

　以上のとおり、発信者情報開示命令制度について説明を行って
きました。以下では、発信者情報開示制度を使用する場合に想定
される手続の流れについて、概要を説明します。

①　コンテンツプロバイダ(C)に対して、侵害情報のIPアドレス
等を内容とする発信者情報開示命令の申立て、及び経由プロバ
イダ(B)の氏名又は名称及び住所の提供命令の申立てを行う。

②　裁判所が提供命令を決定した場合、コンテンツプロバイダ(C)
は、発信者情報開示命令の申立人に対して、経由プロバイダ(B)
の氏名又は名称及び住所を提供する。

※現行法では、被害者は、コンテンツプロバイダ(C)から、経由
プロバイダ(B)の情報を得るために、発信者情報開示の仮処分
の発令を受けなければならず、その手続にかなりの時間を要
していました。

　もっとも、提供命令は、申立てから1～2週間で発令され
るとのことですので、被害者は、提供命令を通じて、保全手
続よりも迅速に、コンテンツプロバイダ(C)から、経由プロバ
イダ(B)の氏名又は名称及び住所の提供を受けられるようにな
りました。

③　被害者は、経由プロバイダ(B)に対して、侵害情報に関する送
信者の住所氏名の開示を求める発信者情報開示命令及び消去禁
止命令を申し立てる。

※③を申し立てる裁判所は、①を申し立てた裁判所です（改正

法10条7項。明文上では明らかではないですが同一の裁判体が対応するものと思われます。）。これにより手続の一体性が確保されることになります。

④　被害者は、コンテンツプロバイダ©に対して、上記③の通知を行う。そして、裁判所からの提供命令の決定に基づき、コンテンツプロバイダ©は、経由プロバイダ⒝に対して、保有する発信者情報（侵害情報に係るIPアドレス等）を提供する。

⑤　経由プロバイダ⒝は、侵害情報の発信者に対し意見を聴取する（改正法6条1項）。

⑥　裁判所が、経由プロバイダ⒝に対して、発信者情報開示命令の申立てについて、開示を認める決定を行った場合において、その決定について異議の訴えが提起されない又は異議の訴えが却下されたときは（改正法14条）、侵害情報の発信者の住所、氏名等が被害者に開示される。

⑦　裁判所が、コンテンツプロバイダ©に対しても発信者情報開示命令の申立てについて、開示を認める決定を行った場合において、その決定について異議の訴えが提起されない又は異議の訴えが却下されたときは、侵害情報のIPアドレス等が被害者に開示される。

⑧　経由プロバイダ⒝は、侵害情報の発信者に対して、開示を行った旨を通知する（改正法6条2項）。

ウ　施行日

改正プロバイダ責任制限法の施行日は、令和4年10月1日です。

エ　参考文献

現時点では、改正プロバイダ責任制限法に関する主要な書籍として、小川 久仁子、高田 裕介、中山 康一郎、大澤 一雄、伊藤 愉理子、中川 北斗『一問一答 令和3年改正プロバイダ責任制限法』（商事法務）、中澤 祐一『インターネットにおける誹謗中傷法的対策マニュアル（第4版）』（中央経済社）、清水 陽平『サイト別ネット中傷・炎上対応マニュアル［第4版］』（弘文堂）、総務省総合通信基盤局消費者行政第二課『第3版　プロバイダ責任制限法』（第

一法規）が挙げられます。

　また、(5)の記載は、発信者情報開示の在り方に関する研究会（https://www.soumu.go.jp/main_content/000724725.pdf）、神田知宏弁護士による解説（https://kandato.jp/dosys/）や、弁護士法人戸田総合法律事務所による解説（https://todasogo.jp/）を参考に記載しました。

【プロバイダ責任制限法の一部を改正する法律（概要）】

令和3年4月28日公布、令和4年10月1日施行

インターネット上の誹謗中傷などによる権利侵害について、より円滑に被害者救済を図るため、発信者情報開示について新たな裁判手続（非訟手続※）を創設するなどの制度的見直しを行う。

※訴訟以外の裁判手続。訴訟手続に比べて手続が簡易な場合であるため、事件の迅速処理が可能とされる。

1. 新たな裁判手続の創設

現行の手続では発信者の特定のため、2回の裁判手続※を経ることが一般的に必要。
※SNS事業者等の開示と通信事業者等からの開示

【改正事項】
- 発信者情報の開示を一つの手続で行うことを可能とする「新たな裁判手続（非訟手続）」を創設する。
- 裁判所による開示命令までの間、必要とされる通信記録の保全に資するため、提供命令及び消去禁止命令※を設ける。　※侵害関連通信等に係るログの保全を命令
- 裁判（簡易）など裁判手続に必要となる事項を定める。

※新たな裁判手続では非訟事件を扱い、EMS等に対し申立書の送付等が可能

2. 開示請求を行うことができる範囲の見直し

SNSなどのログイン型サービス等において、投稿時の通信記録が保存されない場合には、発信者の特定をするためにログイン時の情報の開示が必要。

【改正事項】
- 発信者の特定に必要となる場合には、ログイン時の情報の開示が可能となるよう、開示請求を行うことができる範囲等について改正を行う。

〈ログイン型サービスのイメージ〉
ID/パスワードを入力し、アカウントにログインした上で投稿などを行うサービス

SNS　ログイン
記録あり／記録なし
匿名で書き込み
発信者

3. その他

【改正事項】
- 開示請求を受けた事業者が発信者に対して行う意見照会※において、発信者が開示に応じない場合は、「その理由」も併せて照会する。

※新たな裁判手続及び訴訟手続

（施行日：公布の日から起算して一年六月を超えない範囲内において政令で定める日）

現行

①開示（発信者の通信記録）
②開示（発信者の氏名・住所）
被害者　発信者
SNS事業者等　通信事業者等
損害賠償請求（訴訟）

新たな裁判手続（非訟）

開示命令
提供命令
消去禁止命令
開示（発信者の氏名・住所）
被害者　発信者
SNS事業者等　通信事業者等
損害賠償請求（訴訟）

（訴訟以外の開示の場合）

（出典：総務省ウェブサイト）

Ⅵ　児童虐待等

1　はじめに

　犯罪被害者が子どもである場合で、特に、問題となる事例は、家庭内で行われる児童虐待の事例です。

　通常の犯罪で、無関係の第三者が被害に遭った場合には、捜査機関が捜査・検挙し、加害者が裁判で裁かれます。そして、被害者の家族や社会が、被害者のサポートをするということが考えられます。

　しかし、児童虐待の場合には、「家庭内のことだから」などとして、捜査機関が積極的に捜査をしないということがあり、社会も積極的な介入をせず、また、被害に遭った子どもの親などが加害者であるところ、家族によるサポートが望めないということがままあります。

　また、「しつけだ。」という言葉が使われることで、捜査機関や社会がよほどの状態に至らなければ問題視をせず、また、加害者である親が、自らの暴行や傷害行為を不当に正当であるかのように考えるという歪んだ実情もあります（この点、その実情を踏まえて、平成28年、児童虐待の防止等に関する法律（以下「児童虐待防止法」といいます。）が改正され、親権者は、児童のしつけに際して、監護・教育に必要な範囲を超えて児童を懲戒してはならない旨が明記されたことから、「しつけ」の範囲については、きちんと限定的に解釈されてしかるべきです。）。

　加えて、被害者である子どもは、自ら周囲に助けを求めるということができない状況にあることが多く、また、加害者が親であることから、加害者から離れることもできないという状況にあることが多いです。

　そのような状況のもとで、命を奪われるという子どもも多い（児童虐待のケースは増加傾向にあります。）ことから、児童虐待を知った弁護士は、上記の状況を理解し、また、被害児童の命の危険もあるということを意識しながら、被害者である子どもを救うために、積極的な活動をすべきといえます。

　以下、まずは児童虐待防止法及び児童福祉法に基づく現行制度上の対

応を説明し、続いて、弁護士としての対応を説明します。

コラム12

児童虐待の現状について

　令和２年度に全国の児童相談所に寄せられた児童虐待の相談件数は、20万件を超え、統計を取り始めた平成２年度から一貫して増加を続け、その間約186倍へと激増しています。

　厚生労働省が公表している統計によれば、虐待死させられる子供は統計上年間80人から100人程度に上りますが、平成28年に公表された日本小児科学会の推計によると、虐待死の見逃しが少なくないことから、実際には350人程度に上るとされています。また、児童相談所、市町村、福祉事務所等が関与しながら、虐待死を防げなかった事件がこの10年で約130件に上っており、この現状は、問題といわざるをえません。

　これは、日本における子ども虐待問題に対応する制度上の問題ともいえます。

　まず、日本では、児童相談所が、虐待の早期発見、通告受理から危機介入、親の指導、家庭の再統合まで全て行うこととされておりますが、その結果、児童相談所は、子どもを親から引き離す一時保護も、その後親の指導・援助も行うこととされ、「介入」と「援助」という相反する業務を同時に行うという困難を担わされています。

　もっとも、令和元年６月26日公布の児童虐待防止法の改正によって、都道府県は、一時保護等の介入的対応を行う職員と保護者支援を行う職員を分ける等の措置を講ずるものとされており（同法11条７項）、このような制度上の問題を是正する方向での法改正が進みつつあります。

　また、児童相談所は、設置数も少なく、職員数も少ない状態であり、迅速な対応ができないという問題もあります（令和２年度の時点で、児童福祉司１人当たり全国で平均約45件（東京・大阪では約70件）もの案件を抱え、家庭訪問も十分にできないという実態があります。）。もっとも、令和元年６月26日公布の児童福祉法の改正では、児童福祉司の数について、同法の事務の実施状況等を総合考慮して基準を定めることが明記され、さらに当該基準については児童虐待に係る相談に応ずる件数が過重なものとならないよう必要な見直しが行われるとされており、上記実態の解消に向けた対策が講じられつつあります。

　また、令和元年６月26日公布の児童福祉法の改正によって、各児童相談所にも、令和４年４月１日から、弁護士や、更に医師及び保健師の配置も義務づけられることになりましたので（同法12条３項、12条の３第８項）、迅速な対応がなされるようになることを切に望んでいます。

上記の制度上の問題を理解し、弁護士として、児童虐待問題の対応を行う場合には、児童相談所に連絡をして、それで終わりとするのではなく、積極的に弁護士が必要な行動をとるべきです。

2 児童虐待防止法及び児童福祉法に基づく対応

⑴ 児童虐待の禁止

児童虐待防止法は、何人も、児童（18歳に満たない者をいいます。）に対して、虐待をしてはならないと定めています（同法3条）。

「児童虐待」とは、保護者（親権者、未成年後見人その他、児童を現に監護する者をいいます。）がその監護する児童に対して行う次の行為をいいます（同法2条）。

ア　児童の身体に外傷が生じ、又は生じるおそれのある暴行を加えること（いわゆる「身体的虐待」）。

イ　児童にわいせつな行為をすること又は児童をしてわいせつな行為をさせること（いわゆる「性的虐待」）。

ウ　児童の心身の正常な発達を妨げるような著しい減食又は長時間の放置、保護者以外の同居人によるア、イ又はエに掲げる行為と同様の行為の放置その他の保護者としての監護を著しく怠ること（いわゆる「ネグレクト」）。

エ　児童に対する著しい暴言又は著しく拒絶的な対応、児童が同居する家庭における配偶者（事実上婚姻関係と同様の事情にある者を含む。）に対する暴力その他の児童に著しい心理的外傷を与える言動を行うこと（いわゆる「心理的虐待」）。

このように、保護者以外の同居人による児童に対する身体的虐待や性的虐待を保護者が放置することも、ネグレクトとして児童虐待に含まれます。また、児童の目前で保護者が配偶者に対して暴力をふるうこと等、直接児童に対して向けられた行為でなくとも、児童に著しい心理的外傷を与えるものは、児童虐待に含まれます。

なお、令和元年6月26日公布の児童虐待防止法の改正によって、親権者は、児童のしつけに際して、体罰を加えることその他監護及

び教育に必要な範囲を超える行為により当該児童を懲戒してはならないとされています（同法14条1項）。

⑵　児童虐待の早期発見

学校、児童福祉施設、病院、都道府県警察、婦人相談所、教育委員会、配偶者暴力相談支援センターその他児童の福祉に業務上関係のある団体及び学校の教職員、児童福祉施設の職員、医師、歯科医師、保健師、助産師、看護師、弁護士、警察官、婦人相談員その他児童の福祉に職務上関係のある者には、児童虐待を発見しやすい立場にあることを自覚し、児童虐待の早期発見に努める義務が課されています（同法5条）。

また、児童虐待を受けたと思われる児童を発見した者は、誰であれ、速やかに、これを福祉事務所又は児童相談所に通告する義務を負っています（同法6条）。

厚生労働省は、虐待を受けたと思われる児童を見つけたときなどに、ためらわずに児童相談所に電話できるよう、全国共通の電話番号によって近くの児童相談所に電話がつながる仕組みを導入しています。この全国共通ダイヤルに電話をかけると、発信された電話の市内局番等から当該地域を特定し、管轄する児童相談所に電話が転送されます（令和元年12月3日から、児童相談所全国共有ダイヤル「189」（いちはやく）の通話料は無料化されています。）。

なお、通告を受けた福祉事務所又は児童相談所の所長、所員、その他の職員等は、通告した者を特定させる情報を漏らしてはならないものとされており（同法7条）、通告した者の保護が図られています。

⑶　虐待発見通告後の手続

福祉事務所は、児童虐待の発見者からの通告を受けたときは、速やかに、当該児童との面会その他の安全の確認を行うための措置を講じるとともに、必要に応じて児童相談所への送致や、都道府県知事又は児童相談所長に対して児童虐待防止法に基づく出頭要求等（同法8条の2）、立入調査等（同法9条）、児童福祉法33条1項若しくは2項に基づく一時保護の実施が適当であると認める旨の通知を行います（児童虐待防止法8条1項）。

　児童相談所は、福祉事務所からの送致を受けたとき、又は虐待の発見者からの通知を受けたときは、速やかに、当該児童との面会その他の安全の確認を行うための措置を講じるとともに、必要に応じて、児童福祉法33条1項に基づく一時保護、同法26条1項3号に基づく市町村への送致、同法25条の8第3号に基づく都道府県又は市町村の長に対する保育の利用等に係る報告又は通知、児童福祉法や子ども・子育て支援法に基づく市町村が実施する児童の健全な育成に資する事業の実施が適当であると認める旨の市町村の長への通知を行います（児童虐待防止法8条2項各号）。

　なお、一時保護について、現行の児童福祉法は、児童相談所長又は都道府県知事が必要があると認める場合に行うことができると規定しています（同法33条1項ないし2項）。

　もっとも、令和4年6月15日公布の児童福祉法の改正（以下「改正法」といいます。）により、児童相談所長又は都道府県知事は、一時保護の開始日から起算して7日以内に、当該児童の親権者等の同意がある場合を除き、原則として、管轄裁判所の裁判官に対し一時保護状を請求することが義務づけられます（改正法33条3項）。また、当該裁判官が一時保護状の請求を却下する裁判をした場合、児童相談所長又は都道府県知事は、原則としてその一時保護を解除しなければならないことも併せて規定されます（改正法33条7項本文）。この改正の施行日は、公布後3年以内で政令で定める日とされています（改正法附則1条5号）。なお、経過措置として、当該施行日前に開始された一時保護については従前の例によるとされ、施行日以後に開始された一時保護については改正法が適用されます（改正法附則14条）。児童相談所長は、児童虐待防止法8条2項の児童の安全の確認又は一時保護を行おうとする場合において、これらの職務の執行に際し必要があるときは、警察官の援助を求めることができます（同法10条）。

　児童相談所による一時保護は、原則として2か月を超えませんが、必要があるときには、児童相談所長又は都道府県知事の判断により、一時保護を継続することができます（児童福祉法33条）。

　一時保護された児童に対する親の養育の再開が期待できないときは、

里親委託、児童養護施設入所等による保護が行われます。この保護は、親権者又は未成年後見人の同意を得て行われます（児童福祉法27条1項3号、4項）。しかしながら、児童を保護者に監護させることが著しく当該児童の福祉を害する場合であるにもかかわらず、親権者又は未成年後見人が里親委託、児童養護施設入所等に同意しないときは、都道府県は、家庭裁判所の承認を得て、里親委託、児童養護施設入所等の措置をとることができます（児童福祉法28条、いわゆる「児童福祉法28条事件」）。

　一時保護又は児童養護施設等における保護が行われた場合、児童相談所又は当該児童養護施設等の長は、虐待を行った保護者に対して、当該児童との面会や通信を制限することができます（児童虐待防止法12条）。また、いわゆる「児童福祉法28条事件」の場合には、都道府県知事又は児童相談所長は、虐待を行った保護者に対して、当該児童の身辺へのつきまといや、通っている学校等の付近をはいかいしてはならないことを命ずることができます（児童虐待防止法12条の4）。

⑷　虐待のおそれがある場合の立入調査等

　都道府県知事は、児童虐待が行われているおそれがあると認めるときは、次の措置をとることができます。

ア　児童の保護者に対し、児童を同伴して出頭することを求め、児童委員又は児童の福祉に関する事務に従事する職員をして、必要な調査又は質問をさせること（同法8条の2第1項）。

イ　児童委員又は児童の福祉に関する事務に従事する職員をして、児童の住所又は居所に立ち入り、必要な調査又は質問をさせること（同法9条1項）。

　その際、必要があるときは、警察官の援助を求めることができます（同法10条）。また、正当な理由なく、立入りや調査・質問の執行を拒み、妨げ、若しくは忌避し、又は質問に対して答弁せず、若しくは虚偽の答弁をし、若しくは児童に答弁をさせず、若しくは虚偽の答弁をさせた者は、罰金刑の対象となります（同法9条2項）。

ウ　保護者が、上記ア又はイの立入り又は調査を拒み、妨げ、又は忌避した場合において、児童虐待が行われているおそれがあると認め

るときは、当該保護者に対し、児童を同伴して出頭することを求め、児童委員又は児童の福祉に関する事務に従事する職員をして、必要な調査又は質問をさせること（同法 9 条の 2 第 1 項）。

エ　保護者が、上記ア又はイの立入り又は調査を拒み、妨げ、又は忌避した場合において、児童虐待が行われている疑いがあるときは、管轄裁判所の裁判官の許可状により、児童の福祉に関する事務に従事する職員をして、当該児童の住所・居所に臨検させ、又は当該児童を捜索させること（同法 9 条の 3 第 1 項）。

その際、児童の福祉に関する事務に従事する職員は、必要があるときは、錠を外し、その他必要な処分をすることができます（同法 9 条の 7）。また、警察官の援助を求めることもできます（同法10条）。

3　弁護士としての対応

⑴　一般的な対応

児童虐待を認知した弁護士としては、「疑い」の段階でも積極的に通報を行うべきですが、児童相談所だけでなく、併せて警察にも通報すべきです。

一般的な対応図は、以下のとおりです。

【児童虐待を認知した場合の取るべき対応図】

虐待の疑い認知

↓

児童相談所への通報　警察への通報

↓

対応を継続的に把握

〈児童相談所に対して〉
○一時保護すべき事案であるにもかかわらず、一時保護しないときは一時保護するよう申入れ
○在宅措置事案であれば、以後継続的に家庭訪問して、子どもの安否確認と親への指導支援を警察と連携して行うよう申入れ

〈警察に対して〉
○刑事事件化すべき事案である場合には、告訴あるいは被害届の提出
○児童相談所が一時保護すべきであるにもかかわらず一時保護しようとしない場合には、警察から一時保護するよう児童相談所に働きかけることを依頼

⑵　その他の対応

ア　刑事告訴

虐待が行われていることが明らかなときは、その態様により、暴行罪、傷害罪、保護責任者遺棄罪、強制わいせつ罪、強制性交等罪、監護者わいせつ及び監護者性交等、児童福祉法34条1項6号（児童に淫行をさせる行為）違反、青少年健全育成条例違反（いわゆる淫行条例）等による刑事告訴を行います。

なお、10歳11か月の児童の告訴能力が認められた事例があります（名古屋高金沢支判平成24年7月3日）。

イ　強制入院による引き離し

虐待者が精神疾患等を有しており、その他一定の要件を充たす場合には、都道府県知事等は、精神保健及び精神障害者福祉に関する法律（以下「精神保健福祉法」といいます。）により措置入院、医療保護入院などの強制入院をさせることができます（精神保健福祉法29条、33条）。これらの入院制度が適用されると、結果的に虐待者を子どもから引き離すことができることになります。

ウ　人身保護請求及び親権喪失・親権停止・管理権喪失の審判の申立て

人身保護請求、親権変更の調停・審判申立て（民法819条6項）、親権喪失の審判（民法834条）、親権停止の審判（民法834条の2）、管理権喪失の審判（民法835条）の申立て等を行います。

親権喪失・親権停止・管理権喪失の審判の申立ては、民法834条ないし835条に定める請求権者のほか、児童相談所長も行うことができます（児童福祉法33条の7）。平成23年の民法改正により、親権停止制度（2年以内の期間に限って親権を停止する。）が創設され、また、子自身や未成年後見人等にも請求権が認められました。

親権喪失等の審判の申立ての際には、あわせて審判前の保全処分として親権者の職務執行停止と親権者の職務代行者選任の申立てを行います。

その際、親権者職務代行者候補者を挙げなければなりませんが、児童を虐待する親からの激しい攻撃が候補者に加えられることも予想されますので、弁護士をその候補者にする方が望ましい場合もあ

　　ります。

　エ　他の機関との連携

　　　児童の虐待防止全国ネットワークなどに連絡をとり、協力を求め
　　ることも大切です。

　　　各機関は人的・物的資源が限られております。例えば、児童相談
　　所は立入り調査等の権限がありますが、現実的に実力行使を行う事
　　例は多くはありませんし、児童相談所の職員が警察官と同等の訓練
　　を受けているわけではありません。よって、児童相談所のみならず、
　　警察や他の機関などとも連携をとり、弁護士が中心となって、各機
　　関が動きやすい方策をとり、連携すべきです。

```
┌─ コラム13 ─────────────────────────────┐
│  児童相談所に対する損害賠償請求訴訟の提起                    │
│   平成27年9月15日の毎日新聞によると、長崎で10歳の女児が、母親にライター │
│  の火で左肩を焼かれるなどして、病院から通報があり、児童相談所が母親の通  │
│  所指導を始めたが、2回で応じなくなり、指導を打ち切ったという事案におい  │
│  て、その後、被害女児は、母方の祖母から髪をつかまれ引きずられる虐待を受  │
│  け、女児が学校に相談、要保護児童対策協議会が開かれ児童相談所に対して一  │
│  時保護を求める声が次いだが、児童相談所は応じなかった、女児は父方の伯母  │
│  と協議して児童相談所に慰謝料として損害賠償を求め提訴したと報じられてい  │
│  ます。なお、女児の請求は、第一審及び第二審いずれも、児童相談所長に児童  │
│  虐待防止法に基づく安全確認義務や一時保護義務に違反していないことを理由  │
│  に、棄却されています(長崎地判平成28年10月14日、福岡高判平成29年4月13 │
│  日)。このような児童相談所の不作為により虐待が継続した場合などには、被  │
│  虐待児の救済のために訴訟提起がなされるということもあります。         │
└────────────────────────────────────┘
```

4　児童虐待以外のケースの対応

⑴　児童虐待以外の場合においても、弁護士が、被害を受けた子どもか
　らの相談を受けることがあります。

　　子どもの場合は、全面的に子どもの立場に立って十分に話を聴き、
　子どもにとって最善の利益が何かを考えながら手続を進める必要があ
　ります。

　相談を受ける際、安易に、「親と一緒に来なさい」などというようなことを言ってはいけません。被害者である子どもにとって、犯罪の被害者になったということを一番言いたくない相手が親である場合が往々にしてあるからです。

　弁護士などの第三者には話せても、親には話せないという事態は決して稀なことではありませんので、まずは十分に子どもの話を聴いて、親などの保護者と話す必要があると判断した場合には、子ども本人によく説明し、子どもの納得を得て親などの保護者と話をすることが必要です。

(2)　特に、子どもが性被害などを受けている場合には、恥ずかしいからという理由で誰にも話せないうちに、長期間にわたって被害を受け続けてしまうというケースもあります。

　そのような場合には、継続的な被害に遭うような環境から子どもを守ることが重要ですし、その方法の一つとして、警察の被害者相談窓口に相談・連携して対処するということも考えられます。

　また、被害者の精神的修復も必要となってきますので、精神科医及び心理カウンセラーなどと協力する必要があります。

　なお、子どもの性被害については、刑法や青少年保護育成条例などのほかに、18歳に満たない児童の買春や児童ポルノの提供行為等を処罰するいわゆる「児童買春・児童ポルノ禁止法」（児童買春、児童ポルノに係る行為等の規制及び処罰並びに児童の保護等に関する法律）に該当するかについても検討の余地があります。

(3)　子どもが被害に遭った場合、親によっては、「あなたがだらしないから、そんな目に遭うのよ」と子どもを叱責してしまうケースも珍しくありません。

　しかし、このような親の発言によって子どもが深く傷つき、立ち直りが遅れることがあるので、そのようなことがないように、弁護士が、親に対し、被害者となった子どもには非がないという事実をきちんと伝え、親がしっかりと子どもの味方になれるように、良い家族関係が維持されるように配慮することも重要です。

〔参考文献〕

　司法協会『少年法実務講義案（再訂版）』

　厚生労働省雇用均等・児童家庭局総務課長通知「虐待通告のあった児童の安全確認の手引き」について（平成22年9月30日雇児総発0930第2号）

　『平成23年度版　子ども・若者白書』（旧『青少年白書』）

Ⅶ　触法精神障害者

1　精神障害者等の加害行為

(1)　精神障害等のため責任能力が認められない者の行為により被害を受けた場合、犯罪が成立しませんので、その加害者は心神喪失により不起訴若しくは無罪になります。また、加害者が心神耗弱により責任能力が乏しいとして不起訴（起訴猶予）になったり、起訴されても、実刑ではなく執行猶予になることもあります。

　時として、初動捜査の段階で、責任能力がないとして、捜査が十分になされない場合もあります。責任能力は法的な判断であり、適切に捜査が行われた上で判断されるべきものです。このような場合、被害者等は、十分な捜査を行うよう捜査機関に働きかけを行ったり、被害届の提出や告訴をする等の意思表示をする必要があります。

　また、責任能力がない者の加害行為であっても、一定の重大な加害行為については、「心神喪失等の状態で重大な他害行為を行った者の医療及び観察等に関する法律」（以下「医療観察法」といいます。）により、加害者に特別な入通院治療を強制することもあります。手続に乗せるためには、捜査が行われる必要があります。

(2)　**措置入院について**

　精神保健福祉法24条1項は、検察官は、精神障害者又はその疑いのある被疑者又は被告人について、不起訴処分をしたとき又は裁判（実刑の裁判を除く。）が確定したときは、都道府県知事にその旨の通報をしなければならないとしています（ただし、後述の医療観察法33条1項の申立てを行ったときはこの限りではありません。）。通報を受けた都道府県知事は、2名以上の指定医の診察の結果、その者が精神障

害者であり、かつ、入院させなければ精神障害のために自身を傷つけ、又は他人に害を及ぼすおそれがあると認めたときは、その者を国若しくは都道府県の設置した精神科病院、又は指定病院に入院させることができるとされています（精神保健福祉法29条1項、2項）。こうした入院は「措置入院」と呼ばれています。この法律は医療福祉的な側面から制定されたものですので、同法には、被害者等に配慮した規定はなく、措置入院決定手続の傍聴あるいはその処分結果の通知制度もありません。

(3) 医療観察法の制定

　措置入院制度の運用に関して、日本では措置入院患者の受入先を民間病院に頼り過ぎており、一般の精神障害者と同様のスタッフや施設の下では、加害行為の防止という観点での専門的な治療が困難で、措置入院制度が必ずしも十分に機能しておらず、精神障害者による再度の重大な他害行為のおそれが払拭されていないという問題点が指摘されました。その結果、平成15年7月の国会で医療観察法が成立し、平成17年7月15日（一部については平成16年10月15日）から施行されました。この法律には、後述のように被害者等に関する規定が設けられています。

2 医療観察法

(1) 医療観察法の目的と手続

　この法律は、心神喪失又は心神耗弱の状態で殺人、放火、強盗、強制わいせつ、強制性交等、傷害（以下「対象行為」といいます。同法2条1項）などの重大な他害行為を行った（未遂も含みます。）者のうち不起訴（起訴猶予）、無罪又は執行猶予が確定した者（以下「対象者」といいます。同法2条2項）に、対象行為を行った際の精神障害を改善し、これに伴って対象行為を再び行うことのないよう、適切な医療を提供し、社会復帰を促進することを目的としています。

　本制度では、検察官は、上記の対象者に対して医療観察法による医療を受けさせる必要が明らかにないと認める場合を除き、地方裁判所に対し、入通院の決定をするよう申立てをしなければならないとされ

ています（同法33条1項）。

　検察官からの申立てがなされると、地方裁判所の裁判官は、対象者
による陳述を経た上で、医療を受けさせる必要が明らかにないと認め
られる場合を除き、入通院の決定があるまで、鑑定その他医療的観察
のための入院（鑑定入院）を命じます（同法34条1項ないし2項）。
鑑定入院は、通常2か月から3か月行われます（同法34条3項）。対
象者の鑑定結果等を踏まえ、裁判官と精神保健審判員（必要な学識経
験を有する医師）の各1名からなる合議体（同法11条1項）は、非公

【医療観察法の審判の流れ】

―心神喪失等の状態で重大な他害行為を行った者の医療及び観察等に関する法律（医療観察法）の仕組み―

（制度は、法務省・厚生労働省共管） 平成15年7月成立・公布、平成17年7月15日施行

心神喪失等で重大な他害行為を行った者に対して、継続的かつ適切な医療並びにその確保のために必要
な観察及び指導を行うことによって、病状の改善及び同様の行為の再発防止を図り、その社会復帰を促
進するよう、対象者の処遇を決定する手続等を定めるもの。

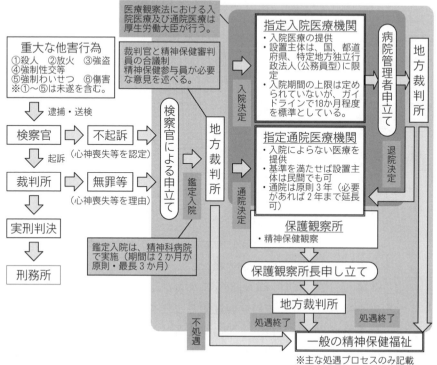

※主な処遇プロセスのみ記載

（出典：厚生労働省ウェブサイト）

開の審判で、本制度による強制的な入通院の要否を決定します（同法42条）。

　なお、対象者には必要的に付添人（弁護士）が付せられます（同法34条2項、35条、67条）。

　審判によって入院の決定を受けた場合、その者は国、都道府県又は特定独立行政法人が開設する病院のうち指定を受けた指定入院医療機関に送られることになっています（同法16条1項）。標準的な入院期間は1年半とされていますが、入院期間中は閉鎖的な特別な病棟に入院して治療が行われ、薬物療法のみならず、病識の醸成や内省プログラム等の治療が行われます。

　また、通院の決定を受けた場合は、指定通院医療機関への通院の確保等を保護観察所及び同所に所属する社会復帰調整官が担うことになります（同法16条2項、19条、20条、23条、54条、59条）。この場合、通院決定から3年間、通院による医療を受けることになります（最大2年延長可）（同法44条）。

(2)　被害者等に関する規定

　本法は被害者等に関する規定として、①被害者等の審判の傍聴、②被害者等に対する審判結果の通知について規定しています。いずれも希望する場合は、裁判所に申し出ます。また、検察庁では、審判の申立てをしたことについて、被害者等に情報提供をすることとしており、情報提供を希望する場合は、担当検察官・検察事務官又は被害者支援員にその旨を伝えるとよいでしょう。

ア　被害者等の傍聴（同法47条1項、心神喪失等の状態で重大な他害行為を行った者の医療及び観察等に関する法律による審判の手続等に関する規則（以下「審判規則」といいます。）69条）

　㋐　傍聴の申出

　　　裁判所は、対象行為を行った者の入退院の必要性の有無とその内容等を決定する審判について、当該対象行為の被害者等（被害者又はその法定代理人若しくは被害者が死亡した場合若しくはその心身に重大な故障がある場合におけるその配偶者、直系の親族若しくは兄弟姉妹）から申出があるときは、その申出をした者に

対し、審判期日において審判の傍聴を許すことができます。審判を傍聴した被害者等は、正当な理由なく、その傍聴によって知り得た対象者の氏名その他その対象者の身上に関する事項を漏らしてはならず、傍聴により知り得た事項をみだりに用いて、その対象者に対する医療の実施やその社会復帰を妨げ、又は関係人の名誉や生活の平穏を害する行為をしてはならないとされています（医療観察法47条2項）。

(イ)　審判手続（非公開）の特徴

　起訴されている場合には、刑事裁判の確定判決を経ているため、この審判は、対象者の対象行為時及び現在の精神障害の有無、対象者にこの法律による医療を受けさせる必要があるか否か、どのような医療を受けさせる必要があるかを決めるものとなります。

　不起訴処分となった場合の申立てのときは、対象行為の存否について確定していないため、対象者が対象行為を行ったか否かも判断されます（同法41条1項）。この決定は、裁判官だけの合議体で行う場合もあります（同法41条2項）。その場合にも、被害者等には、傍聴の許可がなされることがあります（同法47条1項）。

　対象者が対象行為の存否を争っている場合（同法41条1項）、裁判所は、必要がある場合は、事実の取調べをすることができ、その場合には、刑事訴訟法の証人尋問、鑑定、検証、押収、捜索、通訳及び翻訳に関する規定は、処遇事件の性質に反しない限り、準用されます。そこで、被害者等が証人として審判廷に出頭しなければならない場合も想定されます。もっとも、本法では、被害者等に、刑事裁判手続のような意見陳述権、記録の閲覧・謄写権は認められていません。

(ウ)　傍聴の際の申出事項

　傍聴の申出は、次の事項を明らかにしてしなければならないとされています（審判規則69条1項）。

a　申出人の氏名又は名称（法人）及び住居

　法人も放火罪（医療観察法2条1項1号）の被害者となり得ます。その場合は、代表者が傍聴することになります。

　b　当該申出に係る処遇事件を特定するに足りる事項
　　　対象者の氏名、事件番号等が考えられます。
　c　申出人が傍聴を求める処遇事件に係る対象行為の被害者等で
　あることの基礎となるべき事実
　　　申出人が被害者であるときは「被害者本人」であることを、
　被害者の法定代理人であるときはその旨を、それぞれ明らかに
　します。
　　　被害者が死亡した場合若しくはその心身に重大な故障がある
　場合は、配偶者、直系の親族若しくは兄弟姉妹が申出人となり
　得ます。その場合、「被害者は令和○○年○月○日に死亡した。
　申出人は被害者の父である」、「被害者は、脳に障害を負い、現
　在、意識不明の状態にある。申出人は、被害者の配偶者である」
　などの記載で足りるとされています。裁判所が必要と判断した
　場合には、被害者の心身の故障については診断書等を、被害者
　との親族関係については戸籍謄本等の提出を求められます。
　　　また、代理で申出を行う場合には弁護士でなければできませ
　ん（審判規則69条2項）。これは、被害者等による審判の傍聴
　制度が、本来非公開の審判手続の例外であり、その申出の手続
　に関与する者も限定すべきと考えられたことによるものです。
　　　法定代理権、会社の代表権、弁護士の代理権についてはそれ
　ぞれ証する書類を提出する必要があります。
イ　被害者等に対する通知（医療観察法48条、審判規則70条）の申出
　　　裁判所は、対象者が対象行為を行ったと認められない場合、心神
　喪失者及び心神耗弱者のいずれでもないとして審判の申立てを却下
　した場合、入院の決定若しくは通院の決定をした場合に、対象行為
　の被害者等から申出があるときは、対象者の氏名及び住居並びに決
　定の年月日、主文及び理由の要旨を通知するものとされています。
　もっとも、この通知をすることが対象者に対する医療の実施又はそ
　の社会復帰を妨げるおそれがあり相当でないと認められる場合には
　通知をしないとされています。また、この申出は、審判の決定が確
　定した後3年を経過するとできなくなります（同法48条2項）。

通知の申出については、傍聴の申出にかかる規定（審判規則69条1項）が準用されます（同規則70条1項）。また、代理での通知の申出と通知の受領は、弁護士のみができるとされています（審判規則70条2項）。

(3)　今後の課題

対象行為を行った者が心神喪失あるいは心神耗弱であることにより、重大な行為を行ったにもかかわらず刑罰を受けることがない場合には、被害者等からすれば納得できない気持ちを持つことも多いと思います。法的な限界の中で、被害者に対する心身のケアはより重要です。

3　心神喪失者等に対する民事責任の追及

心神喪失者の場合には、責任能力がないわけですから、原則として、被害者等は、その者に対して民事上の損害賠償責任も追及できず（民法713条）、その者に法的な監督義務者ないし監督代行者がいる場合に、その監督義務者等に対し損害賠償請求ができます（民法714条）。

これに対し、心神耗弱者に対しては、責任能力が乏しいだけで責任能力はありますので、損害賠償を請求することは可能です。

4　犯罪被害者等給付金の支給等による犯罪被害者等の支援に関する法律による給付金支給

故意犯による犯罪被害であれば、責任無能力者の行為による被害であっても、上記法律による給付金の支給対象となり得ます。詳しくは、「第7章　被害者に対する経済的支援」を参照してください。

第7章

被害者に対する経済的支援

Ⅰ 犯罪被害者等給付金支給制度

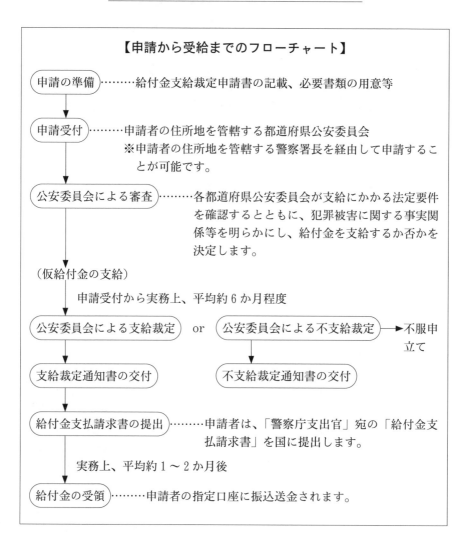

【申請から受給までのフローチャート】

申請の準備 ………給付金支給裁定申請書の記載、必要書類の用意等

↓

申請受付 ………申請者の住所地を管轄する都道府県公安委員会
　　　　　　　　※申請者の住所地を管轄する警察署長を経由して申請することが可能です。

↓

公安委員会による審査 ………各都道府県公安委員会が支給にかかる法定要件を確認するとともに、犯罪被害に関する事実関係等を明らかにし、給付金を支給するか否かを決定します。

↓

（仮給付金の支給）

申請受付から実務上、平均約6か月程度

公安委員会による支給裁定 or 公安委員会による不支給裁定 →不服申立て

↓　　　　　　　　　　　↓

支給裁定通知書の交付　　不支給裁定通知書の交付

↓

給付金支払請求書の提出 ………申請者は、「警察庁支出官」宛の「給付金支払請求書」を国に提出します。

↓

実務上、平均約1～2か月後

給付金の受領 ………申請者の指定口座に振込送金されます。

1　犯給支援法の目的と意義

　犯罪被害者等給付金の支給等による犯罪被害者等の支援に関する法律（昭和55年法律第36号、最終改正令和 3 年法律第36号。以下「犯給支援法」といいます。）は、犯罪行為（過失犯は除きます。）により不慮の死を遂げた者の遺族又は重傷病を負い若しくは障害が残った者の犯罪被害等を早期に軽減するとともに、これらの者が再び平穏な生活を営むことができるよう支援するため、犯罪被害等を受けた者に対し国が犯罪被害者等給付金を支給し、及び当該犯罪行為の発生後速やかに、かつ、継続的に犯罪被害等を受けた者を援助するための措置を講じ、もって犯罪被害等を受けた者の権利利益の保護が図られる社会の実現に寄与することを目的とする法律です（犯給支援法 1 条）。

2　利用要件

⑴　対象となる「犯罪行為」（犯給支援法 2 条 1 項）

　日本国内又は日本国外にある日本船舶若しくは日本航空機内において故意に行われた人の生命又は身体を害する罪に当たる行為。

　※　人の生命・身体を害する「故意犯」に限定されています。

　　①（含まれるもの）　緊急避難による被害（刑法37条 1 項本文）

　　　　　　　　　　　　責任無能力者の行為による被害（刑法39条 1 項）

　　　　　　　　　　　　刑事未成年者の行為による被害（刑法41条）

　　②（含まれないもの）　正当行為（刑法35条）

　　　　　　　　　　　　正当防衛（刑法36条 1 項）

⑵　対象となる「犯罪被害」（犯給支援法 2 条 2 項）

　犯罪行為（前述⑴）による死亡、重傷病又は障害。

　※　犯罪行為の時又はその直後における心身の被害であって、その後の死亡、重傷病又は障害の原因となり得るものも含まれます。

⑶　受給資格者

　犯罪被害者又はその遺族であって、犯罪行為時に日本国籍を有する者又は日本国内に住所を有する者（犯給支援法 3 条）。

【遺族の範囲及び支給を受ける順位（犯給支援法 5 条)】

① 配偶者（※内縁関係を含みます。）

② 犯罪被害者の収入によって生計を維持していた子、父母、孫、祖父母、兄弟姉妹。

③ ②に該当しない犯罪被害者の子、父母、孫、祖父母、兄弟姉妹。

※ ②及び③に掲げた者同士の間では、先に掲げた者が優先します。

※ 父母については、実父母より養父母が優先します。

※ 民法における相続人となる順位とは順位付けが異なるので注意が必要です（例：亡くなった被害者に配偶者及び被害者の収入により生計を維持していた子がいない場合は、被害者とは独立して生計を立てている子が存在しても、被害者の収入により生計を維持していた父母が第一順位となります。）。

⑷ **除外事由**

犯罪被害者と加害者との間に親族関係があるときや、犯行を誘発するなど犯罪被害者にも帰責事由があるとき、あるいは支給することが社会通念上適切でないと認められるときには、給付金の全部又は一部が支給されない場合があります（犯給支援法 6 条）。

ア 犯罪被害者と加害者との間に親族関係があるとき（犯罪被害者等給付金の支給等による犯罪被害者等の支援に関する法律施行規則（以下「犯給支援法施行規則」といいます。） 2 条、 3 条）

㋐ 犯罪被害者又は前述⑶により第一順位となる遺族（第一順位の遺族が二人以上いるときは、そのいずれかの者。以下「第一順位遺族」といいます。）と加害者が以下の親族関係にあったとき⇒全額不支給（ただし、犯罪被害者又は第一順位遺族が18歳未満の者の場合、親族関係が事実上破綻していた場合、人違い又は不特定の者を害する目的で犯罪行為を行ったと認められる場合、加害者が心神喪失の状態で当該犯罪行為を行った場合は、支給制限を受けません。）（犯給支援法施行規則 2 条 1 号）

① 夫婦（※内縁関係を含みます。）

② 直系血族（※事実上の養子縁組を含みます。）

　　　（犯罪被害者が18歳未満であった第一順位遺族（第一順位遺族が２人以上あるときは、そのいずれかの者。以下同じ。）を監護していたとき⇒３分の１不支給）

　(イ)　犯罪被害者又は第一順位遺族と加害者が三親等内の親族関係（上記(ア)に掲げるものを除く。）にあったとき（ただし、犯罪被害者又は第一順位遺族が18歳未満の者の場合、親族関係が事実上破綻していた場合、人違い又は不特定の者を害する目的で犯罪行為を行ったと認められる場合、加害者が心神喪失の状態で当該犯罪行為を行った場合は、支給制限を受けません。）⇒３分の２不支給（犯罪被害者が18歳未満であった第一順位遺族を監護していたとき⇒３分の１不支給）（犯給支援法施行規則２条２号）

　(ウ)　犯罪行為が行われた時において犯罪被害者又は第一順位遺族と加害者との間に親族関係があった場合において、犯罪被害者等給付金を支給することにより加害者が財産上の利益を受けるおそれがあると認められるとき⇒全部不支給（ただし、加害者が心神喪失の状態で当該犯罪行為を行った場合は、この限りでない。）（犯給支援法施行規則３条）

イ　犯行を誘発するなど犯罪被害者に帰責事由があるとき（犯給支援法施行規則４条、６条）

　(ア)　犯罪被害者又は第一順位遺族が次のいずれかの行為をしたとき⇒全額不支給

　①　当該犯罪行為を教唆し、又は幇助する行為。

　②　過度の暴行又は脅迫、重大な侮辱等当該犯罪行為を誘発する行為。

　③　当該犯罪行為に関連する著しく不正な行為。

　(イ)　犯罪被害者又は第一順位遺族が次のいずれかの行為をしたとき⇒一部不支給

　①　暴行、脅迫、侮辱等当該犯罪行為を誘発する行為。

　②　当該犯罪被害を受ける原因となった不注意又は不適切な行為。

ウ　支給することが社会通念上適切でないと認められるとき（犯給支援法施行規則５条）

　　犯罪被害者又は第一順位遺族に次のいずれかの事由があるとき⇒
　全額不支給
　①　当該犯罪行為を容認していたこと。
　②　集団的に又は常習的に暴力的不法行為を行うおそれがある組織
　　に属していたこと。
　③　当該犯罪行為に対する報復として、加害者又はその親族その他
　　の加害者と密接な関係にある者（※例：恋人など）の生命を害し、
　　又は身体に重大な害を加えたこと。
エ　犯罪行為が行われた時において、犯罪被害者又は第一順位遺族と
　加害者との間に密接な関係があったとき（三親等内の親族に該当す
　る親族関係があった場合を除く。）⇒3分の1不支給（犯給支援法
　施行規則7条）
オ　支給しない場合の特例
　　上記ア～エの場合でも、給付金の全部ないし一部を支給しないこ
　とが社会通念上適切でないと認められる特段の事情があるときは、
　給付金が支給されることがあります。
※　ア㋐①の事由（犯罪被害者又は第一順位遺族と加害者が夫婦で
　　あったとき）があるときでも、犯罪被害者又は第一順位遺族から
　　の申立てにより、当該加害者に対して、DV防止法の保護命令
　　（DV防止法10条）が発せられているとき、又は「これに準ずる
　　事情」がある場合（例えば、ストーカー規制法に基づき都道府県
　　公安委員会が当該加害者に対して禁止命令等を発していたなど、
　　公的機関が犯罪被害者を保護するため加害者に対して一定の命令
　　を発していたという事情がある場合が該当し得ます。）には、給
　　付金が支給されることがあります（犯給支援法施行規則2条柱書
　　き括弧書き「婚姻を継続し難い重大な事由が生じていた場合」）。
※　ウ②の事由（犯罪被害者又は第一順位遺族が集団的に又は常習
　　的に暴力的不法行為を行うおそれがある組織に属していたこと）
　　があるときでも、被害事実と当該組織に属していたこととの間に
　　関連性がないと認められ、かつ、給付金の申請者が現に当該組織
　　に属する者でないときには、給付金が支給されることがあります

（犯給支援法施行規則 8 条 2 項）。

⑸　**申請先、申請期間**

　　犯罪被害者等給付金の支給を受けるためには、都道府県公安委員会への申請が必要ですが、犯罪行為による死亡、重傷病又は障害の発生を知った日から 2 年を経過したとき、又は当該死亡、重傷病又は障害が発生した日から 7 年を経過したときは犯罪被害者等給付金の支給申請ができなくなります（犯給支援法10条 2 項）。

　　ただし、特例として、当該犯罪行為の加害者により身体の自由を不当に拘束されていたことその他の「やむを得ない理由」（例えば、犯罪被害を受けた後に他の事故等により意識障害に陥った場合などが想定されます。）によりこれらの期間内に裁定申請をすることができなかったときは、理由のやんだ日から 6 か月以内に限って裁定申請をすることができます（犯給支援法10条 3 項）。

※　裁定によって認められた犯罪被害者等給付金の受給権は、 2 年間行使しないときは時効によって消滅する（犯給支援法16条）ので、注意が必要です。

3　給付内容（給付金の種類と支給額等）

⑴　**遺族給付金**（〈書式等〉書式22「遺族給付金支給裁定申請書」）

　　最高額～最低額　2964万5000円～320万円

　ア　支給を受けられる人

　　　犯罪被害者の第一順位遺族

　イ　算定方法（以下は一例ですので、詳細は各都道府県の公安委員会にお問い合わせください。）

　　　被害者が死亡前に療養を受け、かつ、当該療養のために休業を余儀なくされた期間があった場合の算定方法（犯給支援法 9 条 1 項、 5 項）

　　　遺族給付金＝遺族給付基礎額（被害者の勤労に基づく収入日額を基準として政令により算定する額）×倍数（遺族の生計維持の状況を勘案して政令で定めたもの）＋被害者負担額（医療費の自己負担相当額）＋休業加算額

※ 休業加算額＝休業加算基礎額（政令により算定する額）×休業日数（休業当初の3日間は除く。）－部分休業日に得た収入の合算額

ウ 必要書類

遺族給付金支給裁定申請に際しては、主として以下に挙げるような書類が必要となります（犯給支援法施行規則16条）。

① 犯罪被害者の死亡の事実及び死亡の年月日を証明できる書類

② 犯罪被害者との続柄を明らかにできる戸籍謄本又は抄本

③ 住民票の写し

④ 犯罪被害者の収入で生計を維持していた事実を認めることができる書類

⑤ 犯罪被害者が死亡前に療養を受けたときの医療費の自己負担額を証明できる書類

⑥ 犯罪被害者が死亡前に療養のため従前の勤労に従事できなかったと認められることに関する診断書等

⑦ 犯罪被害者の収入日額及び休業日数を証明できる書類

⑧ 申請者以外に犯罪行為が行われた当時8歳未満であった生計維持関係遺族がいる場合には、当該者の生年月日を証明することができる書類（犯給支援法施行規則16条8号。生計維持関係家族に犯罪行為が行われた当時8歳未満の者が含まれる場合における遺族給付金に係る倍数を定めることに伴い、必要書類として求められます。）

⑵ **重傷病給付金**（〈書式等〉書式23「重傷病給付金支給裁定申請書」）

最高額　120万円

負傷又は疾病から1年間における保険診療による医療費の自己負担分と、場合によっては休業による損害を考慮した額が加算されて支給がなされます。

ア 支給を受けられる人

犯罪行為によって重傷病を負った犯罪被害者本人。

※ 「重傷病」とは

全治1か月以上かつ入院3日以上を要する負傷又は疾病のこと

をいいますが、当該疾病が精神疾患である場合は、その症状の程度が3日以上労務に服することができない程度であれば入院期間を要しません。

イ　算定方法（以下は一例ですので、詳細は各都道府県の公安委員会にお問い合わせください。）

重傷病の療養のため休業を余儀なくされた期間があった場合の算定方法（犯給支援法9条2〜4項）

重傷病給付金＝被害者負担額（医療費の自己負担相当額）＋休業加算額

※　休業加算額＝休業加算基礎額（政令により算定する額）×休業日数（休業当初の3日間は除く。）－部分休業日に得た収入の合算額

ウ　必要書類

重傷病給付金支給裁定申請に際しては、主として以下に挙げるような書類が必要となります（犯給支援法施行規則17条）。

①　犯罪行為による負傷又は疾病が重傷病に該当することを証明できる診断書等

②　被保険者証の写し

③　当該負傷又は疾病の療養についての医療費の自己負担額を証明できる書類

④　療養のため従前の勤労に従事できないと認められることに関する診断書等

⑤　被害者の勤労に基づく収入日額及び休業日数を証明できる書類

(3)　**障害給付金**（〈書式等〉書式24「障害給付金支給裁定申請書」）

最高額〜最低額　3974万4000円〜18万円

ア　支給を受けられる人

障害が残った犯罪被害者本人

※　「障害」とは

負傷又は疾病が治ったとき（その症状が固定したときを含みます。）における身体上の障害で、法令に定める程度の障害をいいます（障害等級：第1級〜第14級）。

　イ　算定方法（以下は一例ですので、詳細は各都道府県の公安委員会
　にお問い合わせください。）
　　　障害給付金＝障害給付基礎額（被害者の勤労に基づく収入日額を
　基準として政令により算定する額）×倍数（障害の程度を基準とし
　て政令で定めたもの）
　ウ　必要書類
　　　障害給付金支給裁定申請に際しては、主として以下に挙げるよう
　な書類が必要となります（犯給支援法施行規則18条）。
　①　症状固定時における身体上の障害の部位及び状態（要介護状態
　　の場合は、介護の必要の程度を含む。）に関する医師等の診断書
　　等
　②　被害者の勤労に基づく収入日額を証明できる書類

4　不服申立て

(1)　審査請求

　　　裁定内容に不服がある場合は、通知書を受け取った日の翌日から3
　か月以内又は裁定の日から1年以内に国家公安委員会に審査請求をす
　ることができます（行政不服審査法2条、18条）。

(2)　裁定取消訴訟

　　　審査請求に対する国家公安委員会の裁決に更に不服がある場合は、
　裁判所に裁定取消訴訟を提起することができます。
　　　なお、審査請求を行わず、直ちに裁判所に裁定取消訴訟を提起する
　ことはできないので注意が必要です（審査請求前置主義。犯給支援法
　21条）。

5　仮給付金制度

　　犯給支援法11条は、給付金を支給するに当たり、都道府県の公安委員
　会による裁定を受けるために申請をさせ、裁定を受けて初めて給付金を
　支給することとしていますが、裁定のために公安委員会が行う調査が長
　引き、被害者の救済に欠ける場合を考え、仮給付制度を認めています
　（犯給支援法12条）。

具体的には、犯罪行為の加害者を知ることができず、又は被害者の障害の程度が明らかでない場合にも当該支給を受け得るであろう額に相当する額を仮支給するとされています（犯罪被害者等給付金の支給等による犯罪被害者等の支援に関する法律施行令16条。なお、平成30年3月改正で上限が撤廃されました。）。

6 他の法令による給付等との調整

(1) 他の法令による給付等との関係

犯給支援法の給付金は、犯給支援法7条の規定により、労災等の災害保障関連法令による障害給付・遺族給付などで政令により定められるものと調整されます。よって、他の公的給付がなされた場合には給付金が減額されることがあります。

なお、厚生年金保険法、国民年金法、公務員共済組合法による年金給付や児童扶養手当法の児童扶養手当とは調整されません。また、生活保護制度との関係においては、生活保護受給者が犯罪被害者等給付金を受給した場合、自立更生のために当てられる額については収入認定しないとの運用がなされています。

(2) 損害賠償との関係

ア 被害者が、損害賠償を受けた場合には、「その価額の限度において、給付金を支給しない」（犯給支援法8条1項）とされており、犯給支援法施行規則19条において、損害賠償を受けた場合には速やかに公安委員会に届け出なければならないとされています。よって、被害者が被害弁償を先に受けた場合には、後に支給される給付金は減額されます。

実際に、給付金が支給決定された事案で、支給決定の直前に損害賠償を受領したため被害者が受領した旨を報告したところ、もとの支給額決定が取り消されて支給額が減額されたという報告例があります。

これは、犯罪被害者等給付金支給制度があくまで補充的な制度であり、損害賠償を受けられない場合に支給されるという建前になっているため、たとえ十分な賠償を受けていないとしても、このよう

な給付額の調整が行われます。

　しかしながら、給付額が減額されることは被害者に対する経済的支援という点では不十分であり、また受領の先後によって結論が異なることの不均衡は否めず、改正が望まれるところです。

イ　国が給付金を支給した場合は、「その額の限度において」「損害賠償請求権を取得する」と規定されています（犯給支援法8条2項）。国が、加害者に対する求償権を取得するという意味です。

　これは、加害者への責任追及のため、公平の観点から認められた規定であり、国が何らかの給付をする法律には一般的に規定されている条文です（例として、オウム真理教犯罪被害者等を救済するための給付金の支給に関する法律11条）。民法のいわゆる法定代位の規定ではありません。

　なお、国が取得した加害者に対する求償権の行使は、犯罪被害者保護の制度趣旨に鑑み、慎重に行われているということです。

ウ　犯給支援法8条2項はあくまで加害者に対する求償権であり、被害者に対して支給した給付金を返還請求する規定は犯給支援法上ないため、一旦支給した給付金を国が返還請求することは通常はありません。返還を求めないことについては、警察庁から回答を受けています。

コラム14

　犯人から被害弁償金を受領したのちに、犯罪被害者等給付金支給制度により、遺族給付金の裁定通知がなされたため、被害弁償があった旨を申告したところ、当初の給付金額が減額されて支給されたという事例が報告されています。

　遺族のAさんは、犯罪被害者等給付金支給制度により、遺族給付金の申請を行いました。その後、損害賠償命令制度を利用して、損害として3000万円の判決を得ました。犯人に資力はありませんでしたが、うち150万円のみ、任意の支払を受けることができました。この数日後、遺族給付金の裁定が通知され、その金額は300万円でした。

　犯給支援法施行規則19条において、被害弁償を受領した場合は、その旨申告しなければならないとされているため、Aさんは、公安委員会に150万円を受け取ったことを連絡しました。

　すると、数か月後に、300万円の遺族給付金が取り消され、150万円に変更する通知がきました。

　Ａさんは、公安委員会を相手取り、不当であると審査請求を行いましたが、結論は変わりませんでした。

　なお、犯罪被害者等給付金支給制度により現実に給付金を受領した後に、被害弁償を受けても、一旦支給された給付金の返還が求められたという事例は報告されていません。

7　その他の留意点

⑴　公課の禁止（犯給支援法18条）

　犯罪被害者等給付金支給制度によって支給を受けた金銭に対して、租税その他の公課を賦課することは禁止されています。

⑵　戸籍事項の無料証明（犯給支援法19条）

　遺族給付金等の支給を受けようとする場合には、犯罪被害者とその遺族との関係を示すために戸籍謄本が必要になりますが、これらの戸籍に関して、市町村長は無料で証明することができると規定されていますので、戸籍謄本等を取得する必要がある際には手数料について確認しましょう。

⑶　犯罪被害者等給付金支給制度の運用改善（第４次犯罪被害者等基本計画）

　平成28年４月に策定された第３次犯罪被害者等基本計画を承継し、令和３年４月から令和８年度末までを計画期間とする「第４次犯罪被害者等基本計画」が閣議決定されました。第４次犯罪被害者等基本計画においては、引き続き、重点課題の一つとして「損害回復・経済的支援等への取組」が挙げられ、その具体的施策の一環として、現行の制度の運用を改善し、早期に給付金の支給をするよう警察庁が努めることとされました。給付金の支給が遅延するときには、これらの施策を指摘して早期に支給するよう公安委員会に対して求めることが考えられます。

⑷　警察庁内部での運用基準（裁定に関する警察庁の通達）

　「重傷病」や「障害」の認定の基準等、犯給支援法の裁定のための

事務処理については、警察庁において犯罪被害給付制度事務処理要領が定められています（「犯罪被害給付制度事務処理要領の改正について」（令和2年12月15日付警察庁丙給厚発第129号）、「犯罪被害給付制度事務処理要領の改正に伴う運用上の留意事項について」（平成30年3月30日付警察庁丁給厚発第89号））。

Ⅱ　日本司法支援センター（法テラス）による支援

1　法テラスを利用した弁護士費用の援助

法テラス（URL：https://www.houterasu.or.jp/）を利用した犯罪被害者のための弁護士費用の援助制度は、①犯罪被害者法律援助制度（日弁連委託援助事業）、②被害者参加の場合の国選被害者参加弁護士制度、③民事法律扶助制度、の三つです。

大まかにいえば、起訴前から刑事手続終了までの間、例えば被害届の提出等の捜査機関関連や示談交渉・法廷傍聴など一連の流れで利用できる制度が①の援助制度です。②は、被害者参加ができる事件についての、国選被害者参加弁護士制度であり、刑事弁護の国選弁護人に近いイメージです。③は、一般の民事法律扶助制度のことですが、刑事事件終了後の示談交渉や損害賠償請求（損害賠償命令制度も含む。）の場合は、③を利用することになります。つまり、要件を満たせば、①②③を全て同一事件で利用することもできます。

2　犯罪被害者法律援助制度（日弁連委託援助事業）

⑴　概要

犯罪被害者法律援助制度とは、犯罪等の被害者又はその親族若しくは遺族が刑事裁判、少年審判等手続、行政手続に関する活動を希望する際に、日弁連の委託援助事業として法テラスを通じて弁護士費用等を援助する制度です。

⑵　援助の対象

犯罪被害者法律援助制度の援助の対象は、被害届提出、告訴・告発、

警察署・検察庁等への事情聴取同行、法廷傍聴・証人尋問・意見陳述の付添い、刑事手続における和解の交渉、マスコミ対応等及びこれらに関わる法律相談とされています。

　示談は、被疑者又は被告人から示談の申入れを受けている場合には、本制度の利用が可能ですが、加害者に対して積極的に損害賠償を請求する場合には民事法律扶助が利用可能なため、本制度の利用はできません。また、加害者が既に刑事事件の判決を受け、あるいは起訴猶予処分を受けている等、刑事手続が終了している場合についても、刑事事件への関与がないため、本制度の利用はできません。

　また、配偶者暴力（DV）の事案では、暴力を振るう配偶者を告訴するなど、刑事手続援助・行政手続援助を行う場合は利用可能ですが、裁判所に保護命令を申し立てる場合は民事法律扶助の対象となるため、本制度を利用することはできません。

(3) 利用のための要件及び手続

　犯罪被害者法律援助制度の利用に当たっては、対象者の要件、資力要件、必要性・相当性という三つの要件を満たす必要があります。各要件を満たすと判断した弁護士は、①重要事項説明書に基づいて申込者に説明を行った上で、当該書面に申込者から説明を受けた旨の署名押印を徴求するとともに、申込者との連名により②日本弁護士連合会委託法律援助利用申込書（犯罪被害者）及び③日本弁護士連合会委託援助個別契約書を作成します。これらの書式は、日弁連ウェブサイトの会員専用ページ「書式・マニュアル」からダウンロードすることができます。

　申込みはこれら①～③の書面を法テラス地方事務所に提出（持参、郵送の他、FAX送信も可能ですが、誤送信のおそれ等個人情報の保護には十分注意が必要です。）することによって行い、これを受けて法テラスの地方事務所長が援助開始の決定を行います。援助開始決定前であっても申込後にした活動は報酬加算の対象となりますが、申込前の活動は対象になりませんので、注意してください。

　なお、一部の弁護士会においては援助利用申込書・終結報告書の送付先を法テラス地方事務所ではなく弁護士会としている場合がありま

すので、所属弁護士会に確認してください。

ア　対象者の要件

　　犯罪被害者法律援助制度の対象者は、生命、身体、自由又は性的自由に対する犯罪及び配偶者暴力、ストーカー行為による被害を受けた者又はその親族若しくは遺族です。被害者参加の対象となる犯罪は全て対象となり、それ以外に痴漢や盗撮等の性的犯罪や配偶者暴力、ストーカー行為を対象に含みます。傷害罪は負傷の軽重を問わず対象となり、暴行罪も加害者が反社会的勢力であったり被害者に著しく重い精神的被害が生じた場合には対象となります。建造物侵入罪などであっても、盗撮目的があるなど性的犯罪やストーカー行為の一環と評価できるときには対象となります。このように、対象は広めに認められていますので、積極的に制度を利用しましょう。

　　なお、ここでいう「遺族」とは、死亡した被害者の配偶者、子、父母、孫、祖父母及び兄弟姉妹をいい、事実上婚姻関係や親子関係と同様の関係にあった者も含むものとされます。

　　窃盗罪や詐欺罪などの財産犯の被害者は原則として援助の対象者に含まれません。ただし、著しく大きな精神的苦痛を被っている等、財産被害の回復以外の刑事及び少年審判等手続・行政手続に関する援助活動が必要と考えられる場合には援助の対象となる場合があります。

　　また、被害者参加対象犯罪の被害者が被害者参加弁護士を希望する場合には国選被害者参加弁護士制度を利用するのが原則とされており、犯罪被害者法律援助制度の申込みは原則できません。ただし、法廷傍聴等以外の援助活動がある場合については利用できることがありますので、法テラスに問い合わせてください。

イ　資力要件

　　申込者の資力（現金、預金等の流動資産の合計額）から、当該犯罪行為を原因として申込日から 1 年以内に支出することとなると認められる費用の額（治療費等）を差し引いた額が300万円以下である場合に利用できます。援助を申し込む際に収入証明等の疎明資料を提出する必要は原則としてありません。

　　なお、上記の基準を満たさない場合でも、やむを得ない事情により生計が困難と認められるときは、例外的に援助の対象となる場合があります。

　ウ　必要性・相当性

　　弁護士に依頼する必要性及び相当性があることが必要です。

(4)　援助される弁護士報酬、費用

　　犯罪被害者法律援助制度の申込時期が起訴前の場合には、援助開始決定時に基礎報酬・費用相当分として13万2000円（消費税込）が支払われます。

　　申込時期が起訴後の場合には、基礎報酬・費用相当分として6万6000円（消費税込）が支払われます。

　　申込時期が起訴後の場合であっても、被害者参加弁護士（国選・私選）が付かなかった案件、及び被害者参加弁護士が付いた案件であっても、起訴前の活動が認められる場合には、事件の終結時に追加で6万6000円（消費税込）が支払われます。

　　なお、法テラスの報酬基準は変更されることが多いので、都度確認すべきです。

　　追加の費用が生じた場合には、原則5万円（消費税込）を上限として追加費用が支払われます。

　　また、被援助者が現実に利益を得た場合の成功報酬についても基準が定められています。

(5)　被援助者の負担

　　犯罪被害者法律援助制度においては、弁護士費用を被害者の持ち出しとならないように制度が設計されています。すなわち、弁護士報酬相当分や費用相当分については、被援助者に交付することが基本となっています。この部分について、被援助者に対して負担を求めるかどうかは、受任弁護士の意見を法テラスが聴取した上で決定されますので、被害者等が置かれている状況を十分に考慮して、丁寧な意見を述べるようにしてください。示談金として交付された額が300万円を超えるような場合などに、弁護士報酬及び費用相当分を負担するよう求められることが多いようです。ただし、被援助者が18歳未満のときは、現

実に利益を得た場合の成功報酬を除き、援助費用の負担はありません。

　一方で、被援助者が、金銭賠償を受けるなどの現実的な利益を得た場合の成功報酬については、被援助者の負担となります。現在の基準では、現実に入手した金額が1000万円以下である場合は当該金額の13.2%、これを超えて3000万円以下であるときは8.8%、これを超えて5000万円以下であるときは6.6%、これを超える場合には5.5%と定められています（平成19年 3 月30日　日本弁護士連合会　日本司法支援センター　委託要綱（令和 4 年 2 月22日最終改正）10条、別表 3 ）。

3　国選被害者参加弁護士制度

⑴　概要

　被害者参加制度の施行と同時に、被害者参加人のために国費で弁護士を選定する国選被害者参加弁護士制度が施行されました（保護法11条～18条）。

　国選被害者参加弁護士は、事件が係属している裁判所が選定しますが（保護法13条 1 項）、被害者参加人による国選被害者参加弁護士選定請求（以下「選定請求」といいます。）は法テラスを通じて行うものとされ（保護法11条 2 項）、法テラスが国選被害者参加弁護士の候補を指名して裁判所に通知します（保護法12条 1 項）。

　国選被害者参加弁護士の候補として法テラスの指名を受けるには、法テラスと被害者参加弁護士契約を締結する必要があります。

⑵　対象事件

　被害者参加が認められた全ての事件が対象となります。

⑶　資力要件

　被害者参加人の資力（現金、預貯金等の流動資産の合計額。家族の資産は含みません。）から、当該犯罪行為を原因として選定請求日から 6 か月以内に支出することとなると認められる費用（治療費、付添看護費、介護費、リハビリ費用等）を差し引いた額が、200万円未満（平成25年12月 1 日施行の政令による基準額）である場合に利用することができます（保護法11条 1 項参照）。

　なお、資力要件については、疎明資料等は不要とされています。

(4)　選定手続

ア　原則

(ア)　国選被害者参加弁護士となることを希望する弁護士は、法テラスと被害者参加弁護士契約（国選弁護人契約や国選付添人契約とは別の契約です。）を締結します。契約方法は地方によって異なり、弁護士会ごとに被害者参加制度・被害者支援制度に関する研修の受講などの条件が設けられていますので、詳細は法テラス地方事務所又は所属弁護士会に問い合わせてください。

(イ)　法テラスは、被害者参加弁護士契約を結んだ弁護士を、地方事務所ごとに備え付けられている指名通知用名簿に登録します。

(ウ)　国選被害者参加弁護士の選定を希望する犯罪被害者等は、検察官を通じて裁判所に被害者参加の申立てを行い、裁判所の決定により被害者参加人となった後、法テラス地方事務所に、国選被害者参加弁護士選定請求書・資力等申告書、国選被害者参加弁護士の選定に関する意見書（書式は法テラスのウェブサイトにあります。）及び裁判所から送られてきた参加許可の通知書（期日通知書）を提出して、国選被害者参加弁護士の選定請求手続を行います（保護法11条2項）。この手続は、裁判所所在地を管轄する法テラス地方事務所のほか、被害者参加人の住所地を管轄する法テラス地方事務所でも行うことができます。

(エ)　選定請求を受けた法テラス地方事務所は、指名通知用名簿に登録されている弁護士に対して指名打診を行います。

その際は、指名打診をする弁護士について被害者参加人から意見を聴取することになっており（保護法12条3項）、前述の国選被害者参加弁護士の選定に関する意見書がこれに当たるほか、必要に応じて法テラスから被害者参加人に電話等で連絡がなされます。被害者参加人が選定請求以前から弁護士を選任し、又は弁護士の支援を受けている場合には、当該弁護士を国選被害者参加弁護士として選定してほしい旨意見を述べれば、原則として当該弁護士に指名打診が行われます（後記イ参照）。また、裁判所所在地と被害者参加人の住所地が異なる場合には、被害者参加人の住

所地の弁護士を選定するよう求めることも可能です。

その他、指名打診の具体的な方法については、各地方の弁護士会と法テラス地方事務所との間の協議によって決まります。

㋕ 指名打診を受けた弁護士が承諾すれば、法テラス地方事務所は、当該弁護士を国選被害者参加弁護士の候補者として指名し、裁判所に通知します（保護法12条1項）。

なお、指名打診を受けた弁護士は、これを承諾するよう努めなければならないとされています（国選被害者参加弁護士の事務に関する契約約款）。承諾に当たっては、利益相反が生じないように、被疑者段階で当番弁護士として活動した事件ではないか等を確認する必要があります。

㋖ 法テラスからの指名通知を受けた裁判所は、当該弁護士を国選被害者参加弁護士に選定します（保護法13条1項）。裁判所による国選被害者参加弁護士の選定については、関係者に対して通知されますが、国選被害者参加弁護士に選定された弁護士は、その旨を法テラスに報告することとされていますので（国選被害者参加弁護士の事務に関する契約約款）、注意が必要です。

なお、国選被害者参加弁護士は審級ごとに選定されますので、被害者参加人が控訴審・上告審の際にも国選被害者参加弁護士の選定を希望する場合には、審級ごとに同様の手続をとる必要があります（保護法14条1項）。

イ 持込事件の場合

従前から特定の犯罪被害者等の依頼を受けて活動していた弁護士は、当該事件について被害者参加が認められ、被害者参加人が国選被害者参加弁護士の選定を希望する場合には、被害者参加人に代わって法テラスに選定請求を行うとともに、自らを国選被害者参加弁護士に選定するよう求めることができます。

選定請求の手続を弁護士が行う場合の手続及び必要書類については、被害者参加人からの委任状を添付する以外には持込事件ではない場合と変わるところはなく、弁護士本人が選定請求に必要な書面を法テラス地方事務所に持ち込むことができます。また、前述のと

おり、選定請求自体は被害者参加人自身が行い、選定に関する意見において既に委任している弁護士がいるのでその弁護士を選定してもらいたい旨述べることでも可能です。

　その際、当該弁護士が法テラスとの間で被害者参加弁護士契約を結んでいなければ、契約手続を行うことになりますが、手続は地方によって異なりますので、詳細は法テラス地方事務所に問い合わせてください。また、持込事件については、当該弁護士が選定されるために法テラス地方事務所の指名通知用名簿にあらかじめ登録されている必要はありませんが、その後、持込事件以外を受任することを希望する場合には、別途指名通知用名簿への登録が必要です。

　ウ　複数選定について

　　同一事件における複数の国選被害者参加弁護士の選定については、制度上特段の制約は設けられていませんが、特別の事情がなければ認めないとする運用がなされているようです。複数選任を求める場合には、上申書を提出するなどして裁判所に必要性を十分説明し、説得する必要があります。

⑸　**活動の終了**

　国選被害者参加弁護士としての活動は、以下のような場合に終了します。

①　選定を受けた事件について判決が宣告され、上訴期間が満了した場合

②　公訴棄却決定がなされ、即時抗告期間が経過した場合

③　国選被害者参加弁護士の選定が取り消された場合

④　上訴審において、上訴が取り下げられた場合

⑹　**報酬・費用の算定・支払**

　ア　活動終了時の手続

　　㈠　国選被害者参加弁護士としての活動を終了した日から14日以内（土日・休日、1月2日、1月3日、12月29日〜12月31日は含みません。）に、法テラスに対して事件終了の報告書を提出し、報酬・費用の支払を請求します。その際は、請求する費用等について疎明資料を添付する必要があります（国選被害者参加弁護士の

事務に関する契約約款の別表第 2 参照)。

　　期限までに報告書が提出されない場合には、法テラスから当該弁護士及び所属弁護士会に対してその旨が通知されます。①当該通知の日から 7 日以内に報告書が提出されない場合、又は②当該通知の日から 7 日以内に報告書が提出されても、当初の期限までに報告書を提出しなかったことにつきやむを得ないと認められる事情がない場合には、基礎報酬を50％減額されることがあり、かつ、加算報酬・費用の支払を受けることができなくなりますので注意が必要です。

(イ)　法テラスは、報告書記載の内容に基づき、報酬基準に従って報酬・費用を算定し、その額及び内訳を通知します。その際、報告内容を確認するために、法テラス地方事務所が当該弁護士に対して調査を行うことがあり、この調査には協力しなければならないとされています。

(ウ)　通知された報酬・費用の額に不服がある場合には、通知を受けた日から 7 日以内に、法テラスに対し、不服がある算定項目及び不服の理由を記載した書面を提出して、不服申立てを行うことができます。

　　法テラスは、不服申立てを受けた日から 7 日以内に、報酬・費用を再度算定した結果を通知します。

　　なお、これに対する再度の不服申立てはできません。

(エ)　報酬・費用は、月末までに確定した分について、翌月20日までに報酬・費用振込口座に送金されます。

イ　中間払いの手続

　　①国選被害者参加弁護士に選定されてから 6 か月を経過した場合、又は②請求できる記録謄写費用及び通訳人費用の合計額が10万円を超えた場合には、報酬・費用の中間払いを請求することができます。手続の方法は、活動終了時の報酬・費用請求の場合と同様です。

　　一度中間払いを請求した後、更に 6 か月が経過し、又は請求できる記録謄写費用及び通訳人費用の合計額が10万円を超えた場合には、再度中間払いを請求でき、同様に 3 回目以降の請求も可能です。

(7)　報酬の種類

　国選被害者参加弁護士の報酬の種類は、主に、以下のとおりです。ただし、詳細については、法テラスが定める「国選被害者参加弁護士の事務に関する契約約款」の別紙「報酬及び費用の算定基準」等を参照するか（法テラスのホームページで閲覧できます（214頁参照）。）、各地の法テラスに確認してください。

ア　第一審

　(ア)　通常報酬

　　a　基礎報酬

　　　原則として、非裁判員裁判事件については10万3000円、裁判員裁判については23万円とされており、一定の事由がある場合に加算・減額されますが、選定に係る事件記録の閲覧及び謄写をすることなく、被害者参加人が出席することができる最初の公判期日に出席したときは、公判期日直前に国選被害者参加弁護士に選定された等、当該弁護士に帰責性のない理由があり、閲覧・謄写を行わなかったことが真にやむを得ないと認められる場合であっても、基礎報酬は80％に減額されますので、この点注意が必要です。

　　b　公判加算報酬

　　　公判加算報酬は、公判期日への出席や、一定の期日対応について報酬が加算されるもので、実質公判期日加算、判決宣告期日等加算、公判前整理手続等対応加算、評議対応加算（裁判員裁判事件のみ）があります。

　(イ)　遠距離打合せ・協議等加算報酬

　　　①被害者参加人、検察官との打合せ・協議等、②記録の閲覧又は謄写、③事件現場の確認、④目撃者その他の関係者からの事情聴取その他の活動のために、一定以上の距離を移動した場合には、移動距離に応じて遠距離打合せ・協議等加算報酬が支給されます。

イ　上訴審

　基礎報酬が、控訴審について6万円、上告審について5万円とされていること、原審の記録の丁数が1000を超えるときは基礎報酬が

加算されることのほかは、上訴審における報酬の種類及び加算・減額事由は、おおむね第一審の場合と同様です。

⑻　**費用の種類**

法テラスから支給される費用としては、以下のものがあります。こちらも詳細については、法テラスへご確認ください。

① 記録謄写費用

② 遠距離打合せ・協議等交通費及び宿泊料

③ 通訳人費用

④ 訴訟準備費用

4　被害者参加人に対する旅費、日当及び宿泊料

被害者参加人の旅費、日当及び宿泊料は、国選被害者参加であるかを問わずに支給されます（保護法 5 条 1 項）。現在の定めでは、鉄道の乗車券料金（特急料金は片道100キロメートル以上のみ）、船舶を要する場合には乗船券料金、鉄道も船舶もない場合（バスなど）の場合には路程賃として 1 キロメートルごとに37円（端数切り捨て）が支給されます。鉄道のグリーン料金は支給されないのが通常です。また、飛行機代は、航空機を利用すべき特別の事由がある場合のみ支給されます（犯罪被害者等の権利利益の保護を図るための刑事手続に付随する措置に関する法律施行令 1 条）。日当は、現在の定めでは、 1 日あたり1700円とされ（同施行令 2 条）、宿泊を要する場合の宿泊料は、宿泊地の区分により8700円又は7800円とされています（同施行令 3 条）。

実際の請求の際には、被害者参加人が住居所地からの旅行を要することを証明するために、運転免許証等の住居所が明らかになる書類、振込先情報（金融機関名、支店名、口座種別、口座番号、口座名義）が分かる書類のコピー（通帳又はキャッシュカードのコピー）を添え、被害者参加旅費等請求書を裁判所書記官に提出します。このとき、旅費等請求書には認印（インク浸透式のネーム印などは不可）を押捺する必要がありますので、印鑑を持参するように被害者参加人には伝えておくことが必要です。

請求書が裁判所書記官に提出されると、法テラス本部犯罪被害者支援

課に書類が回送され、記載内容の確認や算定・送金が行われます。このため、被害者参加旅費等は法テラスからの支払となります。

　なお、被害者が出席した日から請求ができますが、原則として判決等により裁判が終了した日から30日以内に請求書を裁判所に提出しない場合、請求できなくなるので、注意が必要です（同施行令6条1項）。

5　DV、ストーカー、児童虐待の被害者への法律相談援助

　「総合法律支援法の一部を改正する法律」（平成28年法律第53号）が、平成30年1月24日から施行され、DV、ストーカー、児童虐待の被害を現に受けている疑いがある被害者は、法テラスにおいて、再被害の防止に関して必要な法律相談であれば、刑事・民事を問わず、弁護士との面談で行われる法律相談を受けることができるようになりました（DV等被害者法律相談援助制度）。

　上記のいずれの被害者の場合も、緊急で法律相談を行うべき場合があるため、この法律相談は、資力の有無を問わずに、受けることができるとされています。

　ただし、一定の基準を超える資産を持っている被害者は、後日、相談料（1件5400円）を負担するということになっていますが、その資産基準は高く、また、被害者名義の預貯金が有っても、配偶者に管理されていて自由に引き出せない場合には除くなど、被害内容を踏まえた控除がなされており、多くの場合は、結果として、無料で法律相談を受けることができることになると考えられます（資産基準については、複数の控除事由があるため、利用時に、法テラスへご確認ください。）。

6　精通弁護士の紹介制度

(1)　法テラスによる精通弁護士の紹介

　法テラスが行う業務の一つとして、被害者等に対する「精通弁護士（犯罪被害者の問題に精通した弁護士）の紹介」業務があります。精通弁護士の紹介は、精通弁護士名簿の五十音順での紹介が原則ですが、必ずしも、当該順番ではなく、事案に応じて、柔軟な対応を行っています。

　　具体的には、女性が被害者の性犯罪の事案においては、女性の弁護士を紹介したり、マスコミの注目度の高い事案や暴力団関係などで複数の弁護士での対応が望ましい場合などには、各単位会に連絡の上で、相応の対応を求めたりすることもあります。

　　以下は、法テラス窓口の電話番号です。

　　法テラス　犯罪被害者支援ダイヤル

　　電話番号：0120－079714

⑵　**精通弁護士その他の私選弁護士と国選弁護士との関係**

　　起訴前に精通弁護士その他の私選弁護士に委託している被害者等について、起訴後に被害者参加が認められたので、私選弁護士を引き続き国選弁護士として選定したい（いわゆる国選成り）場合には当該弁護士が国選被害者参加弁護士になることも可能とされています。被害者参加弁護士の選定に当たっては、被害者等の意見を聴くことになっており、既に援助制度などで弁護士が選任されている場合に、被害者等が当該弁護士を国選弁護士として選定するよう意見を述べれば、原則としてその希望が通ることになっています（ただし、当該弁護士が国選弁護士として法テラスとの間で基本契約を締結している必要があります。）。

Ⅲ　その他の支援

1　自動車損害賠償保障法（自賠法）に基づく政府保障事業

　　加害自動車が自賠責保険を付保していない無保険車の場合や、ひき逃げのように加害自動車の保有者が不明である場合など、自賠責保険金が請求できないときに、自賠責保険制度を補完する被害者救済制度です。法定限度額（自賠責保険金と同額）の範囲内で損害が塡補されますが、既に健康保険や労災保険から給付を受けたり、損害賠償の支払を受けているときは、その給付額又は賠償金額が差し引かれます。

　　保障請求権は、傷害については事故発生日から、後遺障害については症状固定日から、死亡については死亡日から3年（平成22年3月31日以

前に発生した事故については2年）で時効により消滅します。

2　地方公共団体の支援

　地方公共団体においても、被害者の支援が行われています。支援の具体的内容や要件は各地方公共団体ごとに異なるので、実際に支援の申出をする際には、各地方公共団体への問い合わせが必要ですが、例としては、支援金の支給、生活費の補助、警察や病院などへの付添い、緊急避難場所の提供、就業支援、及びホームヘルパーの派遣などが行われています。

　例えば、東京都では、東京都犯罪被害者等支援条例に基づき、見舞金の給付や無料法律相談、転居費用の助成、被害者参加制度における弁護士費用の助成の事業を行っています。

　なお、各地方公共団体において、被害者特有の支援制度が設けられていないこともありますが、その場合でも、一般的な生活困窮者に対する支援などを活用することにより、一時金の貸付や避難住居の提供等の支援を受けられることもありますので、具体的な事情を説明し、何らかの支援策を講じてもらえないかを直接相談するのが良いでしょう。

3　民間の支援

(1)　公益財団法人　交通遺児育英会

　保護者等が交通事故で死亡したり、著しい後遺障害のため働けなくなった家庭の子女等のうち、経済的理由で修学困難な高校生以上の生徒・学生に奨学金を貸与して、進学援助を行っています。

(2)　独立行政法人　自動車事故対策機構

　自動車事故により死亡したり、重度の後遺障害が残った方の中学校卒業までの子を対象に、交通遺児等貸付として、育成資金の無利子貸付を行っています。

(3)　公益財団法人　交通遺児等育成基金

　自動車事故により死亡した方の子について、損害保険会社などから支払われる損害賠償金等の中から拠出金を払い込んで基金に加入し、これを運用するとともに国の補助金や民間からの負担金等を加えて、

子が満19歳に達するまで育成給付金を支給する育成基金事業と、生計を支えていた方が死亡したり、重度の後遺障害を負って生活が困窮しており、かつ、義務教育終了前の子がいる家庭に対して、越年資金、入学支度金、進学等支援金及び緊急時見舞金の支給を行っています。

⑷　**公益財団法人　犯罪被害救援基金**

　生命又は身体を害する故意の犯罪行為により死亡又は重度の障害が残った方の子弟のうち、経済的理由により修学が困難な方に対し奨学金を給与する奨学金給与事業、及び犯罪被害者等で現に著しく困窮している方へ支援金を支給する支援金支給事業を行っています。

⑸　**全国暴力追放運動推進センター（公益財団法人　全国防犯協会連合会）**

　暴力団の不当な行為による被害者に見舞金を支給するなどの経済的支援等を行っています。支援の内容は各都道府県のセンターごとで異なりますので、詳しくは各地のセンターに問い合わせてください。

第 8 章

マスコミ対策

Ⅰ　はじめに

　被害者は、犯罪行為そのものによって被害を受けるだけにとどまりません。犯罪発生直後からマスコミの取材と報道の対象として平穏な社会生活、名誉やプライバシーが脅かされ、いわゆる「報道被害」を受ける可能性が常にあります。社会的関心の高い重大事件であればあるほど報道被害の危険性も高まりますし、それによる被害も甚大になります。

　犯罪報道は、報道の自由の一環であり、報道の自由は、知る権利と不可分の関係にあるとともに、違法捜査等をチェックするために必須であると思われます。また、犯罪被害の風化を防ぐという意義もありますので、被害者としては、自己に報道被害が及ばないのであれば、積極的に協力することも考えられるところです。

　しかし、他方で、犯罪被害を好奇の目で報道するものも少なくなく、事実誤認や偏見に基づく報道、被害者側の落ち度を盛んに強調する報道もみられます。

　よって、被害者等の支援に当たっては、犯罪発生直後からマスコミ対策、広い意味での世論対策を検討しておかなければなりません。

　以下では、被害者がマスコミの「取材」と「報道」の対象となる場面ごとに想定し得る問題の対策・対応を検討し、最後に報道被害の救済手段をまとめておくこととします。

Ⅱ　取材対策

1　警察の被害者実名発表への対応

　マスコミによる被害者等への取材は、被害者関連情報を含む警察発表やマスコミの警察への取材など、警察の捜査等がきっかけとなることがほとんどです。そこで、警察に対して被害者情報を匿名発表するよう要請することが考えられます。

　犯罪被害者等基本法施行後、令和3年3月30日に閣議決定された「第

４次犯罪被害者等基本計画」（令和８年度末までの５か年計画）には、従前の平成28年４月の「第３次犯罪被害者等基本計画」にも規定されていた「警察による被害者の実名発表、匿名発表については、犯罪被害者等の匿名発表を望む意見と、マスコミによる報道の自由、国民の知る権利を理由とする実名発表に対する要望を踏まえ、プライバシーの保護、発表することの公益性等の事情を総合的に勘案しつつ、個別具体的な案件ごとに適切な発表内容となるよう配慮していく」と同様の規定があります。

　しかし、従前と同様に、明確な基準はなく、警察署や地方によって対応はまちまちであると思われます。少年事件、性犯罪は匿名発表になることが多く、財産犯や生命・身体に対する犯罪、交通事犯は対応が分かれているようです。

　また、匿名発表を要請する前に警察発表が出されてしまうことも多く、社会的関心の高い事件の場合は被害者側の要請にかかわらず実名発表となりがちです。各報道機関は独自に実名・匿名報道の基準を有しているようですが、いずれにせよ実名報道が原則であり、被害者の特定が事件の報道に重要でないとき、報道することによって被害者が不利益を被る危険があるときなどに限って匿名報道にしているので、注意が必要です。

2　取材への対応

(1)　取材への基本的対応

　マスコミは、被害者側が事件によるショックで取材を受けられる状況であるかどうかにお構いなく、事件直後から取材攻勢をかけてきます。

　そこで、まず大事なのは、できるだけ速やかにマスコミ側に被害者への直接的な取材を禁止するよう表明することです。

　マスコミ側にこの要請を行うに当たっては、①被害者宅等の玄関先に貼り紙をする方法や、②記者クラブに要請書をFAXする方法がありますが、多くの場合、被害者本人がこれらを自ら行うことは困難です。

　そこで、被害者支援においては、取材攻勢から被害者を守るため、

被害者から依頼を受けた弁護士が連絡窓口を自らに一本化し、いわば被害者の防波堤となってマスコミ対応一切を引き受け、マスコミ取材をコントロールすることが重要となります（〈書式等〉書式25「記者クラブを通じての取材自粛のお願い」参照）。

　なお、取材を禁止されると何らの情報も得られないために、禁止を破って取材をする者もおりますので、定期的に、あるいは不定期であっても事前に日時を予告し、代理人弁護士が取材を受ける機会を提供する（場合によってはコメントを発表する。）ことによって取材攻勢が鎮静化することもあります。その際、事前にFAXで質問事項を受けておくなどして、まとめられる回答を整理しておくことも有用であると考えます。そして、直接取材の禁止の要請を破った者には、以後、代理人弁護士を通じた取材の機会に参加することも含めて全ての取材を禁止するなどの措置についてもあらかじめ周知させておくことが必要です。

　なお、マスコミの影響力は極めて大きく、侵害される被害者の名誉や経済的損失などは事後的救済では回復できないことから、ストーカー被害における「接近禁止の仮処分」の趣旨を活用して、要請に従わない取材攻勢に対しては、裁判所の仮処分を考慮することの提言もあります。

　仮に、被害者側で直接の取材に応じられる状況になったと判断しても、被害者が思わぬ負担を負うなど、二次被害を受ける危険性が高いので、被害者の意思を十分に確認して慎重に行ってください。実際に取材を受ける場合には、日時や場所を被害者側で設定し、個社単位ではなく、可能な限りまとめて取材に応じるなど、被害者側に過度な負担が生じないように工夫し、マスコミに配慮を求めることが望ましいでしょう。また、それまでの経緯によっては、信頼できる取材者であると判断できる場合があり、そのような場合には被害者と協議の上、個々的な取材を受けることも考えられます。

　なお、取材を受ける際には、そこで話したことがそのまま記事にされ、放送され、言葉が一人歩きして被害者の本意とは違う解釈をされるリスクがあるということを十分認識した上で発言する必要があるこ

とは言うまでもありません。また、話したことがそのまま記事にされるのであればよいのですが、断片的に記事にされ全体として被害者の気持ちとは全く異なった記事になることもあります。

　このようなリスクを避けるためには、あらかじめ文書を用意してコメントを配付しておくことも有用であると思います。

⑵　**マスコミとの連絡手段**

　マスコミの多くは、①捜査段階の取材については警察記者クラブ（警視庁であれば、朝日、毎日、読売、東京、日経、共同の新聞・通信社6社が加盟する「七社会」、NHK、産経、時事、ニッポン放送、文化放送、東京MXテレビの新聞・通信社・放送局6社が加盟する「警視庁記者倶楽部」、日本テレビ、TBS、フジテレビ、テレビ朝日、テレビ東京の民放5社が加盟する「ニュース記者会」がある。）に所属する記者が担当し、②被害者参加制度を利用する場合など公判段階の取材については司法記者クラブ（東京であれば東京地方裁判所2階にある。）に所属する記者が担当する、という体制をとっているようです。各段階に応じて適当な記者クラブと連絡をとるようにしてください。

　なお、記者クラブの連絡先は、警視庁又は道府県警察本部や地方裁判所本庁の広報担当者に問い合わせれば教えてくれます。記者クラブは各社持ち回りで幹事社が決められているので、連絡は幹事社の担当記者と行うことになります。ただし、記者クラブに所属していない雑誌等のメディアについては、個別の対応が必要となりますので、ご注意ください。また、記者クラブに所属しているテレビ局であっても、それは報道担当の記者ですので、テレビ局の記者であっても芸能等の担当であれば別個の対応をとらなければなりません。

⑶　**メディア・スクラム（集団的過熱取材）への対応**

　社会的に注目度の高い事件は、しばしばマスコミ同士の取材合戦が加熱します。そして、短期間に大量の取材陣が殺到し、被害者や遺族等関係者、近隣の社会生活に重大な支障を生じさせ、あるいは深刻な精神的ダメージを与えることがあります。これが、いわゆるメディア・スクラム（集団的過熱取材）と呼ばれる問題です。

　この問題への対応としては、以下に挙げるような手段を通じて、メディア同士で取材条件の調整（取材人数の制限等）を行うよう要請することが考えられます。

①　集団的過熱取材に関する苦情受付窓口が都道府県ごとに設置されているので、この窓口を通してメディア・スクラムを解消する措置をとってもらう。

　　（※苦情受付窓口の連絡先は、記者クラブ若しくは日本新聞協会の集団的過熱取材対策小委員会に問い合わせてください。）

②　放送関係者の取材活動については、放送倫理・番組向上機構（BPO）内に設置された放送と人権等権利に関する委員会（BRC。本章Ⅳ1⑵（236頁）参照）に苦情の申立てを行い、放送関係者に対してメディア・スクラムを解消する措置をとるよう要望を出してもらいます（同委員会運営規則5条5項）。

③　この他に、所轄の警察署に通報し、パトロールや注意喚起等を要請するという方法にも一定の効果があると思われますし、個別の記者の取材活動に問題がある場合は、執拗なつきまといなどのプライバシー侵害行為をできるだけ具体的に特定し、これを「人権侵害行為」と明確に位置付けて、当該記者所属メディアの警察担当キャップ、支局長、社会部長などに直接抗議を申し入れることも有用です。

　なお、日本新聞協会及び日本民間放送連盟（民放連）はそれぞれ集団的過熱取材についての見解を策定し、ウェブサイトで公表していますので、確認してみてください。

3　記者会見・コメント発表

　犯罪被害を受けてしばらくの間は記者会見を行う必要がある場合は少ないと思われます。刑事の公判や民事の損害賠償などの訴訟の節目で行えば十分であると考えます。

　記者会見は、マスコミから要請を受けて行う場合と被害者側からマスコミ側に要請して行う場合があります。

　記者会見やコメント発表という手段は、被害者感情を世論に訴えたいという場合だけでなく、被害者に関する誤ったイメージや情報が報道に

より流布されている際に、そのイメージを払拭し、情報を訂正したいという場合にも有用です。必要に応じて、被害者側から社会に向けて積極的に情報を発信することも検討すべきでしょう。また、犯罪被害の風化を防ぐという意味でも有用です。

　もっとも、記者会見は社会に与える影響が大きいため、漫然と開くことは禁物です。実名をふせるかどうか、顔の映像を出すかどうか、音声を加工してもらうかどうか、質問や時間の制限を設けるか、代理人弁護士のみが出席するか等を、被害者等の意向をきちんと確認して、ケースバイケースで検討すべきでしょう。

　なお、記者会見を開催する場合は、記者クラブ宛に開催趣旨等を記載した要望書をFAXで提出し、記者クラブ幹事社と十分に打合せをしておくことが不可欠ですので、ご注意ください。

Ⅲ　報道対策

1　被害者実名・写真報道への対応

　マスコミは被害者等を実名報道するのが原則ですが、最近は被害者側の要請があれば匿名報道にするケースが増えつつあります。第一報は実名報道でも、続報で匿名報道に切り替えるケースもあります。

　したがって、被害者等が匿名報道を希望する場合は、被害者の特定が事件の報道に重要でないことや報道することによって被害者が受ける不利益が大きいことなどをマスコミ側に十分に説明した上で、配慮を求めるべきです。顔写真掲載への対応も同様です。

2　誤報や偏向報道への対応

　誤報や偏向報道がなされている場合に、これを中止させ、訂正・謝罪を求める手段としては、まず当該マスコミとの直接交渉があります。

　マスコミは、名前の間違いといった明白な誤りであれば大抵すぐに訂正に応じますが、人物像といった評価や視点が混じった報道については編集権を盾に訂正を拒否してくることが往々にしてあります。マスコミ

側に明確な事実誤認と認識させない限り、訂正発表を実現させるのは極めて困難だと考えておいた方がいいでしょう。

　交渉に入る場合は、担当記者ではなく、できるだけ上層の責任者（社会部長や編集局長など）との対面交渉を求めるべきです。交渉の第一段階は、客観的な事実関係・証拠を書面等で提示し、相手方に事実誤認であると認識してもらい、それ以上誤った続報をさせないことです。真実を知る当事者や関係者を連れて行き、編集責任者の面前で証言してもらうことも考えられます。

　この第一段階をクリアして続報を阻止できたとしても、すぐに訂正発表を応じてもらえるとは限りませんし、どのような文言で訂正発表するかも問題となり得ます。訂正・謝罪を勝ち取るためには粘り強い交渉を覚悟しなければなりません。

　なお、放送メディアの誤報に対する訂正放送の請求については、後述します。

Ⅳ　報道被害の救済手段

1　裁判外の救済

　わが国では、多くの欧米諸国で普及している報道評議会（Press Council）のような報道被害救済制度は確立していませんが、裁判外の救済手段がいくつか存在しますので、これらの活用も検討してみてください。

⑴　マスコミ各社の第三者機関への申立て

　近年、大手マスコミには、報道被害の苦情申立てに対応する第三者機関を設置する例が増えています。各社の読者・視聴者窓口などを通じて問い合わせて、こうした機関に対する申立てを行うことが考えられます。

⑵　放送と人権等権利に関する委員会（BRC）への申立て

　放送により名誉やプライバシーなどの人格権を侵害された被害者を救済するための委員会で、民放連とNHKによって設置された独立機関「放送倫理・番組向上機構」（BPO）内に設置されています。

　被害者からの申立てに基づき審理を行い、「見解」若しくは「勧告」を公表します。必要に応じて審理結果の趣旨に基づく放送や改善措置の報告を要請します。仲介・斡旋による解決を図る場合もあります。ただし、審理の対象が限定されているので注意してください。

⑶　放送事業者に対する訂正放送の直接請求

　真実でない放送をした場合、放送日から3か月以内であれば、被害者等から放送事業者に対し、訂正放送の請求を行うことができます（放送法9条1項）。

　この規定は、前述のとおり「自律的に訂正放送等を行うことを国民全体に対する公法上の義務として定めたものであって、被害者に対して訂正放送等を求める私法上の請求権を付与する趣旨の規定ではない」とする最高裁平成16年11月25日判決（判例タイムズ1169号125頁）があり、裁判上の請求はできないとされています。

　しかし、裁判外で訂正放送の直接請求をすれば放送メディアに調査義務が生じますので、訂正放送をさせる契機となります。

⑷　日本雑誌協会が設置する雑誌人権ボックス（MRB）への申立て

　雑誌記事に関わる人権上の問題につき、FAX（03-3291-1220）若しくは文書による苦情申立てがあれば、該当する出版社に報告され、各社編集部から2週間以内に回答されます。日本雑誌協会が事案解決案を提示するということはありません。

⑸　日弁連・各弁護士会の人権救済委員会に対する人権救済申立て

　日弁連や各弁護士会の人権救済委員会の人権救済申立制度を利用することも考えられます。申立てに基づき、予備審査、審査を経て、警告・勧告・要望といった措置がとられます。過去に、報道機関に対して要望が出された例もあります。

⑹　インターネット上の情報

　削除要請をサイトの管理者に要請することになりますが、サイトの管理者が不明であったり、個人のホームページであったりする場合には、個別に削除要請をすることが困難であると思われますので、名誉毀損に該当するような場合には警察に告訴するなどして、捜査機関による削除の機会を獲得することが考えられます。

2　裁判上の救済

　　刑事上の対応としては名誉毀損罪等での告訴が考えられますが、民事上の救済としては、①仮処分による差止めと②訴訟に大きく分けられます。

(1)　出版等の事前差止め

　　新聞の配達、雑誌の販売、放送等が行われる前に当該報道等の内容を察知し、これが発表されると名誉権やプライバシー権が侵害されるおそれがある場合は、民事保全法に基づき出版等の禁止を求める仮処分命令の申立てをすることが考えられます。

(2)　訴訟上の請求

　　訴訟による被害救済は、当該メディアに対する人格権侵害に基づく慰謝料請求が基本となります。

　　このほか、民法723条に基づく「名誉を回復するのに適当な処分」として訂正・謝罪広告の掲載を請求することが考えられます。

　　他方、反論権（いわゆるアクセス権）の請求や訂正放送の請求は、裁判上認められていません。ただし、訂正放送の請求時における放送内容の確認（閲覧）請求権（放送法10条）を認めた裁判例はあります（東京高判平成8年6月27日）。

　　いずれにせよ犯罪被害者の保護と報道の自由は、民主主義社会における永遠のテーマであり、現在においては、節度をもった取材をするマスコミとそれに信頼の基礎をおく被害者との適度な緊張関係を、事例として積み重ねていくことによって、将来の関係を形成していくことになると思われます。

第9章

関係機関との連携

1　弁護士・弁護士会

　被害者から相談を受けた弁護士が、被害者の住所や勤務先若しくは犯罪地が遠隔地であることなどの理由により、自己の受任が困難であったり不適当であったりする場合、他の弁護士を紹介することが必要になることがあります。

　この場合、既に相談の内容が具体的になっているときには、単に他の弁護士会の名称や電話番号を教えて電話するように指示するのみであると、被害者からみれば、他の弁護士に同じことを再度話さなければならないことになるため、負担が多く、二次被害にもなりかねないことから、事前に当該弁護士会に連絡し、あるいは、日本司法支援センター（法テラス）の被害者支援精通弁護士名簿によって、他の弁護士の候補を得て、被害者の承諾が得られれば、これまでの経緯を伝えるなどして、引継ぎまで行うことが必要です。

2　日本司法支援センター

　日本司法支援センター（法テラス）では、犯罪被害者の支援情報の提供のほか、弁護士の紹介も行っています。

　また、一定の要件のもとで、弁護士費用の援助制度を利用することもできます。

　　犯罪被害者支援ダイヤル　0120－079714

3　警察・検察庁

　被害者から相談を受けた場合、捜査情報の取得、付添い、被害者の保護、その他の支援を受けるため警察や検察庁との連携が必要になることがあります。

⑴　**警察**

　　警察では、生命身体に対する犯罪等の被害者に対し、捜査情報の連絡を行ったり、希望により自宅付近のパトロールを実施したりしています（暴力団犯罪の被害者など、お礼参りの危険がある場合もパトロールによる保護を行っています。）。

　これらは、被害者から要請させるだけでなく、場合によっては、弁護士も被害者と同行して警察署に出向き、捜査状況を聞いたり、被害者の身辺のパトロールを強化するよう要請したりする必要があります。

　また、各都道府県の警察ごとに犯罪被害者支援室が設置され、被害者等からの相談や情報提供に応じています。具体的には警察庁の「警察による犯罪被害者支援」のホームページに記載があります。

　　https://www.npa.go.jp/higaisya/shien/index.html

⑵　検察庁

　公判段階においては、公判担当検察官と面接し、積極的に情報収集し意見交換を行うことになります。特に、被害者参加をしている場合は、参加の範囲と内容について担当の検察官と綿密に打ち合わせをする必要があります。

　また、各都道府県の検察庁には犯罪被害者支援室が設置されており、被害者等からの相談窓口の設置や事件記録の閲覧等の援助、各種支援機関に関する情報提供等の支援を行っています。検察庁の各地の被害者ホットラインの連絡先は以下に記載があります。

　　https://www.moj.go.jp/keiji1/keiji_keiji11-9.html

4　犯罪被害者等早期援助団体

⑴　犯罪被害者等早期援助団体とは

　都道府県公安委員会は、「犯罪被害者等給付金の支給等による犯罪被害者等の支援に関する法律」に基づき、犯罪被害等を早期に軽減するとともに犯罪被害者等が再び平穏な生活を営むことができるように支援する事業を適正かつ確実に行うことができると認められる非営利法人を犯罪被害者等早期援助団体として指定しています。

　犯罪被害者等早期援助団体は、犯罪被害等に関する相談や、警察、裁判所、検察庁、自治体等への付添いなどの役務の提供、物品供与又は貸与その他の方法による犯罪被害者等の援助、犯罪被害者等給付金の裁定の申請補助、犯罪被害者等の支援に関する広報活動及び啓発活動等を行っています。

　また、警察等は、被害者等の同意を得た上で被害者等の氏名・住所、

犯罪の概要等の情報を犯罪被害者等早期援助団体に提供することができ、犯罪被害者等早期援助団体は提供された情報に基づいて被害者等に接して必要な支援等を早期に行うことが可能となっています。

　現在、各地で犯罪被害者等早期援助団体が公安委員会から指定を受けています。東京都では、公益社団法人　被害者支援都民センターが犯罪被害者等早期援助団体の指定を受けています。

(2)　**公益社団法人　被害者支援都民センター**

　同センターでは、身体被害や性被害を受けた被害者に対する支援活動として、精神科医、臨床心理士その他による電話相談や、法廷、病院への付添い、自助グループへのアドバイスなどを行っています。実際の支援活動に当たり、被害を受けた場所や被害者の住所地が遠方である等の事情がある場合には、他の早期援助団体と連携をとるケースもあります。法廷への付添いなどは事情が分かっている弁護士が行うべきですが、弁護士では対応が困難な精神面でのケアを要する場合には、積極的に紹介すると良いと思われます。

　同センターの具体的な支援サービスの主な内容は、以下のとおりです。

- 　面接相談及び電話相談
  精神科医や臨床心理士、専門的な訓練を積んだ犯罪被害相談員による相談業務を行っています。
- 　被害者への直接的支援
  被害者の希望に応じて、自宅訪問、警察署、病院、法廷への付添い等の多様なサービスを行っています。
- 　関係機関・団体等との連携による被害者支援活動
  警察、検察庁や弁護士会など関係機関・団体等と連携を密にし、充実した被害者支援活動を行っています。
- 　被害者自助グループへの支援
  被害者遺族の自助グループを開催しています。
- 　相談員・被害者支援ボランティアの養成及び研修
  基礎研修、実地研修等を継続的に行うほか、各分野における専門家講師の指導を得て、相談受理技術の向上を図っています。

- 被害者の実態等に関する調査及び研究

　先進的な被害者支援活動について調査及び研究するとともに、被害者支援シンポジウムを開催するなどして、一層充実した被害者支援活動を展開しています。

- 被害者支援活動に関する広報及び啓発

　被害者支援のキャンペーンやチラシ・リーフレットの配布等のほか、ホームページを開設するなどして、より幅広い広報及び啓発活動を行っています。

　（同センターホームページより転載）

〔連絡先〕〒169−0052　東京都新宿区戸山 3 −18− 1

　　　　　　事務局　TEL　03−5287−3338

　　　　　　　　　　FAX　03−5287−3339

　　　　　　ホームページ　https://www.shien.or.jp/

5　行政窓口

　犯罪被害者等基本法 5 条は、「地方公共団体は、基本理念にのっとり、犯罪被害者等の支援等に関し、国との適切な役割分担を踏まえて、その地方公共団体の地域の状況に応じた施策を策定し、及び実施する責務を有する。」としています。かかる趣旨に則り、多くの自治体で各種機関との連携体制を構築し、被害者相談窓口の設置や情報提供等を行っています。また、一定の犯罪被害を受けた被害者やその家族・遺族等について、公営住宅の優遇抽選の制度を設ける等、犯罪被害者に対する経済的支援措置をとっている自治体もあります。

　さらに、犯罪被害者が、生活保護等を受ける必要がある場合には、各福祉事務所に相談をする必要があります。

　必要に応じて、各自治体等へお問い合わせください。

6　被害者の組織

○　一般社団法人　交通事故被害者家族ネットワーク

　交通事故の解決において「悔い」を残す被害者や遺族を一人でも減らしたいという思いに基づく交通事故被害者家族のネットワークです。

　　　　ホームページ　http://jiko-kazoku.com/

7　その他の機関

⑴　精神面に関する支援機関

　ア　精神保健福祉センター等

　　　精神保健福祉活動のために設立された施設であり、電話相談、面接相談などを行っています。東京都では、以下の精神保健福祉センターがあります。

　　　精神的なケアを要する場合に紹介することができます。

　　　　　　〔連絡先〕東京都立精神保健福祉センター

　　　　　　　　　　　03-3844-2210（代表）

　　　　　　　　　　東京都立中部総合精神保健福祉センター

　　　　　　　　　　　03-3302-7575（代表）

　　　　　　　　　　東京都立多摩総合精神保健福祉センター

　　　　　　　　　　　042-376-1111（代表）

　イ　一般社団法人　日本臨床心理士会

　　　会員による電話相談等を行っています。

　　　　　　〔連絡先〕03-3817-6801（事務局）

　ウ　一般社団法人　日本いのちの電話連盟

　　　精神的な危機に対する専門家によるアドバイスを行っています。

　　　　　　〔連絡先〕03-3263-6165（事務局）

　　　　　　ホームページ　https://www.inochinodenwa.org/

⑵　女性、児童に対する犯罪の被害に対する支援機関

　　　相談者が子どもである場合や、性犯罪、DVの被害に遭った女性である場合、以下のような機関を紹介することも考えられます。以下に紹介するもの以外の機関については、各地の「配偶者暴力相談支援センター」や「女性の人権ホットライン」を探してください。

　ア　東京都児童相談センター・児童相談所

　　　児童に関する相談一般を行うほか、犯罪被害者の遺児の生活の場の提供（一時保護、施設入所、里親委託等）、被害者家族の子どもや性的被害を受けた子どもに対して精神的、医学的見地からの支援

を行っています。各所の児童相談センター・児童相談所にお問い合わせください。

イ　東京都女性相談センター

　女性からのさまざまな相談に応じており、同時に配偶者等からの暴力で悩んでいる人のための配偶者暴力相談支援センターでもあります。緊急保護や自立のための支援が必要な女性の相談を受けています。

〔連絡先〕女性相談センター

03−5261−3110、042−522−4232

ウ　東京ウィメンズプラザ

　女性のための悩み相談、暴力専門相談、また男性のための悩み相談などを行っています。DV被害や職場・家庭の問題の悩みに関する相談、女性弁護士、精神科医師による相談（予約制）も行われています。また男性相談専門の相談員による電話相談にも対応しています。

〔連絡先〕東京ウィメンズプラザ相談室

03−5467−2455

(3)　性暴力・性犯罪の被害に対する支援機関

ア　ワンストップ支援センター

　ワンストップ支援センターは、性犯罪・性暴力被害者に、被害直後からの総合的な支援（産婦人科医療、相談・カウンセリング等の心理的支援、捜査関連の支援、法的支援等）を可能な限り1か所で提供することにより、被害者の心身の負担を軽減し、その健康の回復を図るとともに、警察への届出の促進・被害の潜在化防止を目的とするものです。

　ワンストップ支援センターは、全ての都道府県に設置されており、全国共通の短縮電話番号「＃8891」に電話すると、発信場所から最寄りのワンストップ支援センターにつながります。各都道府県におけるワンストップ支援センターの名称、相談受付日時などは、内閣府のホームページに一覧があります（https://www.gender.go.jp/policy/no_violence/seibouryoku/consult.html）。

　　　〔連絡先〕ワンストップセンター・全国共通番号
　　　　　＃8891
イ　NPO法人性暴力救援センター・東京（SARC東京）
　　性暴力被害直後からの中長期にわたる総合的支援を行うワンストッ
プ・センターです。24時間ホットライン、面接相談、産婦人科的医
療、弁護士による法的支援、他機関紹介、生活再建支援などを行っ
ています。
　　　〔連絡先〕24時間ホットライン
　　　　　03－5607－0799
ウ　NPO法人レイプクライシスセンターTSUBOMI
　　レイプ、痴漢、ストーカーを含む性暴力被害者の支援を行うワン
ストップ・センターです。
　　　〔連絡先〕03－5577－4042

書式等

書式1　告訴状

告　訴　状

令和　　年　　月　　日

警視庁●●警察署　署長　殿
（東京地方検察庁　検察官　殿）
　下記事件につき、告訴人は、被告訴人により、下記の告訴事実にあるとおりの被害を受けましたので、被告訴人に対し、厳正な捜査の上、厳重に処罰することを求めます。

記

第1　告訴人
　1　氏　　名
　2　住　　所
　3　生年月日

第2　被告訴人
　1　氏　　名
　2　住　　所
　3　生年月日

第3　告訴事実
　　　被告訴人は、令和●●年●月●日午前●時頃、東京都渋谷区●●先路上において、告訴人に対し、右手拳でその左顔面付近を数回殴打するなどの暴行を加え、よって、告訴人に通院加療約●週間を要する顔面挫傷の傷害を負わせたものである。

告訴代理人
〒●●　東京都●●
　　　　　●●法律事務所
　　　　　TEL
　　　　　FAX
　弁　護　士（担当）　●●　　　　　　印
　　　　　　　　　　（●●弁護士会所属）
　弁　護　士　　　　　●●　　　　　　印
　　　　　　　　　　（●●弁護士会所属）

添付資料
1　告訴委任状（原本）　　1通

注）告訴状には、告訴委任状以外を添付せず、被害に至る経緯、被害状況、被害後の状況、告訴に至る経緯等については、被害者の上申書や弁護人作成の報告書を別途作成して、告訴状とともに提出し、証拠等については、告訴状の受理の際に、正式な押収手続によって提出します。

書式 2　告訴取消書

告訴取消書

　私が警視庁○○警察署長宛てに令和○○年○月○日付けで行った被告訴人○○○○に対する○○罪に関する告訴は、本日、これを取り消しますので、その旨を本書をもってお届けいたします。

令和○○年○月○日

　　　　　　　　　　　　　　告訴人　（住所）

　　　　　　　　　　　　　　　　　　（氏名）　　　　　　　　　　印

警視庁○○警察署長　殿

あるいは

東京地方検察庁　御中

書式３－１　合意書

合　意　書(※1)

　被害者●●●●(※2)（以下「甲」という。）と加害者▲▲▲▲（以下「乙」という。）は、乙が、令和　　年　　月　　日午　　時頃、　　　　において、甲に対し、・・・・・・した件（以下「本件」という。）に関して、以下のとおり合意する。

1　乙は、本件を深く反省し、甲に対し、深く謝罪する。(※3)
2　乙は、甲に対し、本件の損害賠償金として、金　　　　万円の支払義務があることを認める。(※4)
3　乙は、本日、甲に対し、前項の金員のうち　　　　万円を支払い、甲は、これを受領した。
4　乙は、甲に対し、第２項の金員から前項の支払額を控除した残額　　　　万円を、次のとおり分割して、★★銀行☆☆支店の●●●●名義の普通預金口座（口座番号　　　　）に振り込む方法により支払う。ただし、振込手数料は乙の負担とする。
　　令和　　年　　月から令和　　年　　月まで毎月末日限り　金　万円ずつ(※5)
5　乙が、前項の金員の支払を怠り、その額が　　　　万円に達したときは、当然に期限の利益を失い、乙は、甲に対し、第２項の金員から既払金を控除した残金及びこれに対する本件発生日から支払済みまで年５分の割合による遅延損害金を直ちに支払う。
6　本合意は、甲が、乙を宥恕するものではないことを確認する。(※6)
7　甲と乙は、甲と乙との間には、本件に関し、本合意書に定めるほか、何らの債権債務も存在しないことを相互に確認する。

令和　　年　　月　　日

甲　　　　　　　　　　●　●　●　●
東京都　　区　　丁目　　番　　号
○　○　法　律　事　務　所
上記代理人弁護士　　　　○　○　○　○　印

乙　　　　　　　　　　▲　▲　▲　▲
東京都　　区　　丁目　　番　　号
△　△　法　律　事　務　所
上記代理人・弁護人　　△　△　△　△　印

注）※1　「和解書」、「示談書」という語が被害者の心情にそぐわない場合もあります。表題を「合意書」、「確認書」等の加害者を許すとのニュアンスが伴わないものとすること、あるいは、そもそも双方の合意という形をとらず、加害者の「念書」の形をとることも考えられます。念書の形式は、被害者が氏名等の一切を秘匿したいと希望している場合や、保護監督者の誓約を入れる場合、双方の署名を得る時間的余裕がない場合等に特に有用です。

※2　合意形式で被害者の氏名を秘匿したい場合、「○○事件の被害者」との形で被害者を特定する方法もあります。ただし、債務名義をとる必要を考えると、氏名を明らかにしなければいけないので、被害者氏名を別紙記載の扱いとし、別紙は加害者に見せないという方法をとる等、工夫が必要です。

また、被害者氏名の秘匿について、示談の事実が書面上明らかにならないとして加害者（及びその弁護人）に反対される場合もあり得ますが、捜査官から被害者本人に事実確認してもらえれば示談の事実は明らかになります（事前に捜査官に確認してください。）ので、被害者の希望がある場合には、積極的に行ってください。

※3　合意書に謝罪条項を記載することにより、謝罪を受け入れたとみなされ得るので、謝罪を受け入れないという意思を明確にしたい場合には、謝罪条項の削除も検討する必要があります。

※4　損害賠償金の一部であることを明示して受領することも考えられます。この場合は、残部についての合意や、清算条項の文言に別途留意する必要があります。

※5　実刑が予想される場合には、「身柄釈放日の属する月の翌々月から」等と約定することも考えられます。

※6　弁護人から宥恕文言の記載を求められる場合はありますが、被害者が「宥恕」という言葉になじみがなく、その意味を正確に理解できていない場合がありますので、安易に応じるべきではありません。宥恕文言を記載する場合には、被害者にその意味を説明し了解を得るとともに、「乙を許し、寛大な処分を求める」等の平易な表現にすることも考慮するとよいでしょう。また、被害者が合意書の内容には納得していても、単純に加害者を宥恕する気にはなれないといった場合には、「甲は、乙が本合意書の各条件を遵守することを前提に、これを受け入れ乙を宥恕する。」との条件を付する等の工夫も考えられます。

※　その他、特殊な和解条項としては、以下のようなものが挙げられます。
①　加害者と被害者が顔見知りであった事例において、加害者からの今後の接触を禁じる条項
「乙は、甲に対し、今後、電話、手紙、メール、ＳＮＳその他一切の方法をもって連絡をとらず、甲に近づかないこと、正当な理由がない限り、甲の自宅、勤務先その他甲が所在すると考えられる場所に近寄らないこと、仮に偶然に甲に出会った場合には直ちにその場を離れることを約する。」
②　性犯罪の事例において、加害者が更生プログラムを受けることを約する条項
「乙は、今後、○○の性犯罪者更生プログラムに参加し、更生に向け、真摯に努力することを誓約する。」
③　加害者が被害者（代理人弁護士）に対し、所在を通知することを約する条項
「加害者は、身柄釈放から●年が経過するまでの間、次のときは、2週間以内に、被害者代理人弁護士に対し、書面で、居住場所を通知する。
(1)　身柄が釈放されたとき
(2)　居住場所を変更したとき」

書式３－２　念書

被害者代理人弁護士　　　　　殿

念　　書

1　私は、このたび被害者のお宅に侵入したことを心から謝罪し、二度とこのようなことをしないことを誓います。

2　私は、被害者に対し、慰謝料として金200万円を持参し代理人宛に支払いました。

3　私は、今後、被害者のお宅には絶対に立ち入りません。また、被害者に対し、直接・間接を問わず、一切連絡・接触をしません。

4　私は、被害者との間に何ら債権債務がないことを確認します。

　　　　令和　　年　　月　　日
　　　　　　住所

　　　　　　氏名　　　　　　　　　　　　　　　　　　　印

　　上記○○の身元保証人として同人の両親が、上記を同人に遵守させ、今後きちんと監督することを誓った。

　　○○の身元を保証します。

父　　　住所

　　　　氏名　　　　　　　　　　　　　　　　　　　　印

母　　　住所

　　　　氏名　　　　　　　　　　　　　　　　　　　　印

注）被害者が恐怖のあまり名前も伏せてほしいとの依頼により、合意書形式ではなく念書形式で差し入れさせた事例です。加害者本人のほか、その両親も、被害者代理人弁護士の事務所に出頭して謝罪し、二度とこのようなことはしないと誓ったケースになります。

書式4　審査申立書

<table>
<tr>
<td colspan="2" rowspan="2" style="text-align:center">審　査　申　立　書

検察審査会　御中</td>
<td rowspan="3">受
付
印</td>
<td rowspan="3"></td>
</tr>
<tr></tr>
<tr>
<td>申立年月日</td>
<td>令和　　　年　　　月　　　日</td>
</tr>
<tr>
<td>申　立　人</td>
<td>（資格）　□ 告訴人　□ 告発人　□ 請求をした者　□ 被害者　□ 遺族
（住居）〒　　　－

（電話）
（職業）
ふりがな
（氏名）　　　　　　　　　　　　　　　　　　　印

（生年月日）　□ 昭和　□ 平成　□　　年　　月　　日生
□ その他の申立人は（　□ 備考欄，　□ 別紙）のとおり</td>
<td colspan="2"></td>
</tr>
<tr>
<td>申立代理人</td>
<td>（資格）　□ 委任　□ 法定
（住居）〒　　　－

（電話）

（氏名）　　　　　　　　　　　　　　　　　　印</td>
<td colspan="2"></td>
</tr>
<tr>
<td>罪　　名</td>
<td colspan="3"></td>
</tr>
<tr>
<td>不起訴処分
年　月　日</td>
<td colspan="3">□平成
□令和　　　年　　　月　　　日　　　　□平成　　　年検第　　　　号
　　　　　　　　　　　　　　　　　　　　□令和</td>
</tr>
<tr>
<td>不起訴処分
を　し　た
検　察　官</td>
<td colspan="2">地方　　　　　　支部
　　　検察庁
　　区</td>
<td>□ 検事　□ 副検事　□ 検察事務官
（氏名）〔　　　　　　　　　　　〕</td>
</tr>
<tr>
<td>被　疑　者</td>
<td colspan="3">（住居）〒　　　－

（職業）

（氏名）

（生年月日）　□ 昭和　□ 平成　□　　年　　月　　日生
□ その他の被疑者は（　□ 備考欄，　□ 別紙）のとおり</td>
</tr>
<tr>
<td colspan="4">※　申立人又は被疑者が複数の場合は，備考欄又は別紙を利用して作成してください。
※　記載事項で不明なものがある場合は，「不明」と記載してください。</td>
</tr>
</table>

被疑事実の要旨

不起訴処分を不当とする理由

備　　考

※　被疑事実の要旨欄，不起訴処分を不当とする理由欄が不足する場合は，備考欄又は別紙を利用して作成してください。

（本書式の出典：裁判所ウェブサイト（URL：https://www.courts.go.jp/vc-files/courts/file5/sinsamousitate.pdf））

書式5　被害者参加申出書

令和○○年（○）第○○号　危険運転致死被告事件

被告人　　甲　野　太　郎

被害者参加申出書

令和○○年○月○日

○○地方検察庁　検察官　殿

被 害 者 参 加 人　　乙　川　花　子

被害者参加弁護士　　丙　山　次　郎　㊞

　上記被告人に対する危険運転致死被告事件につき、刑事訴訟法第316条の33第1項
に基づき、手続への参加を申し出ます。

以　上

書式 6　委託届出書

令和○○年（○）第○○○○号　○○○○被告事件

被告人　　甲　野　太　郎

委　託　届　出　書

　　　　　　　　　　　　　　　　　　　　　　　令和○○年○月○日

○○地方裁判所　御中

　　　　　　　　　　　　　　　　被害者参加人　　　乙　川　花　子

　　私は、参加が許可された頭書事件につき、弁護士丙山次郎に刑事訴訟法に規定する行為のうち下記の行為を委託しましたので、連署をもって届け出ます。

　　　　　　　　　〒○○○－○○○○　　甲県A市南町2412
　　　　　　　　　　　　　　被害者参加人　　乙　川　花　子　㊞
　　　　　　　　　〒○○○－○○○○　　甲県A市一番町 1 番地
　　　　　　　　　　　　　　丙山綜合法律事務所
　　　　　　　Tel.00－0000－0000　　Fax.00－0000－0000
　　　　　　　　　　　弁　護　士　丙　山　次　郎　㊞

記

(1)　公判期日への出席（刑事訴訟法第316条の34）

(2)　検察官に対する意見申述（刑事訴訟法第316条の35）

(3)　証人尋問（刑事訴訟法第316条の36）

(4)　被告人質問（刑事訴訟法第316条の37）

(5)　事実又は法律の適用についての意見陳述（刑事訴訟法第316条の38）

　　　　　　　　　　　　　　　　　　　　　　　　　　　　　以上

注）「検察官に対する意見申述（刑事訴訟法316条の35)」は、条文上、裁判所に対する連署での届出は要求されていませんが（刑事訴訟規則217条の35第 1 項）、5 項目全てを委託するのが通常ですので、本書式においては、記載をしています。

書式7　意見陳述の申出書（刑訴法292条の2）

令和○○年（　）第○号　○被告事件

被告人　○　○　○　○

意見陳述の申出書

令和　　年　　月　　日

○○地方検察庁　御中

被　害　者　　○　○　○　○

同代理人弁護士　　○　○　○　○　㊞

　上記被告人の頭書事件について、被害者　　　　　　　　として、刑事訴訟法第292条の2に基づき、同被告事件の公判期日において、被害に関する心情その他の被告事件に関する意見の陳述を致したく、申し出ます。

以　上

書式 8　意見陳述申出書（刑訴法316条の38第 1 項）

令和○○年（○）第○○号　過失運転致死被告事件

被告人　　○　○　○　○

意見陳述申出書

令和○○年○月○日

○○地方検察庁　検察官　殿

被 害 者 参 加 人　　○　○　○　○

被害者参加人弁護士　　○　○　○　○　印

　上記被告人に対する過失運転致死被告事件について、刑事訴訟法第316条の38第 1
項に基づき、事実又は法律の適用について、意見を陳述することを申し出ます。

　陳述する意見の要旨は、別紙のとおりです。

以　上

注）※　要旨は、個別事案により異なるので、省略します。

　　※　最近は、論告・求刑としての意見陳述については、当該書式までは提出せず、そ
　　　の申出は口頭で行い、書式 9 の意見陳述書のみを提出するというほうが、一般的で
　　　す。

書式9 意見陳述書

令和○○年（○）第○○号　過失運転致死被告事件

被告人　　○　○　○　○

意見陳述書

令和○○年○月○日

○○地方裁判所刑事○部　御中

被 害 者 参 加 人　　○　○　○　○

被害者参加人弁護士　　○　○　○　○　印

　上記被告人に対する過失運転致死被告事件について、刑事訴訟法第316条の38第1項に基づき、事実又は法律の適用について、意見を陳述致します。

　陳述する意見の要旨は、別紙のとおりです。

以　上

※意見陳述の要旨は、当然、個々の事案で異なることから、それぞれの事案で、証拠を精査し、被害者参加人と十分に打ち合わせをして作成することが重要であり、以下に記載する内容は、あくまで例示である。

各項目の内容は、個別具体的なケースに応じて、検討すべきであるが、挙げた項目の趣旨については、「※」にコメントとして記載する。

意見陳述の要旨

第1　犯罪事実の成立について

・・・

※自白事件で、争点がなければ、記載せずに、「量刑」についてのみの意見を記載するということも有り得る。

※否認事件であれば記載するが、検察官の意見と同じであれば、公訴事実について、「証拠上、明らか」、「検察官の意見と同様」などと記載し、簡潔に記載するのが一般的である。

第2　量刑について

1　被害が甚大であるということ

・・・

※被害者が亡くなったような事案においては、単に死亡したという事実を記載するだけでなく、被害者及び残された被害者遺族に生じた実際の影響等を述べて、如何に被害が大きいかということを丁寧に説明することが重要である。

2　被害者には落ち度は全くないということ

・・・

※交通事故事案では、被害者側の過失が問題になることがあるが、この点、被害者に落ち度がない、もしくは、被害者の過失が少ないというような事例においては、その事実をきちんと主張することが重要である。

3 被告人の過失（責任）が著しく重いということ
・・・

※交通事故事案では、被告人の過失の程度レベルにも差があることから、具体
的な事故態様を踏まえて、この点についての評価もきちんと主張することが
重要である。

4 被告人には真摯な謝罪の意思や反省は認められないということ
・・・

※被告人は、ほとんどの事案において、謝罪や反省の弁を述べるが、それは定
型的になされるに過ぎず、実際に被害を受けた当事者としては、本当に被告
人が、謝罪や反省の意思を有しているとは考えられない事案が多々あるとこ
ろ、その事実をきちんと主張すべき事案が非常に多い。

5 被害の回復は不可能であるということ
・・・

※交通事故事案においては、被告人が自動車保険に加入していることで、被告
人側から、保険により被害回復がなされるということが強調されることがあ
るが、被害者の被害の実情を踏まえれば、保険金が払われるからそれで完全
に被害の回復がなされるかというと、そうではないというケースがほとんど
である。そのため、被害の回復がなされないという事実を説明すべきである
し、まして、死亡事案であれば、失われた命は二度と戻らないことから、そ
の事実をきちんと説明すべきである。

6 被害者が適正な処罰を望んでいるということ
・・・

※実際に甚大な被害を蒙った被害者としては、被告人に対し、厳罰を望むこと
が多く、裁判官としても、被害者の処罰感情を量刑の要素の一つとしている
以上、この点については、記載すべきといえる。
ただし、裁判体によっては、また、特に、裁判員裁判における裁判員におい
ては、被害者が、単に「厳罰を求めている」ということを述べた場合、被害

者が過剰に重い刑罰を求めていると曲解されることがあることから、「適正な処罰として、厳罰を求めている」ということまできちんと記載すべきである。

7　被告人には、前科や前歴が認められるということ

・・・

8　求刑

以上の事実を踏まえ、本件被告人について、禁錮〇〇年に処するのが相当と考える。

※この点、懲役や禁錮の具体的な年数を述べても、もちろん構わないが、量刑の相場とかけ離れた年数を述べづらいような事案においては、「法定刑の最上限である可能な限りの長期に亘り、懲役に処するのが相当と考える。」などと記載することも多い。

以上

書式10　裁判員裁判における意見陳述例

被害者参加弁護士
最終意見陳述

1

- Aさんは普通の生活を送っていた
- 地方から上京し、社会人生活を始めたばかり
- 毎日深夜まで働いたが自分のためだと思ってがんばっていた

2

ある日、いきなり襲われた。

　　　殺される・・・

殺されないように
　　犯人の言いなりになりました。

3

被害者が悪いのでしょうか。

4

強制性交等罪は女性の性的な自由を奪うだけではありません。

死の恐怖を味わわせます。

暴行脅迫をもって性行為を強要することは、人格を否定します。

5

被害後も常に恐怖となって被害者を襲い続けます。
　恐怖と闘いながら生きる・・・
　人格を否定されながら生きる・・・

精神のバランスを崩します。

昼も夜も休まらないので体調を崩します。

6

動きたくても動けなくなります。

働けなくなります。

収入を得られなくなります。

生活を破壊します。

7

こうして人生のすべてを破壊します。

8

被害者は　今後一生
背負っていかなければなりません。

9

もっとも厳しい判決を
下してください。

刑罰はこらしめです。

社会の一員として、
犯人に必要な刑罰を与えましょう。

10

犯人は社会に戻ってきます。

11

注）実際に法廷でパワーポイントを使用する場合には、担当書記官と相談をして、事前に動作確認をしましょう。

書式11 損害賠償命令申立書

| 収入印紙
(2,000円) | **損害賠償命令申立書**（※1） |

令和〇〇年〇〇月〇〇日（※2）

〇〇地方裁判所刑事第〇〇部　御中（※3）

申立人代理人弁護士　　乙　川　花　子（印）

〒〇〇〇－〇〇〇〇　　〇〇県〇〇市〇〇区〇〇町〇丁目〇番（※4）
　　　　　　　　　　　〇〇法律事務所（連絡先等）
　　　　　　　　　　　申立人（被害者）　　　　甲　野　太　郎

〒〇〇〇－〇〇〇〇　　〇〇県〇〇市〇〇区〇〇町〇丁目〇番
　　　　　　　　　　　〇〇法律事務所（送達場所）
　　　　　　　　　　　上記代理人弁護士　　　　乙　川　花　子
　　　　　　　　　　　電　　話　　03－1234－5678
　　　　　　　　　　　Ｆ　Ａ　Ｘ　　03－1234－5679

〒〇〇〇－〇〇〇〇　　〇〇県〇〇市〇〇区〇〇町〇丁目〇番
　　　　　　　　　　　〇〇拘置所内（※5）

　　　　　　　　　　　相手方（被告人）　　　丙　野　五　郎（※6）

刑事被告事件の表示　令和〇〇年（わ）第〇〇号　〇〇被告事件（※7）

損害賠償命令事件
　　訴訟物の価額　4,084万8,333円（※8）
　　貼用印紙額　　2,000円（※9）

第1　請求の趣旨

1　相手方は、申立人に対して、金4,084万8,333円及びこれに対する令和○年○月○日より支払済みに至るまで年3分（※10）の割合による金員を支払え

2　手続費用は相手方の負担とする

との裁判並びに仮執行の宣言を求める。

第2　請求の原因

1　当事者（※11）

　　申立人は、標記の刑事被告事件（※12）により、被害を受けた者である。

　　相手方は、本事件の被告人である。

2　刑事被告事件に係る訴因として特定された事実

　　令和○○年○○月○○日付け起訴状記載の公訴事実のとおり。

3　損害額の内訳（※13）

　　上記の訴因記載の事実によって、申立人は以下の損害を被った。

⑴　治療費	金	74万5,000円
⑵　看護料	金	24万0,000円
⑶　通院交通費	金	1万6,000円
⑷　入院雑費	金	4万5,000円
⑸　文書料	金	1万3,125円
⑹　休業損害	金	105万1,092円
⑺　入通院慰謝料	金	120万0,000円
⑻　後遺症逸失利益	金	2,603万8,116円
⑼　後遺症慰謝料	金	800万0,000円
⑽　弁護士費用	金	350万0,000円
上　記　合　計	金	4,084万8,333円

4　よって、申立人は、相手方に対し、不法行為に基づく損害賠償金として金4,084万8,333円及びこれに対する不法行為日である令和○○年○月○日より支払済みに至るまで民法所定の年3分の割合による遅延損害金の支払いを求める。

第3　裁判地の指定（※14）

　　申立人の住所地を管轄する裁判所

添　付　書　類

1　申立書副本　　　　1通

2　委任状　　　　　　1通

以上

注）※1　必ず書面を提出して申し立てる必要があります（保護法23条 2 項）。

　　※2　時効中断効は裁判所に申立書を提出した時に発生します（保護法40条、民訴法147条）。

　　　　　なお、被告事件が無罪などの事由により損害賠償命令の申立てが却下された場合については、保護法28条をご参照ください。

　　※3　当該被告事件の係属する地方裁判所に限り申し立てることができます（保護法23条 1 項）。宛先は当該被告事件の係属部になります。

　　※4　通常の民事訴訟では、被告等に原告の実際の居住地が知られることにより、原告の生命又は身体に危害が加えられることが予想される場合には、原告の実際の居住地を記載することを厳格に求めない運用が一部でなされています。損害賠償命令事件は、生命・身体に危害を加えた犯罪を対象にしており、通常の民事訴訟に比して、より申立人の生命又は身体に危害が加えられる危険性（いわゆる「お礼参り」のおそれ）が高いといえますし、申立人が相手方に住所を知られたくないと希望することが多いので、申立人の住所については、代理人の事務所を記載するなどの配慮をする必要があります。

　　※5　相手方が拘置所等に収容中の場合には、拘置所等の住所を記載すれば足りますが、可能であれば、住民票上の住所ないし戸籍附票上の最後の住所地を併記することが望ましいと考えられます。

　　　　　仮に、相手方が保釈等されていて、現住所が不明であるような場合、当該刑事事件の公判期日における出会送達によって、送達するということも考えられます（保護法40条、民訴法105条）。

　　※6　被告人が未成年者である場合には、その法定代理人を相手方とする必要があります（保護法40条、民訴法31条）。

　　※7　対象となる刑事被告事件を表示する必要があります（保護規則20条 1 項 2 号）。

　　※8　後述の【想定事例】に基づき算定した訴額です。

　　※9　申立手数料は、請求額にかかわらず一律2,000円とされていますが（保護法42条 1 項）、相手方の異議等により通常の民事訴訟に移行した場合には、通常の民事訴訟と同様の計算による手数料から、損害賠償命令の申立手数料として納付した2,000円を差し引いた額を納めなければならない（保護法34条 1 項、 2 項、38条 4 項、42条 3 項）ので、注意が必要です。

　　※10　令和 2 年 4 月 1 日に施行された改正民法により、法定利率は年 3 パーセント（年 3 分）となりました。ただし、令和 2 年 3 月31日以前に行われた犯罪（不法行為）による損害の賠償を請求する場合の法定利率は、年 5 パーセント（年 5 分）となります。

※11　申立人が、被害者の相続人の場合、申立人に申立適格があることを示すべく、
　　　請求原因にその旨（被害者の死亡及び被害者との身分関係）を記載する必要があ
　　　ります。申立人が被害者本人である場合には、当事者の記載は省略しても問題は
　　　ありません。

※12　本事件は、以下の事例を【想定事例】としています。
　　　　被害者は、被告人の顔面ほか頭部に対する暴行によって、入院30日・通院実日
　　　数16日（通院期間約2か月）の加療を要する傷害を負った。後遺症として、就業
　　　できる労務が相当な程度に制限される神経障害が残存し、後遺障害等級9級10号
　　　と認定された。被害当時の年齢は25歳であり、被害前年度の年収は424万円（直
　　　近3か月収入計110万円）であった。

※13　申立書には損害額の内訳を記載する必要がありますが（保護規則20条1項6号）、
　　　どの程度詳細に損害に関する記載をすることが妥当といえるかは難しい問題です。
　　　詳しくは、本文63頁をご参照ください。

※14　訴え提起の擬制等（保護法34条、38条）の場合における裁判地の指定は、でき
　　　る限り、申立書に記載しておくことが望まれます（保護規則30条2項）。

書式12　書証申出書

特例による書証の申出について

◎　送付記録についての特例による書証の申出

○　刑事損害賠償命令事件の記録が当部に送付されてきました。

これから審理がされる民事訴訟において，この記録の中に証拠（書証）としたい文書がある場合には，それを特定することにより，書証の申出をすることができます（犯罪被害者等の権利利益の保護を図るための刑事手続に付随する措置に関する法律第36条の特例によりますので，以下，この方法による書証の申出を「特例による書証の申出」といいます。）。

通常の書証の申出をする場合には，証拠（書証）としたい文書の写し（裁判所の分と相手方の人数分）を提出する必要がありますが，特例による書証の申出をする場合には，そのような写しの提出の必要はありません（ただし，特例による書証の申出の相手方に刑事損害賠償命令事件の当事者でない者がいる場合には，その者の分の写しの提出が必要となります。）。

○　特例による書証の申出の対象となるのは，当部に送付されてきた記録中の文書です。送付されてきた記録は，刑事損害賠償命令事件の審尋調書や同事件で提出された書証などのほか，同事件で取り調べられた刑事被告事件の訴訟記録（以下「刑事関係記録」といいます。）です。

具体的には，同封している書証目録（写し）の「標目」欄に記載されている文書が送付されてきています。「備考」欄の「不送付」の箇所に✓が付いている番号の文書は送付されてきていませんので，特例による書証の申出をすることはできません。

○　「書証目録（刑事関係記録分）」の「標目」欄には，例えば，「証拠等関係カード（甲）の写しのとおり　番号○～○」などと記載されている部分がありますが，この番号の証拠が何であるかについては，同封している証拠等関係カード（甲）（写し）の対応する番号の「標目」欄を参照してください。そこには，例えば，「実」などと記載されていますが，同封している略語表を見ると，「実」が「実況見分調書」を指していることが分かります。

◎ **特例による書証申出書の書き方**

○ 特例による書証の申出をするためには，書面で申出をする必要がありますので（犯罪被害者等の権利利益の保護を図るための刑事手続に付随する措置に関する規則第31条），同封している書式により「書証申出書」を提出してください。

○ 書証申出書の書き方は次のとおりです。同封している記載例もあわせて参照してください。

・ 「番号」欄には，原告の場合は「甲」，被告の場合は「乙」という符号を付けた上で，1から順に番号を記載してください。

・ 「標目等」欄には，特例による書証の申出をする文書ごとに，その標目を具体的に記載してください。

標目とは，証拠としたい文書の標題のことで，「実況見分調書」，「供述調書」などがこれに当たります（「記録全部」というような包括的な申出はできません。）。

同じ標目の文書が複数ある場合は，供述者や日付なども記載することにより特定してください（例えば，○○の供述調書，△△の供述調書などと記載する。）。

・ 「標目等」欄の下部にある「刑事事件証拠番号等」欄には，次のとおり，刑事損害賠償命令事件における書証目録に記載された番号を記入してください。

① 刑事損害賠償命令事件において取り調べられた刑事関係記録中の文書について申出をする場合には，書証目録（刑事関係記録分）に記載された番号を記入してください（例えば，「甲1」，「乙2」など）。

② 刑事損害賠償命令事件においてあなた又は相手方が提出した文書について申出をする場合には，書証目録（申立人提出分）又は書証目録（相手方提出分）に記載された番号を記入してください（例えば，「A1」，「B2」など）。

※ なお，上記①及び②以外の文書については，刑事損害賠償命令事件における書証目録に番号が記載されていませんので，何も記入する必要はありません。

・ 「作成者」欄には，文書を作成した者の氏名等を記載してください（作成者は，文書の標目の下や，文書の最後に記載されていることが多いです。）。

・ 「立証趣旨」欄には，これから審理がされる民事訴訟において，あなたがその文書でどのような事実を立証したいのかを記載してください。

○ 文書の一部について特例による書証の申出をする場合には，具体的に書証としたい部分を「標目等」欄に記載してください（例えば，「被告の供述調書（○頁○行目から○頁○行目まで）」などと記載します。）。

◎　特例による書証の申出書の提出等

○　特例による書証の申出書は，裁判所に提出するほか，その写しを相手方に送付する必要があります。あなたが相手方に直接送付する代わりに，裁判所を通じて相手方に送付することもできますが，その場合には，裁判所に申出書の原本及び相手方分の写しを提出してください（なお，あなたの分の控えも自身で写しを取っておくようにしてください。）。

その他，御不明な点などがあれば，担当書記官まで御連絡ください。

【担当書記官】

〇〇地方（簡易）裁判所民事第〇部〇係

裁判所書記官　〇　〇　〇　〇

電話　………　（内線　　）　ＦＡＸ　………

令和○○年・第○○○○号　損害賠償請求事件

原　告　○　○　○　○

被　告　○　○　○　○

書 証 申 出 書

令和○○年○月○日

○○地方裁判所民事第○部　御中

原　告　○　○　○　○　印

　犯罪被害者等の権利利益の保護を図るための刑事手続に付随する措置に関する法律第36条に基づき，次のとおり書証とすべきものを特定して書証の申出をする。

番　号	標　目　等 （刑事事件証拠番号等　※）	作 成 者	立 証 趣 旨	備　考

（※）　「刑事事件証拠番号等」欄には，次の番号を記載する。
- 　刑事関係記録中の書証について申出をする場合には，刑事損害賠償命令事件における書証目録（刑事関係記録分）の「標目」欄に記載されている番号（例：甲1）
- 　当事者が提出した書証について申出をする場合には，刑事損害賠償命令事件における書証目録（当事者提出分）の「番号」欄に記載されている番号（例：A1）

令和○○年・第○○○○号　損害賠償請求事件

原　告　○　○　○　○

被　告　○　○　○　○

書　証　申　出　書

令和○○年○月○日

○○地方裁判所民事第○部　御中

原　告　○　○　○　○　㊞

　犯罪被害者等の権利利益の保護を図るための刑事手続に付随する措置に関する法律第36条に基づき，次のとおり書証とすべきものを特定して書証の申出をする。

番　号	標　目　等 （刑事事件証拠番号等　※）	作　成　者	立　証　趣　旨	備　考
甲 1	第1回公判調書（手続）	○○地方裁判所裁判所書記官	被告が本件不法行為を行ったことを認めた事実	
甲 2	実況見分調書 甲 1	○○警察署司法警察員	令和○○年○○月○○日の○○市○○町○丁目○番○号先路上における本件不法行為の現場の状況	
甲 3	原告の供述調書 甲 3	○○地方検察庁検察官	原告が被告から令和○○年○○月○○日に受けた暴行により右腕を骨折した事実	
甲 4	佐藤二郎の供述調書 甲 4	○○地方検察庁検察官	被告が令和○○年○○月○○日の本件不法行為後に，重傷の原告を放置して逃走した状況	
甲 5	原告の証人尋問調書	○○地方裁判所裁判所書記官	甲3に同じ	

（※）　「刑事事件証拠番号等」欄には，次の番号を記載する。
　・　刑事関係記録中の書証について申出をする場合には，刑事損害賠償命令事件における書証目録（刑事関係記録分）の「標目」欄に記載されている番号（例：甲1）
　・　当事者が提出した書証について申出をする場合には，刑事損害賠償命令事件における書証目録（当事者提出分）の「番号」欄に記載されている番号（例：A1）

番　号	標　目　等 (刑事事件証拠番号等　※)	作　成　者	立　証　趣　旨	備　考
甲6	被告の供述調書 乙2	○○警察署司法 警察員	被告が原告に対し令和○○ 年○○月○○日その頭部を 鈍器で殴打するなどの暴行 を加えた事実その他本件不 法行為の状況	
甲7	被告の供述調書 （2頁3行目から3頁7行 目まで） 乙3	○○地方検察庁 検察官	同上	
甲8	被告の供述調書 	○○地方裁判所 裁判所書記官	同上	
甲9	診断書 A1	○○医院 医師○○○○	原告が本件不法行為により PTSDを発症し，通院を要 した事実	
甲10	陳述書 A2	原告	同上	
甲11	第1回審尋調書 	○○地方裁判所 裁判所書記官	被告が本件不法行為を行っ たことを認めた事実	

編注）本書式は最高裁判所の様式です。

書式13 和解の調書記載申立書

和解の調書記載申立書

令和○○年○○月○○日

東京地方裁判所刑事○○部　御中

申立人ら（被害者Xの父母　A男・B子）
両名代理人弁護士　弁護　愛子

申立人被告人（Y）　　　代理人弁護士　法曹　三郎

〒○○○−○○○○
東京都○○区○○
申立人ら（被害者Xの父母）A男・B子（以下「甲ら」という。）

〒○○○−○○○○
東京都○○区○○　　　　○○法律事務所
上記申立人ら代理人弁護士　弁護　愛子　　　印　（※1）

〒○○○−○○○○
東京都○○区○○
被告人　Y（以下「乙」という。）

〒○○○−○○○○
東京都○○区○○　　　　■■■法律事務所
上記被告人代理人弁護士　法曹　二郎　　　印　（※1）

申立人が被害者等であるときの基礎となるべき事実
　甲らは、下記傷害致死被告事件における被害者Xの父母である。

民事上の争いの表示
1　乙は、令和○○年○○月○○日、東京都○○区の○○公園内等において、被害者

Xに対し、足蹴にするなどの暴行を加えて傷害を負わせ、同人を頭部打撲による硬膜下血腫により死亡させ（以下「本件」という。）、その結果、被害者Xに財産的損害及び精神的損害を生じさせた。

2　甲らは、被害者Xの父母である。

3　甲らは、それぞれ上記被害者Xの死亡に基づく精神的損害を生じた。

申立にかかる合意

甲らと乙について

1　乙は、連帯債権者甲ら（以下「甲ら」という。）に対し、本件損害賠償債務として○○円の支払い義務があることを認める。

2　乙は、甲らに対し、第1項の金員を、令和○○年○○月から支払い済みに至るまで、毎月末日限り、5万円（但し、乙との関係における本件刑事事件の裁判確定日が属する月まで及び乙が本件刑事事件にかかる刑の執行により収容している日が属する月までは2万円を限度とするものとする。）ずつ分割して、○○銀行○○支店のB名義の普通預金口座（口座番号△△△△△△△△）に送金する方法により支払う。

3　乙が前項の金員の支払を怠り、その額が15万円に達したときは、当然に同項の期限の利益を失う。

4　乙が前項により期限の利益を失ったときは、乙は、甲らに対し、第1項の金員から既払金を控除した残金全額を直ちに支払う。

5　甲らと乙は、甲らと乙との間には、本件に関し、本和解条項に定めるほか、何ら債権債務がないことを相互に確認する。

以上

注）※1　被害者と加害者が一緒に申し立てますので、表紙にそれぞれの押印が必要です。

　　※　被告人の代理人も、被告人から刑事和解申立に関する委任状をもらい、裁判所に提出します。

　　※　執行文を出すのは刑事部になります。確実に執行できる文言を裁判所と打ち合わせます。

書式14 刑事事件記録等閲覧・謄写票

（庁　名）							
原　符　番　号	第　　　　　　号	担 当 部 係		部			係
刑 事 事 件 記 録 等 閲 覧 ・ 謄 写 票		申 請 区 分		記　　録　・　証　拠　物			
申　請　年　月　日	令和　　年　　月　　日			閲　　覧　・　謄　　写			
事　件　番　号 被告人等氏名	令和　　年（　　）第　　　　　　号	申 請 人	資　格	被告人・弁護人・その他（　　　　　　　　　　）			
			住　所 又　は 弁護士会				
閲　覧　等　の　目　的	訴訟準備等・その他 [　　　　　　　　]		氏　名				印
証拠物謄写方法		閲 覧 謄 写	人氏名	事務員・業者・その他（　　　　　　　　）			
所 要 見 込 時 間	時　　間　　　　分	提 出 書 類		委任状・その他 [　　　　　　　　]			
次　回　期　日	月　　　　日						
閲　覧　等　の　部　分		許 否 及 び 特 別 指 定 条 件			裁判長(官)印		
		許 ・ 否					
					担当書記官印		

印 紙				交　付　月　日　・　　　・　　　・	
				閲 覧 人 ・ 謄 写 人 記　録　等　受　領　印	
				記 録 係 記 録 等 返　還　確　認　印	
備 考					

注意　1　申請人は，太枠内に所要事項を記入し，「印紙」欄に所定額の印紙をちょう用
（消印しない。）の上，原符から切り取らないで，この票を係員に提出してください。
　　　2　「申請区分」欄，「申請人」欄の「資格」欄，「閲覧等の目的」欄及び「提出書類」欄は，該当文字を○で囲み，その他に該当する場合には，（　　）内に具体的に記入してください。
　　　3　「閲覧・謄写人氏名」欄は，申請人以外の者に閲覧・謄写をさせる場合に記入してください。

編注）本書式は最高裁判所の様式です。

書式15　訴訟記録閲覧等の制限の申立書

令和　　年（ワ）第　　　号　　請求事件
原　告　○　○　○　○
被　告　○　○　○　○

収入印紙
500円

訴訟記録閲覧等制限申立書

令和　　年　　月　　日

○○地方裁判所　御中

申立人（原告）訴訟代理人弁護士　　○　　○　　○　　○　㊞

　頭書事件について、申立人（原告）は、民事訴訟法第92条に基づき、訴訟記録閲覧等制限の申立てをする。

第1　申立ての趣旨
　　　本件訴訟記録中の別紙目録記載の文書について、閲覧若しくは謄写、その正本、謄本若しくは抄本の交付又はその複製の請求をすることができる者を、本件訴訟の当事者に限る
　　　との裁判を求める。

第2　申立ての理由
　1　本件訴訟は、申立人（原告）が、相手方（被告）から、性被害を受けたことを理由とする、不法行為に基づく損害賠償請求訴訟であるところ、本件訴訟記録中のうち、令和○○年○月○日付け第○回原告準備書面○頁○行目から○行目まで及び甲○ないし○号証において、当事者である申立人（原告）の私生活についての重大な秘密である、相手方（被告）から性被害を受けた事実や、かかる性被害の具体的内容等が記載され、又は記録されており、かつ、第三者が秘密記載部分の閲覧等を行うことにより、申立人（原告）が社会生活を営むのに著しい支障を生ずるおそれがある。
　2　よって、申立人（原告）は、民事訴訟法第92条第1項に基づき、申立ての趣旨記載のとおり閲覧等の制限をすることを求める。

疎　明　方　法
1　疎甲1号証　　陳述書

添　付　書　類
1　疎甲1号証　　1通

（別紙）

目　　録

1　令和○○年○月○日付け第○回原告準備書面の○頁○行目から○行目まで
2　甲○ないし○号証

書式16　被害者等閲覧・謄写申出書（少年事件）

（法5条の2，規7条の2）

被害者等 □閲覧 □謄写 申出書	＊申請する内容に対応する □にレ印を付けてください	受 付 印
東京家庭裁判所　御中		

【申出人に関する事項】

申 出 年 月 日	令和　　　年　　　　月　　　　日
氏　　　　　　名 又は 名　称（法人の場合）	（法人の場合は代表者名，代理人弁護士である場合はその旨も記入してください。）　　　　　　　　　　印
生　年　月　日 （ 弁 護 士 を 除 く 。）	□昭和 □平成　　　年　　月　　日生（　　歳）
住　　　　　　　所 （代理人弁護士による申出の場合は事務所名も記載するとともに，委任状に委託者の住所の記載がない場合には，委託者の住所も併記してください）	〒　　　－ （法人の場合は，代表者の住所も併記してください） 電話番号　　　（　　　　）　　　 ＊平日の日中に連絡できるところを記入してください。
申出人と被害者との関係 （代理人弁護士による申出手続の場合は，委託者と被害者との関係）	□　被害者本人　　□　被害者の法定代理人（　　　　　）※ 　　　　　　　※後見人、被害者が17歳以下の場合の親権者など （以下は被害者が死亡した場合又はその心身に重大な故障がある場合のみ） □　配偶者　　□　直系の親族（　　　　　） □　兄弟姉妹（　　　　　）
身 分 を 確 認 で き る 書 類	□　運転免許証の写し　　□　健康保険証の写し □　パスポートの写し　　□　戸籍謄本（全部事項証明書） □　その他（　　　　　　　） ＊裁判所においでになる際には，必ず原本を持参してください。 ＊提出する書類にマイナンバーの記載がないことを確認してください。

【閲覧・謄写に関する事項】

閲 覧 ・ 謄 写 を 求 め る 理 由	□　損害賠償請求のため　　□　保険金請求のため　　□　意見陳述のため □　事件を知りたいため　　□　その他（　　　　　　　）
閲 覧 ・ 謄 写 を 求 め る 範 囲	□　別紙のとおり　　□　認められる範囲内で全部　　□　その他（　　　）

【事件の特定に関する事項】

少 年 等 の 氏 名	
事 件 番 号 等	令和　　　年（少）第　　　　号　　　　　　　　保護事件
そ の 他	

（裁判所処理欄） □　閲覧・謄写をさせる　　□　閲覧・謄写をさせない （閲覧・謄写をさせない場合の理由／閲覧・謄写をさせる場合の日時，条件等） 　□別冊の少年事件記録の写しにより□閲覧・□謄写させる。	処理経過 □申出人との連絡済み 　（　／　） □申出事項対応済み 　（　／　）

（注）　太線の枠内のみ記入してください。

編注）本書式は東京家庭裁判所の様式であり、裁判所によっては体裁が異なることがあります。

1　記録の閲覧・謄写について

(1)　閲覧とは，事件の記録を見ること，謄写とは，事件の記録をコピーすることです。どちらも裁判官の許可を受けて，指定の日時，場所，方法で行ってください。

(2)　閲覧・謄写の申出ができる人（弁護士に依頼することもできます。）　①事件の被害者本人又は法定代理人（例えば，未成年者の親，後見人など），②被害者が亡くなっているか，被害者の心身に重大な故障がある場合は，被害者の配偶者，直系の親族又は兄弟姉妹です。

(3)　閲覧・謄写ができる場合の例　①加害少年やその保護者に対して，損害賠償請求をしようと考えている場合，②保険会社に保険金を請求しようと考えている場合，③家庭裁判所に対して，被害に係る事件について意見を述べようと考えている場合などです。

(4)　閲覧・謄写ができる範囲　事件の記録中，非行事実に関する部分に限ります。少年や関係人のプライバシーに関する部分は除かれます。

(5)　閲覧・謄写の申出ができる期間　家庭裁判所が，事件を受け付けてから，処分確定後3年以内です。

(6)　手数料等　1回の閲覧又は謄写について，手数料として収入印紙150円が必要です。なお，謄写の場合は，別途費用がかかります。

(7)　事件の性質などの事情によっては，閲覧・謄写ができない場合もあります。

2　申出の方法等

記録の閲覧と謄写を希望する場合の手続は，以下のとおりです。

(1)　加害少年の名前を元に事件を特定して手続を進めますので，少年の氏名が分からない場合は，直接，身分を証明するものを持参の上，事件を取り扱った警察署で教えてもらってください。

(2)　少年の氏名が分かったら，東京家庭裁判所（〒100-0013千代田区霞が関1-1-2）の9階少年訟廷事件係（電話03-3502-6028）に電話で（平日の午前9時から午後5時まで）問い合わせてください。

事件係では，さらに手続について説明します。

(3)　閲覧・謄写を申し出る際には，申出書に記入の上，次に示す必要書類の写しを同封して，お送りいただくことになります。

そして，申出書到着後，事件担当部から，日時等の打ち合せのための連絡をします。

(4)　必要書類等

ア　被害者等であることの確認のため，①自動車運転免許証，②パスポート，③写真が貼られた学生証や身分証明書を1種類，それがない場合は，④健康保険証，⑤公共料金の領収書等ご本人の特定ができる書類2種類が必要です。

また，これらの書類を，閲覧・謄写をする当日に必ず持参してください。

イ　親族が申し出る場合には，このほか，被害者本人との関係を確認するため，戸籍謄本が必要です。

被害者本人の心身に重大な故障があって親族が申し出る場合は，被害者の診

　　　断書等を持参してください。

　　エ　来庁の際は，必ず印鑑を持参してください。

3　注意

　　以上の手続によって知った情報については，法律で，他の人に漏らしてはいけないことになっていますので，ご注意願います。

記　載　例

（法５条の２，規７条の２）

> 閲覧（記録を見ること）か謄写（記録をコピーすること）か希望する内容にチェックしてください。両方を希望する場合には，両方にチェックしてください。

①	被害者等 □閲覧 □謄写 申出書　東京家庭裁判所　御中	＊申請する内容に対応する □にレ印を付けてください	受　付　印

【申出人に関する事項】

> 申出する人自身の名前を記入して，押印してください。

②	申　出　年　月　日	令和　　年　　月　　日
③	氏　　　　　　　名　　　又は　名　称（法人の場合）	甲野太郎　　　　　　　　　印（法人の場合は代表者名，代理人弁護士である場合はその旨も記入してください。）
④	生　年　月　日（弁護士を除く。）	□昭和　□平成　　　年　　月　　日生（　　歳）
⑤	住　　　　　　　所（代理人弁護士による申出の場合は事務所名も記載するとともに，委任状に委託者の住所の記載がない場合には，委託者の住所も併記してください）	〒　　－（法人の場合は，代表者の住所も併記してください）
⑥		電話番号　××××（　×××　）××××× ＊平日の日中に連絡できるところを記入してください。

> 平日の午前９時から午後５時までに裁判所から電話連絡ができる電話番号を記入してください。

> 申出書を郵送される場合には，同封してください。（被害者本人でない場合，被害者との関係（法定代理人であることや続柄）が書かれていれば，戸籍抄本（一部事項証明書）で結構です。）

⑦	申出人と被害者との関係（代理人弁護士による申出手続の場合は，委託者と被害者との関係）	□　被害者本人　　□　被害者の法定代理人（　　　　　）　　※後見人，被害者が17歳以下の場合の親権者など（以下は被害者が死亡した場合又はその心身に重大な故障がある場合のみ）　□　配偶者（　　　　　）　□　直系の親族（　　　　）　□　兄弟姉妹（　　　　　）
	身分を確認できる書類	□　運転免許証の写し　□　健康保険証の写し　□　パスポートの写し　□　戸籍謄本（全部事項証明書）　□　その他（　　　　　）＊裁判所においでになる際には，必ず原本を持参してください。＊提出する書類にマイナンバーの記載がないことを確認してください。

【閲覧・謄写に関する事項】

> いずれかに必ずチェックをしてください。「その他」の場合には具体的な内容を記入してください。

⑧	閲覧・謄写を求める理由	□　損害賠償請求のため　　□　保険金請求のため　□　意見陳述のため　　　□　事件を知りたいため　□　その他（　　　　　　　　　　　　　　　　）
⑨	閲覧・謄写を求める範囲	□　別紙のとおり　　□　認められる範囲内で全部　□　その他（　　　　　　　　　　　　　　　　　　）

【事件の特定に関する事項】

> 少年等の氏名，事件番号等が分からないときは，参考となると思われる事項を書いてください。

⑩	少　年　等　の　氏　名	
	事　件　番　号　等	令和　　年（少）第　　　　号　　　　保護事件
	そ　　の　　他	

（裁判所処理欄）□　閲覧・謄写をさせる　　□　閲覧・謄写をさせない（閲覧・謄写をさせない場合の理由／閲覧・謄写をさせる場合の日時，条件等）□別冊の少年事件記録の写しにより□閲覧・□謄写をさせる。	処理経過□申出人との連絡済み（　　／　　）□申出事項対応済み（　　／　　）

（注）　太線の枠内のみ記入してください。

① 閲覧（記録を見ること），謄写（記録をコピーすること），ご希望の□に☑してください。

② 記載した年月日を記載してください。

③ 申出人の氏名を記載し，押印してください（例えば，申出人が被害者ご本人であれば，ご本人の氏名，被害者の父であれば父の氏名，被害者から委任を受けた弁護士であれば，弁護士の氏名を記載してください。）

④ 弁護士以外の場合には，生年月日，年齢を記載してください。

⑤ 記載された方の住所を記載してください。

⑥ 日中（9：00～17：00）裁判所からの電話連絡ができる電話番号を記載してください。

⑦ 記載した方の立場（被害者本人等）の該当する□に☑してください。

⑧ いずれか該当する□に☑をしてください。「その他」の場合には☑していただくとともに具体的な内容も記載してください。記載しきれない場合は，適宜の紙に記載し，同封してください。

⑨ ご希望する部分の□に☑してください。ただし，閲覧，謄写できるのは，裁判所が許可した部分に限られます。

⑩ 少年等の氏名，事件番号等が分からないときは，参考と思われる事項をその他に記載してください。記載しきれない場合は，適宜の紙に記載して同封してください。

書式17　意見陳述申出書（少年事件）

（法９条の２，規13条の２）

意　見　陳　述　申　出　書 東京家庭裁判所　御中	受　付　印

【申出人に関する事項】

申　出　年　月　日	令和　　　　年　　　　月　　　　日
氏　　　　　　名 又は 名　称　（法人の場合）	（法人の場合は代表者名，代理人弁護士である場合はその旨も記入してください。）　　　　　　　　　　　　　　　　　　　　　　　印
生　年　月　日 （弁護士を除く。）	□昭和　　　　　年　　　月　　　日生（　　　歳） □平成
住　　　　　　所 （代理人弁護士による申出の場合は事務所名も記載するとともに，委任状に委託者の住所の記載がない場合には，委託者の住所も併記してください）	〒　　　－ （法人の場合は，代表者の住所も併記してください） 電話番号　　　（　　　　　） ＊平日の日中に連絡できるところを記入してください。
申出人と被害者との関係 （代理人弁護士による申出手続の場合は，委託者と被害者との関係）	□被害者本人　　□被害者の法定代理人（　　　　）※ 　　　　　　　※後見人、被害者が17歳以下の場合の親権者など （以下は被害者が死亡した場合又はその心身に重大な故障がある場合のみ） □　配偶者（　　　　　　　）　　□　直系の親族（　　　　　　　） □　兄弟姉妹（　　　　　　　）
身分を確認できる書類	□　運転免許証の写し　　□　健康保険証の写し □　パスポートの写し　　□　戸籍謄本（全部事項証明書） □　その他（　　　　　　　　　　　　　　　　　　　） ＊裁判所においでになる際には，必ず原本を持参してください。 ＊提出する書類にマイナンバーの記載がないことを確認してください。

【事件の特定に関する事項】

少　年　等　の　氏　名	
事　件　番　号　等	令和　　年（少）第　　　　号　　　　　　保護事件
そ　　の　　他	

（裁判所処理欄） □申出を認める。　　□申出を認めない。 （理由） □申出人に連絡済み（令和　　年　　月　　日）	裁判長（官） 認　印	調査官に 　　　　　　聴取を命ずる。 令和　　年　　月　　日 裁判長（官）

（注）　太線の枠内のみ記入してください。

編注）本書式は東京家庭裁判所の様式であり、裁判所によっては体裁が異なることがあります。

1　意見の陳述について
(1)　意見の陳述とは，被害者等後記(3)の人が，被害に関する心情，事件に関する意見を述べたいと希望する場合，裁判官又は家庭裁判所調査官がお聞きします。裁判官が直接意見をお聞きする場合は，加害少年・保護者や少年の付添人（弁護士等）が在席することもあります。

　　少年の面前では意見を述べたくない場合は，あらかじめご相談ください。また，少年の面前で意見を述べたいと希望した場合でも，これをお断りすることがあります。

(2)　意見として述べることができるのは，主として，次の点です。

ア　被害の現状

イ　被害を受けたことによる被害者や家族の精神的，身体的影響及び財産的損害

ウ　被害についての気持ち

エ　少年の処分についての意見

　　意見を述べる場合には，述べたいことの要旨を整理した書面を持参されることをお勧めします。

(3)　意見陳述の申出ができる人は，次の人です。

ア　事件の被害者本人又は法定代理人

イ　被害者が亡くなっている場合における被害者の配偶者，直系の親族又は兄弟姉妹

(4)　意見陳述の申出ができる期間は，家庭裁判所が，事件を受け付けてから，処分を決めるまでの間です。

(5)　意見をお聞きする日時は，申出人の希望を参考にして決めます。

　　場所は東京家庭裁判所を考えておりますが，入院中や自宅療養中の場合などは，ご相談ください。

(6)　意見は，裁判所の職員が書面にして記録に綴ります。この書面は，陳述者自身はもちろん，少年の付添人である弁護士等も閲覧・謄写できます。

(7)　事件の性質などの事情によっては，意見の陳述ができない場合もあります。

2　申出の方法等

　　意見の陳述を希望する場合の手続は，以下のとおりです。

(1)　加害少年の名前を基に事件を特定して手続を進めますので，少年の氏名が分からない場合は，直接，身分を証明するものを持参の上，事件を取り扱った警察署で教えてもらってください。

(2)　少年の氏名が分かったら，東京家庭裁判所（〒100-0013千代田区霞が関1-1-2）の9階少年訟廷事件係（電話03-3502-6028）に電話で（平日の午前9時から午後5時まで）問い合わせてください。

　　事件係では，さらに手続について説明します。

(3)　意見陳述を申し出る際には，申出書に記入の上，次に示す必要書類の写しを同封して，お送りいただくことになります。

　　申出書到着後，事件担当部から，日時等の打ち合せのための連絡をします。

(4)　必要書類等

ア　被害者等であることの確認のため，①自動車運転免許証，②パスポート，③写真が貼られた学生証や身分証明書を1種類，それがない場合は，④健康保険証，⑤公共料金の領収書等ご本人の特定ができる書類2種類が必要です。

　　また，これらの書類を，意見陳述をする当日に必ず持参してください。
　イ　親族が申し出る場合には，このほか，被害者本人との関係を確認するため，戸籍謄本が必要です。
　　　被害者本人の心身に重大な故障があって親族が申し出る場合は，被害者の診断書等を持参してください。
　ウ　来庁の際は，必ず印鑑を持参してください。
3　注意
　　以上の手続によって知った情報については，法律で，他の人に漏らしてはいけないことになっていますので，ご注意願います。

記　載　例

（法9条の2，規13条の2）

意 見 陳 述 申 出 書	受　付　印
東京家庭裁判所　御中	

【申出人に関する事項】

①	申　出　年　月　日	令和　　年　　月　　日
②	氏　　　　　名　又は　名　称（法人の場合）	**甲 野 太 郎**　　　　　印　（法人の場合は代表者名，代理人弁護士である場合はその旨も記入してください。）
③	生　年　月　日　（弁護士を除く。）	□昭和　□平成　　　年　　月　　日生（　　歳）
④	住　　　　　所　（代理人弁護士による申出の場合は事務所名も記載するとともに，委任状に委任者の住所の記載がない場合には，委託者の住所も併記してください）	〒　　－　（法人の場合は，代表者の住所も併記してください）　電話番号　××××（×××）×××××　＊平日の日中に連絡できるところを記入してください。
⑥	申出人と被害者との関係　（代理人弁護士による申出手続の場合は，委託者と被害者との関係）	□被害者本人　□被害者の法定代理人（　　　　）　※後見人，被害者が17歳以下の場合の親権者など　（以下は被害者が死亡した場合又はその心身に重大な故障がある場合のみ）　□配偶者（　　　　）　□直系の親族（　　　　）　□兄弟姉妹（　　　　）
	身分を確認できる書類	□運転免許証の写し　□健康保険証の写し　□パスポートの写し　□戸籍謄本（全部事項証明書）　□その他（　　　　）　＊裁判所においでになる際には，必ず原本を持参してください。　＊提出する書類にマイナンバーの記載がないことを確認してください。

【事件の特定に関する事項】

⑦	少　年　等　の　氏　名	
	事　件　番　号　等	令和　　年（少）第　　　号　　　　　保護事件
	そ　の　他	

（裁判所処理欄）　□申出を認める。　□申出を認めない。　（理由）　　□申出人に連絡済み（令和　　年　　月　　日）	裁判長（官）認印	調査官に　　　　　聴取を命ずる。　令和　　年　　月　　日　裁判長（官）

（注）　太線の枠内のみ記入してください。

（右側の注記）
- 申出する人自身の名前を記入してください。
- 平日の午前9時から午後5時までに裁判所から電話連絡ができる電話番号を記入してください。
- 申出書を郵送される場合には，同封してください。（被害者本人でない場合，被害者との関係（法定代理人であることや続柄）が書かれていれば，戸籍抄本（一部事項証明書）で結構です。）
- 少年等の氏名，事件番号等が分からないときは，参考となると思われる事項を書いてください。

①　記載した年月日を記載してください。

② 申出人の氏名を記載し，押印してください（例えば，申出人が被害者ご本人であれば，ご本人の氏名，被害者の父であれば父の氏名，被害者から委任を受けた弁護士であれば，弁護士の氏名を記載してください。）

③ 弁護士以外の場合には，生年月日，年齢を記載してください。

④ 記載された方の住所を記載してください。

⑤ 日中（9：00〜17：00）裁判所からの電話連絡ができる電話番号を記載してください。

⑥ 記載した方の立場（被害者本人等）の該当する□に☑してください。

⑦ 少年等の氏名，事件番号等が分からないときは，参考と思われる事項をその他に記載してください。記載しきれない場合は，適宜の紙に記載して同封してください。

書式18　審判の傍聴申出書（少年事件）

審 判 の 傍 聴 申 出 書	受 付 印

東京家庭裁判所　御中

【申出人に関する事項】

申 出 年 月 日	令和　　　年　　　　月　　　　日	
氏　　　　　　　名	㊞	（弁護士が申出を代理するときは㊞不要）

申 出 人 と 被 害 者 と の 関 係 （レ印を付けてください。）	□ 被害者本人である。 □ 被害者本人ではない。　□ 法定代理人（　　　　　　　）※ 　　　　　　※後見人、被害者が17歳以下の場合の親権者など （以下は被害者が死亡した場合又はその心身に重大な故障がある場合のみ） □ 配偶者　　□ 直系の親族（　　　　　　） □ 兄弟姉妹（　　　　　　） ※被害者本人でない場合には被害者の氏名を記載してください。 　被害者本人氏名（　　　　　　　　　　　）
生 年 月 日	大正　昭和 平成　令和　　　　　年　　　　月　　　　日生（　　　歳）
住　　　　　　　所	〒　　－ □ 委任状記載のとおり　　電話番号　　　（　　　）
身 分 を 確 認 で き る 書 類	□ 運転免許証　□ 戸籍謄本　□ 住民票　□ 健康保険証 □ 外国人登録票　□ その他（　　　　　　　　　　） ＊裁判所においでになる際には、必ず原本を持参してください。 ＊提出する書類にマイナンバーの記載がないことを確認してください。
傍 聴 付 添 い の 希 望	□ あり（※「審判の傍聴における付添いに関する申出書」を提出してください。） □ なし

【弁護士代理人に関する事項】

氏　　　　　　　名	㊞
住　　　　　　　所 （事務所名も記載してください。）	〒　　－ 　　　　弁護士会所属　　電話番号　　　（　　　）

【事件の特定に関する事項】

少 年 等 の 氏 名	
事 件 番 号 等	令和　　年（少）第　　　　号　　　　　　保護事件
そ　　の　　他	

（裁判所記載欄）

審判期日	許可	不許可	理　　由	裁判長（官）	申出人への通知	弁護士付添人への通知	検察官への通知
年 月 日 時 分 （第1回審判）	□	□			○月○日 通知済 ㊞	○月○日 通知済 ㊞	○月○日 通知済 ㊞
年 月 日 時 分 （第2回審判）	□	□			○月○日 通知済 ㊞	○月○日 通知済 ㊞	○月○日 通知済 ㊞
年 月 日 時 分 （第3回審判）	□	□			○月○日 通知済 ㊞	○月○日 通知済 ㊞	○月○日 通知済 ㊞

（注）　太線の枠内のみ記入してください。

編注）本書式は東京家庭裁判所の様式であり、裁判所によっては体裁が異なることがあります。

※　ご不明な点はお尋ねください。

審 判 の 傍 聴 申 出 書

東京家庭裁判所　御中

受　付　印

あなたの氏名を書いてください。

【申出人に関する事項】

申 出 年 月 日	令和　　年　　　月　　　日

犯罪の被害に遭われた方と、あなたとの関係を書いてください。

氏　　　　　名	● ● ● ●　　　　　㊞　　（弁護士が申出を代理するときは㊞不要）

申 出 人 と 被 害 者 と の 関 係 （レ印を付けてください。）	□ 被害者本人である。 ☑ 被害者本人ではない。　　□ 法定代理人（　　　　　　　　）※ 　　　　　　　※後見人、被害者が17歳以下の場合の親権者など （以下は被害者が死亡した場合又はその心身に重大な故障がある場合のみ） □ 配偶者　　□ 直系の親族（　　　　　　　　　） □ 兄弟姉妹（　　　　　　　） ※被害者本人でない場合には被害者の氏名を記載してください。 被害者本人氏名（　●●■■　　　　　　　　）

生 年 月 日	大正　昭和 平成　令和　●●年　●月　●●日生（　●●歳）

あなたの生年月日を書いてください。

住　　　　　所	〒●●● − ●●●● 東京都●●区●●×−××
	□ 委任状記載のとおり　　電話番号　　03（●●●●）●●●●

身分確認のために提示できる書類を書いてください。郵送の場合は、その写しを1部同封してください。

身 分 を 確 認 で き る 書 類	☑ 運転免許証　□ 戸籍謄本　□ 住民票　□ 健康保険証 □ 外国人登録票　□ その他（　　　　　　　　　　　） ＊裁判所においでになる際には、必ず原本を持参してください。 ＊提出する書類にマイナンバーの記載がないことを確認してください。

傍 聴 付 添 い の 希 望	□ あり（※「審判の傍聴における付添いに関する申出書」を提出してください。） ☑ なし

【弁護士代理人に関する事項】

氏　　　　　名	㊞
住　　　　　所 （事務所名も記載してください。）	〒　　− 弁護士会所属　　電話番号　　（　　）

【事件の特定に関する事項】

少年等の氏名、事件番号等が分からないときは、参考となると思われる事項を書いてください。

少 年 等 の 氏 名	○　　　○　　　○　　　○
事 件 番 号 等	令和○年（少）第00000号　●　●　保護事件
そ　　の　　他	

（裁判所記載欄）

審判期日	許可	不許可	理　由	裁判長（官）	申出人への通知	弁護士付添人への通知	検察官への通知
年 月 日 時 分 （第1回審判）	□	□			○月○日 通知済 ㊞	○月○日 通知済 ㊞	○月○日 通知済 ㊞
年 月 日 時 分 （第2回審判）	□	□			○月○日 通知済 ㊞	○月○日 通知済 ㊞	○月○日 通知済 ㊞
年 月 日 時 分 （第3回審判）	□	□			○月○日 通知済 ㊞	○月○日 通知済 ㊞	○月○日 通知済 ㊞

（注）　太線の枠内のみ記入してください。

書式19　審判の状況の説明申出書（少年事件）

（法22条の6）

<table>
<tr><td colspan="4" rowspan="2">審判の状況の説明申出書</td><td colspan="2">受　付　印</td></tr>
<tr><td colspan="2" rowspan="2"></td></tr>
<tr><td colspan="4">東京家庭裁判所　御中</td></tr>
<tr><td colspan="6">【申出人に関する事項】</td></tr>
<tr><td colspan="2">申　出　年　月　日</td><td colspan="4">令和　　　年　　　月　　　日</td></tr>
<tr><td colspan="2">氏　　　　　　　　名
　　　　又　は
名　称　（法人の場合）</td><td colspan="4">印
（法人の場合は代表者名，代理人弁護士である場合はその旨も記入してください。）</td></tr>
<tr><td colspan="2">生　　年　　月　　日
（弁護士を除く。）</td><td colspan="4">□昭和
□平成　　　　　年　　　月　　　日生（　　　歳）</td></tr>
<tr><td colspan="2">住　　　　　　　　所
（代理人弁護士による申出の場合は事務所名も記載するとともに，委任状に委託者の住所の記載がない場合には，委託者の住所も併記してください）</td><td colspan="4">〒　　　－
（法人の場合は，代表者の住所も併記してください）

電話番号　　　　（　　　　　）

＊平日の日中に連絡できるところを記入してください。</td></tr>
<tr><td colspan="2">申出人と被害者との関係
（代理人弁護士による申出手続の場合は，委託者と被害者との関係）</td><td colspan="4">□被害者本人　　□被害者の法定代理人（　　　　　）※
　　　　　　　　※後見人、被害者が17歳以下の場合の親権者など
（以下は被害者が死亡した場合又はその心身に重大な故障がある場合のみ）
□　配偶者（　　　　　　　）　□　直系の親族（　　　　　　）
□　兄弟姉妹（　　　　　　　）</td></tr>
<tr><td colspan="2">身分を確認できる書類</td><td colspan="4">□　運転免許証の写し　　□　健康保険証の写し
□　パスポートの写し　　□　戸籍謄本（全部事項証明書）
□　その他
＊裁判所においでになる際には，必ず原本を持参してください。
＊提出する書類にマイナンバーの記載がないことを確認してください。</td></tr>
<tr><td colspan="6">【事件の特定に関する事項】</td></tr>
<tr><td colspan="2">少　年　等　の　氏　名</td><td colspan="4"></td></tr>
<tr><td colspan="2">事　件　番　号　等</td><td colspan="4">令和　　年（少）第　　　　号　　　　　　保護事件</td></tr>
<tr><td colspan="2">そ　　　の　　　他</td><td colspan="4"></td></tr>
<tr><td colspan="6">（裁判所記載欄）</td></tr>
<tr><td>審　判　期　日</td><td>許可</td><td>不許可</td><td>理　　　由</td><td>裁判長（官）</td><td>結　　　果</td></tr>
<tr><td>　　月　　日</td><td>□</td><td>□</td><td></td><td></td><td>□　　　月　　日説明済㊞
□　　　月　　日説明しない旨通知済㊞</td></tr>
<tr><td>　　月　　日</td><td>□</td><td>□</td><td></td><td></td><td>□　　　月　　日説明済㊞
□　　　月　　日説明しない旨通知済㊞</td></tr>
<tr><td>　　月　　日</td><td>□</td><td>□</td><td></td><td></td><td>□　　　月　　日説明済㊞
□　　　月　　日説明しない旨通知済㊞</td></tr>
</table>

（注）　太線の枠内のみ記入してください

編注）本書式は東京家庭裁判所の様式であり、裁判所によっては体裁が異なることがあります。

（法22条の6）

審判の状況の説明申出書	受 付 印

東京家庭裁判所　御中

【申出人に関する事項】

① 申 出 年 月 日　令和　　年　　月　　日

② 氏　　　名
　　又は
　　名　称（法人の場合）

甲 野 太 郎 ←　　　　　　　　　　　印

（法人の場合は代表者名，代理人弁護士である場合はその旨も記入してください。）

> 申出する人自身の名前を記入してください。

③ 生 年 月 日
　（弁護士を除く。）
　□昭和
　□平成　　　　　年　　月　　日生（　　　歳）

④ 住　　　所
（代理人弁護士による申出の場合は事務所名も記載するとともに，委任状に委託者の住所の記載がない場合には，委託者の住所も併記してください）

〒　　－

（法人の場合は，代表者の住所も併記してください）

電話番号　×××（　×××　）×××××

＊平日の日中に連絡できるところを記入してください。

> 平日の午前9時から午後5時までに裁判所から電話連絡ができる電話番号を記入してください。

⑤ 申出人と被害者との関係
（代理人弁護士による申出手続の場合は，委託者と被害者との関係）

□被害者本人　　□被害者の法定代理人（　　　　　）※
　　　　　　　　※後見人，被害者が17歳以下の場合の親権者など
（以下は被害者が死亡した場合又はその心身に重大な故障がある場合のみ）
□ 配偶者（　　　　　　　）　　□ 直系の親族（　　　　　）
□ 兄弟姉妹（　　　　　　　）

> 申出書を郵送される場合には，同封してください。
> （被害者本人でない場合，被害者との関係（法定代理人であることや続柄）が書かれていれば，戸籍抄本（一部事項証明書）で結構です。）

身分を確認できる書類

□ 運転免許証の写し　　□ 健康保険証の写し
□ パスポートの写し　　□ 戸籍謄本（全部事項証明書）
□ その他（　　　　　　　　　　　　　　　）
＊裁判所においでになる際には，必ず原本を持参してください。
＊提出する書類にマイナンバーの記載がないことを確認してください。

【事件の特定に関する事項】

⑥ 少 年 等 の 氏 名
　事 件 番 号 等　令和　　年（少）第　　　号　　　　保護事件
　そ　の　他

（裁判所記載欄）

審判期日	許可	不許可	理　由	裁判長（官）	結　果
月　日	□	□			□　月　日説明済㊞ □　月　日説明しない旨通知済㊞
月　日	□	□			□　月　日説明済㊞ □　月　日説明しない旨通知済㊞
月　日	□	□			□　月　日説明済㊞ □　月　日説明しない旨通知済㊞

> 少年等の氏名，事件番号等が分からないときは，参考となると思われる事項を書いてください。

（注）　太線の枠内のみ記入してください

① 記載した年月日を記載してください。

② 申出人の氏名を記載し，押印してください（例えば，申出人が被害者ご本人であれば，ご本人の氏名，被害者の父であれば父の氏名，被害者から委任を受けた弁護士であれば，弁護士の氏名を記載してください。）

③ 弁護士以外の場合には，生年月日，年齢を記載してください。

④　記載された方の住所を記載してください。

⑤　記載した方の立場（被害者本人等）の該当する□に☑してください。

⑥　少年等の氏名，事件番号等が分からないときは，参考と思われる事項をその他に記載してください。記載しきれない場合は，適宜の紙に記載して同封してください。

書式20 結果通知申出書（少年事件）

（法31条の２，規42条の２）

結 果 通 知 申 出 書	受 付 印

東京家庭裁判所　御中

【申出人に関する事項】

申　出　年　月　日	令和　　　年　　　月　　　日
氏　　　　　　　名 又は 名　称　（法人の場合）	印 （法人の場合は代表者名，代理人弁護士である場合はその旨も記入してください。）
生　年　月　日 （弁護士を除く。）	□昭和 □平成　　　　　年　　　月　　　日生（　　　歳）
住　　　　　　　　所 （代理人弁護士による申出の場合は事務所名も記載するとともに，委任状に委託者の住所の記載がない場合には，委託者の住所も併記してください）	〒　　－ （法人の場合は，代表者の住所も併記してください） 電話番号　　（　　　　　） ＊平日の日中に連絡できるところを記入してください。
申出人と被害者との関係 （代理人弁護士による申出手続の場合は，委託者と被害者との関係）	□　被害者本人　　□　被害者の法定代理人（　　　　　　）※ ※後見人，被害者が17歳以下の場合の親権者など （以下は被害者が死亡した場合又はその心身に重大な故障がある場合のみ） □　配偶者（　　　　　　　）　□　直系の親族（　　　　　　） □　兄弟姉妹（　　　　　　）
身分を確認できる書類	□　運転免許証の写し　　□　健康保険証の写し □　パスポートの写し　　□　戸籍謄本（全部事項証明書） □　その他（　　　　　　　　　　　　　　　　　　） ＊裁判所においでになる際には，必ず原本を持参してください。 ＊提出する書類にマイナンバーの記載がないことを確認してください。

【通知希望事項】　（希望する通知事項の番号に○印を付けてください）

1　少年の氏名　2　少年の住居　3　法定代理人（※）の氏名　4　法定代理人（※）の住居
　　　　　　　　　　　　　　　　　　　　　※法定代理人：後見人、少年が17歳以下の場合の親権者など
5　決定の年月日・主文　　6　決定理由の要旨

【事件の特定に関する事項】

少　年　等　の　氏　名	
事　件　番　号　等	令和　　　年（少）第　　　　　号　　　　保護事件
そ　　の　　他	

（裁判所処理欄） ○結果通知　□通知する。　□通知しない。 （認容しない場合の理由及び認容する場合の日時，条件等）	裁判長（官） 認　印	処理経過 □申出人との連絡済み （　／　） □申出事項対応済み （　／　）

（注）　太線の枠内のみ記入してください。

編注）本書式は東京家庭裁判所の様式であり、裁判所によっては体裁が異なることがあります。

1　処分結果等の通知について

(1)　被害を受けた人で，次のアからオについてお知りになりたい人には，家庭裁判所から通知（結果通知）をします。

　　ア　少年の氏名，住居　　　　　エ　決定の年月日・主文

　　イ　法定代理人の氏名　　　　　オ　決定理由の要旨

　　ウ　法定代理人の住居

(2)　結果通知の申出ができる人（弁護士に依頼することもできます。）。

　　ア　事件の被害者本人又は法定代理人（例えば，未成年者の親，後見人など）

　　イ　被害者が亡くなっているか，被害者の心身に重大な故障がある場合は，被害者の配偶者，直系の親族又は兄弟姉妹

(3)　結果通知の申出ができる期間

　　家庭裁判所が事件を受け付けてから，処分確定後3年以内です。

(4)　事件の性質などの事情によっては，通知ができない場合もあります。

2　申出の方法等

(1)　結果通知を希望する場合は，東京家庭裁判所（〒100-0013千代田区霞が関1―1―2）の少年訟廷事件係（電話03-3502-6028）に電話で（平日の午前9時から午後5時まで）問い合わせてください。

(2)　加害少年の名前又は事件番号を基に事件を特定して手続を進めますので，少年の氏名又は事件番号が分からない場合は，事件の特定の参考となると思われる事項をお知らせください。

(3)　結果通知を申し出る際には，申出書に記入の上，次に示す必要書類の写しを同封して，お送りいただくことになります。

　　処分結果等の通知については，来庁しないで手続を進めることができる場合があります。

(4)　必要書類等

　　ア　被害者等であることの確認のため，①自動車運転免許証，②パスポート，③写真が貼られた学生証や身分証明書を1種類，それがない場合は，④健康保険証，⑤公共料金の領収書等ご本人の特定ができる書類2種類が必要です。

　　イ　親族が申し出る場合には，このほか，被害者本人との関係を確認するため，戸籍謄本が必要です。

　　　　被害者本人の心身に重大な故障があって親族が申し出る場合は，被害者の診断書等を持参してください。

　　ウ　来庁の際は，必ず印鑑をご持参してください。

3 注意

　　以上の手続によって知った情報については，法律で，他の人に漏らしてはいけないことになっていますので，ご注意願います。

記　載　例

　　（法31条の2，規42条の2）

結　果　通　知　申　出　書	受　付　印
東京家庭裁判所　御中	

申出する人自身の名前を記入してください。

【申出人に関する事項】

①	申　出　年　月　日	令和　　年　　月　　日
②	氏　　名 又は 名　称　（法人の場合）	甲野太郎　　　　　　　　印 （法人の場合は代表者名，代理人弁護士である場合はその旨も記入してください。）
③	生　年　月　日 （弁護士を除く。）	□昭和　　　年　　月　　日生（　　　歳） □平成
④	住　　所 （代理人弁護士による申出の場合は事務所名も記載するとともに，委任状に委託者の住所の記載がない場合には，委託者の住所も併記してください）	〒　　－ （法人の場合は，代表者の住所も併記してください） 電話番号　××××（×××）×××××
⑤		＊平日の日中に連絡できるところを記入してください。
⑥	申出人と被害者との関係 （代理人弁護士による申出手続の場合は，委託者と被害者との関係）	□　被害者本人　　□　被害者の法定代理人（　　　）※ 　　　　　※後見人，被害者が17歳以下の場合の親権者など （以下は被害者が死亡した場合又はその心身に重大な故障がある場合のみ） □　配偶者（　　　　　）　□　直系の親族（　　　　） □　兄弟姉妹（　　　　　）
	身分を確認できる書類	□　運転免許証の写し　　□　健康保険証の写し □　パスポートの写し　　□　戸籍謄本（全部事項証明書） □　その他（　　　　　　　　　　　　　　　　　） ＊裁判所においでになる際には，必ず原本を持参してください。 ＊提出する書類にマイナンバーの記載がないことを確認してください。

平日の午前9時から午後5時までに裁判所から電話連絡ができる電話番号を記入してください。

申出書を郵送される場合には，同封してください。

（被害者本人でない場合，被害者との関係（法定代理人であることや続柄）が書かれていれば，戸籍抄本（一部事項証明書）で結構です。）

【通知希望事項】　（希望する通知事項の番号に○印を付けてください）

1　少年の氏名　2　少年の住居　3　法定代理人（※）の氏名　4　法定代理人（※）の住居
　　　　　　　　　　　　　　※法定代理人：後見人，少年が17歳以下の場合の親権者など
5　決定の年月日・主文　　6　決定理由の要旨

【事件の特定に関する事項】

⑦	少　年　等　の　氏　名	
	事　件　番　号　等	令和　　年（少）第　　　号　　　　保護事件
	そ　　の　　他	

（裁判所処理欄） ○結果通知　□通知する。　□通知しない。 （認容しない場合の理由及び認容する場合の日時，条件等）	裁判長（官） 認印	処理経過 □申出人との連絡済み （　／　） □申出事項対応済み （　／　）

少年等の氏名，事件番号等が分からないときは，参考となると思われる事項を書いてください。

（注）　太線の枠内のみ記入してください。

① 記載した年月日を記載してください。

② 申出人の氏名を記載し，押印してください（例えば，申出人が被害者ご本人であ

れば，ご本人の氏名，被害者の父であれば父の氏名，被害者から委任を受けた弁護士であれば，弁護士の氏名を記載してください。）

③　弁護士以外の場合には，生年月日，年齢を記載してください。

④　記載された方の住所を記載してください。

⑤　日中（9：00〜17：00）裁判所からの電話連絡ができる電話番号を記載してください。

⑥　記載した方の立場（被害者本人等）の該当する□に☑してください。

⑦　少年等の氏名，事件番号等が分からないときは，参考と思われる事項をその他に記載してください。記載しきれない場合は，適宜の紙に記載して同封してください。

書式21 配偶者暴力に関する保護命令申立書

配偶者暴力に関する保護命令申立書（※1）

令和○○年○月○日

○○地方裁判所民事部　御中

申立人代理人弁護士　　○　　○　　○　　○

当　事　者　の　表　示

別紙当事者目録記載のとおり

申　立　の　趣　旨

1　相手方は、命令の効力が生じた日から起算して6か月間、別紙住居目録記載の申立人の住居その他の場所において、申立人の身辺につきまとい、又は申立人の住居、勤務先その他その通常所在する場所の付近をはいかいしてはならない。（※2）

2　相手方は、申立人に対し、命令の効力が生じた日から起算して6か月間、次のいずれの行為もしてはならない。

　　①　面会を強要すること。

　　②　その行動を監視していると思わせるような事項を告げ、又はその知り得る状態に置くこと。

　　③　著しく粗野又は乱暴な言動をすること。

　　④　電話をかけて何も告げず、又は緊急やむを得ない場合を除き、連続して、電話をかけ、ファクシミリ装置を用いて送信し、若しくは電子メールを送信すること。

　　⑤　緊急やむを得ない場合を除き、午後10時から午前6時までの間に、電話をかけ、ファクシミリ装置を用いて送信し、又は電子メールを送信すること。

　　⑥　汚物、動物の死体その他の著しく不快又は嫌悪の情を催させるような物を送付し、又はその知り得る状態に置くこと。

　　⑦　その名誉を害する事項を告げ、又はその知り得る状態に置くこと。

　　⑧　その性的羞恥心を害する事項を告げ、若しくはその知り得る状態に置き、又は性的羞恥心を害する文書、図画その他の物を送付し、若しくはその知り得る状態に置くこと。

3　相手方は、命令の効力が生じた日から起算して6か月間、別紙記載の子の住居、

就学する学校その他の場所において、同人の身辺につきまとい、又は同人の住居、就学する学校その他その通常所在する場所の付近をはいかいしてはならない。

4　相手方は、命令の効力が生じた日から起算して6か月間、別紙記載の親族等の住居その他の場所において、同人の身辺につきまとい、又は同人の住居、勤務先その他その通常所在する場所の付近をはいかいしてはならない。

との裁判を求める。

申　立　の　理　由

1　当事者

　　申立人と相手方は、令和○○年○月○日に婚姻届を提出した夫婦であり、令和○○年○月○日には長男○○が出生し・・・（甲1）。

　　申立人は、令和○○年○月○日に相手方と同居を開始したが、・・・により令和○○年○月○日から別居している（甲2）。

2　相手方から暴力又は生命等に対する脅迫を受けた状況

　(1)　令和○○年○月○日○時ころ、○○において、・・・（暴力・脅迫等の具体的状況）・・・（甲3ないし甲5）。

　(2)　・・・

　(3)　・・・

3　申立人が生命又は身体に重大な危害を受けるおそれが大きい事情

　　・・・（具体的事情）・・・。したがって、申立人が生命又は身体に重大な危害を受けるおそれが大きい。

4　申立人が子に関して相手方と面会を余儀なくされる事情

　　・・・（相手方が子を連れ戻そうとしているなど、申立人が子に関して相手方と会わざるを得なくなるような具体的事情）・・・。したがって、相手方が○○（子）に接近することを防止する必要がある。

5　申立人が親族等に関して相手方と面会を余儀なくされる事情

　　・・・（相手方が親族宅に押しかけて乱暴な言動を行っているなど、申立人が親族等に関して相手方と会わざるを得なくなるような具体的事情）・・・。したがって、相手方が○○（親族等）に接近することを防止する必要がある。

6　配偶者暴力相談支援センター（又は警察）に相談した事実

　①　配偶者暴力相談支援センター（又は相談した警察職員の所属官署）の名称

　　　・・・

　②　相談した日時及び場所

　　　・・・

③ 相談又は求めた援助若しくは保護の内容

　　・・・

④ 執られた措置の内容

　　・・・

証　拠　方　法

甲1　戸籍謄本

甲2　住民票の写し

甲3　診断書

甲4　写真撮影報告書

甲5　陳述書（申立人作成）

甲6　子の同意書（※3）

甲7　親族等の同意書

　　・・・

添　付　書　類

1	申立書の写し	1通
2	甲号証の写し	各2通
3	委任状	1通

注）※1　裁判所によっては、指定された書式による申立書の提出を求められることがあります。申立の際には、事前に裁判所に確認することをおすすめします。

　　※2　被害者と加害者の生活の本拠が別である場合の接近禁止命令の申立て（DV防止法10条1項1号）。生活の本拠を共にしている場合には、以下のように退去命令（DV防止法10条1項2号）を求めることになります。なお、その場合には、上記の申立の趣旨2〜4を併せて申し立てることはできません（DV防止法10条2項〜4項参照）。

　　「1　相手方は、命令の効力が生じた日から起算して2か月間、別紙住居目録記載の住居から退去せよ。

　　　2　相手方は、命令の効力が生じた日から起算して2か月間、上記住居の付近をはいかいしてはならない。」

　　※3　子が15歳以上の場合に必要となります（DV防止法10条3項ただし書）。

書式22　遺族給付金支給裁定申請書

様式第１号（第16条関係）

（表　　面）

遺族給付金支給裁定申請書

　　　　　　　　　　　　　　　　　　　　　　　　　　年　　月　　日

　　　公安委員会　殿

申請者	フリガナ	
	氏　　　名	
	本籍・国籍	
	住　　　所	
	犯罪被害者との続柄	

　下記により、遺族給付金の支給の裁定を申請します。

犯罪被害	① 犯 罪 行 為 の 行 わ れ た 日 時	年　　月　　日　午前後　　　時ころ	
	② 犯 罪 行 為 の 行 わ れ た 場 所		
	③ 犯罪被害者	フ　リ　ガ　ナ		男 ・ 女
		氏　　　　　名		
		生 年 月 日	年　　月　　日生	
		本 籍 ・ 国 籍		
		住　　　　　所		
		勤 務 先 名 称 ・ 所 在 地		
		死 亡 年 月 日	年　　月　　日	
	④犯罪被害の発生状況		
	死亡し又は負傷を受けた前に療養した場合	⑤負傷し、又は疾病にかかった日	①と同じ ・ それ以外の日（　　年　　月　　日）
		⑥ 負 傷 又 は 疾 病 の 状 態	
		⑦ 犯 罪 被 害 者 負 担 額	円
		⑧収入の全部又は一部を得ることができなかった日数	日
	⑨　取　扱　捜　査　機　関	都道府県　　　　　　　　警察署	

⑩他の順位の第一遺族	氏　　　　　名	犯罪被害者との続柄	住　　　　所

⑪生計維持関係遺族	氏　　　　　名	犯罪被害者との続柄	職業	住　　　　所

⑫損害賠償を受けたことの有無	有（受領した損害賠償の価額　　　　　円）・ 無

備考

※受付	年　　月　　日　第　　　　　号	警察署経由

◎裏面の注意をよく読んでから記入してください。

　　　　　　　　　　　　　　　　　　　（日本産業規格Ａ列４番）

（裏　　面）

注意

1　遺族給付金の支給を受けることができるのは、犯罪被害者の死亡の時において、次の⑴から⑶までのいずれかに該当する遺族であり、その順位は、法定の除外事由がない限り、⑴、⑵、⑶の順序（⑵及び⑶に掲げる遺族については、それぞれに掲げる順序）です。自分よりも先順位の遺族がある場合は、遺族給付金を受けることはできません。

⑴　犯罪被害者の配偶者（婚姻の届出をしていないが、事実上婚姻関係と同様の事情にあった人を含む。）

⑵　犯罪被害者の収入によって生計を維持していた犯罪被害者の子、父母、孫、祖父母、兄弟姉妹

⑶　⑵以外の犯罪被害者の子、父母、孫、祖父母、兄弟姉妹

2　申請者は、※印の欄には記入しないでください。

3　記入すべき事項のない欄には斜線を引き、記入すべき事項が不明である場合には「不明」と記入し、記入すべき額の算定が困難である場合には「算定困難」と記入し、事項を選択する場合には該当する事項を○で囲んでください。

4　⑤から⑧までの欄は、犯罪被害者が犯罪行為により生じた負傷又は疾病について死亡前に療養を受けた場合にのみ記入してください。

5　⑥の欄は、その記入事項が添付する診断書等の記載事項と同じであるときは、「診断書のとおり」等と記入してください。

6　⑦の欄は、犯罪行為により生じた負傷又は疾病の療養についての犯罪被害者負担額（⑤から3年を経過するまでの間における保険診療による医療費の自己負担部分に相当する額）を記入してください。

7　⑧の欄は、犯罪被害者が犯罪行為により生じた負傷又は疾病の療養のため従前その勤労に基づいて通常得ていた収入の全部又は一部を得ることができなかった日がある場合にのみ、その日数を記入してください。

8　⑪の欄は、犯罪被害者の収入によって生計を維持しており、かつ、犯罪被害者等給付金の支給等による犯罪被害者等の支援に関する法律施行令（以下「令」という。）第6条第2項第1号から第5号までのいずれかに該当する遺族（申請者及び他の第一順位遺族を含む。）をすべて記入してください。

9　この申請書には、次の書類を添えて出してください。ただし、これらの書類の1通で他のことも明らかにすることができるときは、他のことについて同じ書類を添える必要はありません。また、同一の世帯に属する他の遺族が同時に申請書を提出する場合で、他の申請書に同じ書類を添えているときは、その旨をこの申請書の備考欄に記入すれば、重複してその書類を添える必要はありません。

⑴　犯罪被害者の死亡診断書、死体検案書その他当該犯罪被害者の死亡の事実及び死亡の年月日を証明することができる書類

⑵　申請者の氏名、生年月日、本籍及び犯罪被害者との続柄を明らかにすることができる戸籍の謄本又は抄本

⑶　申請者が犯罪被害者と婚姻の届出をしていないが、犯罪被害者の死亡の当時事実上婚姻関係と同様の事情にあった者であるときは、その事実を認めることができる書類（例えば住民票の写し）

⑷　申請者が１の⑵又は⑶に掲げる遺族であるときは、自分よりも先順位の遺族がいないことを証明することができる書類（例えば先順位の遺族の死亡を明らかにすることができる戸籍の抄本）

⑸　申請者が犯罪行為が行われた当時犯罪被害者の収入によって生計を維持しており、かつ、令第６条第２項第１号から第５号までのいずれかに該当する遺族（以下「生計維持関係遺族」という。）であったときは、申請者が犯罪行為が行われた当時犯罪被害者の収入によって生計を維持していた事実を認めることができる書類（例えば住民票の写し）

⑹　申請者が犯罪被害者等給付金の支給等による犯罪被害者等の支援に関する法律施行規則第15条で定める障害の状態にある妻又は令第６条第２項第５号に該当する遺族であったときは、犯罪行為の行われた当時、それらの障害の状態にあったことを証明することができる医師の診断書その他の書類

⑺　申請者以外の１の⑴から⑶までに掲げる遺族に生計維持関係遺族が含まれているときは、その該当する事実を証明することができる書類

⑻　⑺の生計維持関係遺族である者に犯罪行為が行われた当時８歳未満であった者が含まれているときは、その者の生年月日を証明することができる書類

⑼　犯罪被害者がその勤労に基づいて通常得ていた収入の日額を証明することができる書類（例えば給与証明書、給与所得の源泉徴収票など）

⑽　犯罪被害者等給付金の支給等による犯罪被害者等の支援に関する法律（以下「法」という。）第10条第３項の規定の適用を受けようとするときは、同項のやむを得ない理由及びその理由のやんだ日を証明することができる書類（例えば医師の診断書、申述書など）

⑾　法第９条第５項に規定する場合には、次に掲げる書類（同項第１号に掲げる場合はアからウまで、同項第２号に掲げる場合はアからオまでの書類）

ア　負傷し、又は疾病にかかった日及び負傷又は疾病の状態（負傷又は疾病の療養のため従前の勤労に従事できないと認められる場合には、そのことに関する事項を含む。）に関する医師又は歯科医師の診断書その他の書類（例えば傷病診断書など）

イ　犯罪被害者が令第９条に掲げる法律の規定により療養に関する給付を受けることができる者であるときは、その事実を認めることができる書類（例えば健康保険の被保険者証の写しなど）

ウ　法第９条第５項第１号又は第２号の犯罪被害者負担額を証明することができる書類（例えば死亡前に犯罪被害者が医療機関等から受領した領収書など）

エ　法第９条第３項の休業日の数を証明することができる書類（例えば勤労の状況に係る証明書など）

オ　休業日に法第９条第３項の部分休業日が含まれるときは、当該部分休業日について得た収入の額を証明することができる書類（例えば勤労の状況に係る証明書など）

10　この申請書について分からないところがありましたら、最寄りの警察署や警察本部にお問い合わせください。

（本書式の出典：電子政府の総合窓口（e－Gov））

書式23　重傷病給付金支給裁定申請書

様式第2号（第17条関係）

(表　　面)

重傷病給付金支給裁定申請書

年　　月　　日

公安委員会　殿

　　　　　　　　　　　　　　　　フリガナ
　　　　　　申請者　氏　　名

下記により、重傷病給付金の支給の裁定を申請します。

犯罪被害者	①犯罪行為の行われた日時	年　　月　　日　午前/後　　　時ころ		
	②犯罪行為の行われた場所			
	③犯罪被害者	フ　リ　ガ　ナ		男・女
		氏　　　　名		
		生　年　月　日	年　　　月　　　日生	
		本　籍・国　籍		
		住　　　　所		
		勤務先名称・所在地		
被害	④犯罪被害の発生状況			
	⑤負傷し、又は疾病にかかった日	①と同じ・それ以外の日（　　年　月　日）		
	⑥⑤から3年以内の入院日数	日		
	⑦負傷又は疾病の状態			
	⑧犯罪被害者負担額	円		
	⑨収入の全部又は一部を得ることができなかった日数	日		
	⑩取扱捜査機関	都道府県　　　　　警察署		
⑪損害賠償を受けたことの有無		有（受領した損害賠償の価額　　円）・無		
備考				

※受付	年　　月　　日　第　　　　号	警察署経由

◎裏面の注意をよく読んでから記入してください。

（日本産業規格A列4番）

（裏　　　面）

注意

1　申請者は、※印の欄には記入しないでください。

2　記入すべき事項のない欄には斜線を引き、記入すべき事項が不明である場合には「不明」と記入し、記入すべき額の算定が困難である場合には「算定困難」と記入し、事項を選択する場合には該当する事項を○で囲んでください。

3　⑥の欄は、犯罪行為により生じた負傷又は疾病の療養のために、⑤から3年を経過するまでの間において、病院に入院した日数を記入してください。

4　⑦の欄は、その記入事項が添付する診断書の記載事項と同じであるときは、「診断書のとおり」と記入してください。

5　⑧の欄は、犯罪行為により生じた負傷又は疾病の療養についての犯罪被害者負担額（⑤から3年を経過するまでの間における保険診療による医療費の自己負担部分に相当する額）を記入してください。

6　⑨の欄は、犯罪行為により生じた負傷又は疾病の療養のため従前その勤労に基づいて通常得ていた収入の全部又は一部を得ることができなかった日がある場合にのみ、その日数を記入してください。

7　この申請書には、次の書類を添えて出してください。

(1)　負傷し、又は疾病にかかった日、負傷し、又は疾病にかかった日から起算して3年を経過するまでの間における入院日数及び負傷又は疾病の状態に関する医師又は歯科医師の診断書その他の書類であって、当該負傷又は疾病が重傷病に該当することを証明することができるもの

(2)　犯罪被害者が犯罪被害者等給付金の支給等による犯罪被害者等の支援に関する法律施行令第9条に掲げる法律の規定により療養に関する給付を受けることができる者であるときは、その事実を認めることができる書類（例えば健康保険の被保険者証の写しなど）

(3)　犯罪被害者等給付金の支給等による犯罪被害者等の支援に関する法律（以下「法」という。）第9条第2項の犯罪被害者負担額を証明することができる書類（例えば医療機関等から受領した領収書など）

(4)　法第10条第3項の規定の適用を受けようとするときは、同項のやむを得ない理由及びその理由のやんだ日を証明することができる書類（例えば医師の診断書、申述書など）

(5)　法第9条第3項に規定する場合には、次の書類

ア　負傷又は疾病の療養のため従前の勤労に従事することができないと認められることに関する医師又は歯科医師の診断書その他の書類（例えば傷病診断書など）

イ　犯罪被害者がその勤労に基づいて通常得ていた収入の日額を証明することができる書類（例えば給与証明書、給与所得の源泉徴収票など）

ウ　法第9条第3項の休業日の数を証明することができる書類（例えば勤労の状況に係る証明書など）

エ　休業日に法第9条第3項の部分休業日が含まれるときは、当該部分休業日について得た収入の額を証明することができる書類（例えば勤労の状況に係る証明書など）

8　この申請書について分からないところがありましたら、最寄りの警察署や警察本部にお問い合わせください。

（本書式の出典：電子政府の総合窓口（e−Gov））

書式24　障害給付金支給裁定申請書

様式第3号（第18条関係）

（表　　面）

障害給付金支給裁定申請書

年　　月　　日

公安委員会　殿

フリガナ
申請者　氏　　名

下記により、障害給付金の支給の裁定を申請します。

犯罪被害	①犯罪行為の行われた日時		年　　月　　日　午前後　　時ころ	
	②犯罪行為の行われた場所			
	③犯罪被害者	フ　リ　ガ　ナ		男・女
		氏　　　　　名		
		生　年　月　日	年　　月　　日生	
		本　籍・国　籍		
		住　　　　　所		
		勤務先名称・所在地		
		負傷又は疾病が治った日	年　　月　　日	
	④犯罪被害の発生状況			
	⑤身体上の障害の部位及び状態			
	介護を要する状態の区分（常に介護を要する・随時介護を要する）			
	⑥取　扱　捜　査　機　関		都道府県　　　　　　　　警察署	
⑦既存の身体上の障害の状態				
⑧損害賠償を受けたことの有無		有（受領した損害賠償の価額　　　　円）・無		
備考				

※受付	年　　月　　日　第　　　　号	警察署経由

◎裏面の注意をよく読んでから記入してください。

（日本産業規格A列4番）

（裏　　面）

注意

1　申請者は、※印の欄には記入しないでください。

2　記入すべき事項のない欄には斜線を引き、記入すべき事項が不明である場合には「不明」と記入し、事項を選択する場合には該当する事項を○で囲んでください。

3　③の欄の「負傷又は疾病が治った日」には、負傷又は疾病が治っていない場合でも、その症状が固定したときは、その固定した日を記入してください。

4　⑤の欄は、その記入事項が添付する診断書の記載事項と同じであるときは、「診断書のとおり」と記入してください。

5　⑤の欄の「介護を要する状態の区分」は、介護を要する状態である場合にのみ、該当する事項を○で囲んでください。

6　⑦の欄は、既に身体上の障害のある犯罪被害者が、犯罪行為により、同一の部位について障害の程度を加重した場合に記入するものとし、記入事項が添付する診断書の記載事項と同じであるときは、「診断書のとおり」と記入してください。

7　この申請書には、次の書類を添えて出してください。

(1)　負傷又は疾病が治ったこと及び治った日並びにその治ったときにおける身体上の障害の部位及び状態（介護を要する状態である場合にあっては、その必要の程度を含む。）に関する医師又は歯科医師の診断書その他の書類

(2)　同一の部位について既に身体上の障害があったときは、当該既存の身体上の障害の部位及び状態に関する医師又は歯科医師の診断書その他の書類

(3)　犯罪被害者がその勤労に基づいて通常得ていた収入の日額を証明することができる書類（例えば給与証明書、給与所得の源泉徴収票など）

(4)　犯罪被害者等給付金の支給等による犯罪被害者等の支援に関する法律第10条第3項の規定の適用を受けようとするときは、同項のやむを得ない理由及びその理由のやんだ日を証明することができる書類（例えば医師の診断書、申述書など）

8　この申請書について分からないところがありましたら、最寄りの警察署や警察本部にお問い合わせください。

（本書式の出典：電子政府の総合窓口（e−Gov））

書式25　記者クラブを通じての取材自粛のお願い

令和　　年　　月　　日

お　願　い

東京高等裁判所内司法記者クラブ　御中

〒　　東京都　区　丁目　番　号
〇〇法律事務所
電　話　03（　　　　）
ＦＡＸ　03（　　　　）

弁護士

拝啓

　寒冷の候、貴クラブにおかれましては、ますますご清祥のことと存じます。

　さて、当職は、東京地方裁判所令和〇〇年（合わ）第〇〇号〇〇被告事件（以下、本件という。）の被害者〇〇の両親甲、乙並びに遺族の代理人として、貴クラブに下記のとおりお願いするものであります。

記

1　令和〇〇年〇月〇日、本件の初公判が行われるにあたって、貴クラブに所属される記者の方々からの遺族らに対する取材が予想されますが、遺族らは、事件発生以来の深い悲しみとショックから、未だ立ち直ることができず、皆様の取材にお答えすることが不可能な状況にあります。したがいまして、貴クラブにおかれましては、遺族らの心境をお汲み取りいただき、本件について直接遺族らに対しての取材をご遠慮賜りますようお願い致します。

2　また、今後、本件についての取材に関しましては、代理人である当職へ一切のご連絡をいただきますよう、重ねてお願い致します。

敬具

参考書類

（訟ろ―２）

平成17年11月8日

高等裁判所事務局長　殿
地方裁判所事務局長　殿
家庭裁判所事務局長　殿

最高裁判所事務総局民事局第二課長　花　村　良　一
最高裁判所事務総局家庭局第一課長　松　村　　　徹
最高裁判所事務総局総務局第一課長　中　村　　　愼

訴状等における当事者の住所の記載の取扱いについて（事務連絡）

　現在、平成16年12月に制定された犯罪被害者等基本法に基づき、内閣府に設置された犯罪被害者等施策推進会議において、犯罪被害者等基本計画の案が検討されているところです。こうした検討の機会等において、訴状等に当事者の住所として実際の居住地の記載を求めることは、犯罪被害者等が、いわゆるお礼参りをおそれて加害者に実際の居住地を知られたくないと考える場合に、損害賠償請求訴訟等の提起をためらう要因となっていると指摘されています。

　ところで、これまでも、訴状等における当事者の住所の記載については、原告の実際の居住地が被告や第三者に知られることにより、原告の生命又は身体に危害が加えられることが予想される場合など、実際の居住地を記載しないことにつき、やむを得ない理由がある場合で、その場所に連絡をすれば、原告への連絡が付く場所等の相当と認められる場所が記載されているときには、原告の実際の居住地を記載することを厳格には求めないなどの柔軟な取扱いがされてきたところです。

　ついては、各庁における事件の受付等の手続に際しても、犯罪被害者等から、加害者等に実際の居住地を知られると危害を加えられるおそれがあるなど、実際の居住地を記載しないことにつき、やむを得ない理由がある旨の申出がされた場合には、訴状等に実際の居住地を記載することを厳格に求めることはせずに、これを受け付けることが相当と考えられますので、この点につき、関係部署の担当者に周知されるよう御配慮をお願い申し上げます。

　なお、管内の簡易裁判所に対しては、地方裁判所からこの趣旨を周知してください。

あ と が き

　被害者事案こそ弁護士が積極的に手掛ける分野の一つです。

　ただし、被害者事案への対応は、簡単ではなく、独特の難しさがあります。

　被害者は、ある日突然、犯罪に巻き込まれ、心身ともに傷つき、自らは動くことができない状態となったり、また、被害者自身、どうすれば良いのか、何ができるのか、そもそもどうしたいのか、何もわからないという状態に陥るということもあるため、相談を受けた弁護士において、被害者に寄り添い、被害者のために何ができるかということを考え、被害者に対し、どうすれば良いのかということを積極的に提案していく必要があります。

　また、ここ10年で、我が国の被害者に関連する法律や制度が、大きく変わり、今も、変わり続けていることから、最新の法律や法制度についての勉強を継続し、研鑽に努めなければなりません。

　被害者の多くは、何の落ち度もなく、突然、人権を侵害され、大変な状況に置かれることから、基本的人権を擁護し、社会正義を実現することを使命とする弁護士としては、被害者のために不断の努力と活動をすべきといえます。

　ここまでは仰々しく説明しましたが、平たく言えば、真っ当に生活をしていた人が、ある日、その権利を侵害された場合、その人の権利を守り、正義を実現するための活動をするということは、正に弁護士の本分と言えるものですので、被害者のために積極的に活動しようということです。

　本書は、当委員会が、以前、四訂版まで発行していた「ビクティム・サポート（ＶＳ）マニュアル」の内容をさらに発展させ、被害者が置かれた大変な状況についての説明も行った上で、その対処法を記し、また、最新

の法制度や法改正の説明の掲載とそれらを踏まえた個別具体的な対応法も記しており、あらゆる被害者事案に対応できるように、一冊にまとめたものです。

　手前みそではありますが、弁護士はもちろん、被害者関連の組織や団体の構成員の方々にとっても、必携の書となるものと考えておりますので、被害者のために、積極的に活用いただければ幸いです。

　　平成29年6月

　　　第一東京弁護士会犯罪被害者に関する委員会副委員長
　　　　　　　　　本書編集委員代表　　　大澤　寿道

[2訂版]

犯罪被害者支援実務ハンドブック

~被害者参加、損害賠償命令を中心に~

平成29年 7 月 1 日　初 版 発 行
平成30年10月20日　補 訂 版 発 行
令和 5 年 1 月20日　 2 訂 版 発 行

編 著 者　第一東京弁護士会犯罪被害者に関する委員会
発 行 者　星 沢 卓 也
発 行 所　東京法令出版株式会社

112-0002　東京都文京区小石川 5 丁目17番 3 号　03(5803)3304
534-0024　大阪市都島区東野田町 1 丁目17番12号　06(6355)5226
062-0902　札幌市豊平区豊平 2 条 5 丁目 1 番27号　011(822)8811
980-0012　仙台市青葉区錦町 1 丁目 1 番10号　022(216)5871
460-0003　名古屋市中区錦 1 丁目 6 番34号　052(218)5552
730-0005　広島市中区西白島町 11 番 9 号　082(212)0888
810-0011　福岡市中央区高砂 2 丁目13番22号　092(533)1588
380-8688　長 野 市 南 千 歳 町 1005 番 地
　　　　　〔営業〕TEL 026(224)5411　FAX 026(224)5419
　　　　　〔編集〕TEL 026(224)5412　FAX 026(224)5439
　　　　　https://www.tokyo-horei.co.jp/